JN437990

정책연구
2017-12

청년 고용·노동시장의 현황, 문제점 및 정책과제

– '정형화된 사실들' 분석 –

윤윤규·김유빈·오선정·강동우·김세움

한국노동연구원

목 차

표 목 차

그림목차

요 약

본 연구는 우리나라 청년층 고용・노동시장의 실태를 전반적으로 살펴본 다음, 4개의 세부주제별(노동시장 이중구조, 교육체계, 지역 간 이동성, 기술진보)로 나누어 다양한 기존 연구를 면밀히 파악・검토하여 청년층 고용・노동시장과 관련된 '정형화된 사실들(stylized facts)'을 재정립하고자 한다. 세부주제별 정형화된 사실들 가운데 기존 연구나 논의과정에서 의견이 모아지는 부분, 쟁점이 있거나 불명확한 부분을 식별한 다음, 실증분석을 통해 명료하게 확인・검증함으로써 청년고용 문제의 본질을 정확히 규명하고, 나아가 올바른 정책방향 설정과 해결방안 모색에 유용한 기초자료와 근거를 제공할 것으로 기대된다. 본 연구에서 수행한 주요 연구 내용은 다음과 같다.

1. 우리나라 청년층 노동시장의 실태

제2장은 한국의 청년층 노동시장 실태와 청년고용정책의 시사점에 대해 논의한다. 우리나라 일자리정책의 가장 큰 화두는 청년일자리 문제이다. 2017년 들어 청년 고용률은 증가추세에 있지만 여전히 전체 고용률에 크게 못 미치는 43.8%(2017년 7월 기준)를 기록하고 있으며, 청년실업률은 큰 개선의 여지를 보이지 못하고 있다. 체감실업률(고용보조지표 3)이 공식 실업률의 2배를 넘는 것을 감안하면 청년고용의 실상은 통계지표가 보여주는 것 이상으로 심각하다고 볼 수 있다. 또한, 청년 일자리의 상당부분이 저임금・비정규직・단기 일자리로 채워져 있는 등 청년 일자리의 질적 측면을 고려하면 청년층 노동시장 악화의 심각성은 더욱 잘 드러난다. 청년층을 정의함에 있어서는 그 관점과 시각을 어디에 두느냐에 따라 그 범위가 축소되

기도, 확대되기도 한다. 그러나 중요한 점은 같은 청년 연령대라 하더라도 취업유무, 고용형태, 소득수준, 교육수준 등 노동시장 특성과 연애, 결혼, 출산 등 삶의 전반적 환경에 있어 다양한 유형과 모습으로 정의될 수 있다는 것이다. 따라서 청년과 관련된 정책의 입안·수립 과정에 있어서는 단순한 연령정의를 벗어나 청년층 노동시장의 특성을 파악하고, 이들의 유형별 특성차를 잘 반영할 수 있어야 한다.

청년층의 고용률을 세부연령대별로 파악하면 다음과 같다. 15~19세의 연령대의 고용률은 시계열적으로는 증가추세를 보이고 있으나 8.0%로 매우 저조한 수준이다. 해외국가의 경우, 선취업 후진학이 보편화되어 있고, 고용률이 상대적으로 높은 것을 감안할 때, 진로선택의 패러다임 변화가 요구된다고 볼 수 있다. 중간 연령대인 20~24세 연령대의 고용률은 2016년 46.0%로 전체 청년고용률을 약간 상회하는 수준이지만, 전체 고용률에는 역시 크게 못 미치는 수준이다. 청년들의 취업준비활동 증가 등으로 노동시장의 진입이 지연추세에 있음을 감안할 때, 청년들의 고용추세를 주의 깊게 지켜볼 필요가 있다. 25~29세의 고용률은 2016년 69.6%로 세 연령대 중 가장 높은 고용률을 기록하고 있으나, 청년 일자리의 상당 비중이 저임금·비정규직·단시간 일자리로 채워져 있음을 고려하여야 한다.

한국의 청년고용률은 국제수준에서 보아도 매우 낮은 수준이다. 한국의 청년고용률을 국제수준에서 비교해 보자. 한국의 15~24세 고용률(2015년)은 26.9%로 OECD 가입국의 평균 청년고용률인 40.5%에 크게 못 미치는 수준이다. 그리스, 스페인, 이탈리아 등 극심한 경기불황을 겪고 있는 국가들을 제외하면 사실상 OECD 가입국 중 가장 낮은 수준으로 볼 수 있다.

한국의 청년들은 첫 일자리에 취직하기까지 졸업 후 11개월 정도가 걸리며, 졸업 후 6개월 이후의 비중은 증가추세에 있는 만큼 청년들의 노동시장 진입은 지속적으로 지연되고 있다고 볼 수 있다. 우리나라 청년들의 평균 첫 일자리 근속기간은 1년 6개월에 불과하며, 고졸 이하의 첫 일자리 근속기간이 특히 지속적인 하락추세를 보이고 있다. 청년층의 첫 일자리 근속기간이 짧고, 유지율이 낮은 원인에는 청년들의 일자리 근로조건 미스매치가 깊게 자리 잡고 있다. 이는 '근로여건 불만족'으로 인한 이직비중이 49%로 가장 높은 것으로 확인할 수 있다.

청년을 대상으로 한 고용정책적 시각에서 벗어나 필자가 제안하는 전체 노동시장 구조 개선의 과제는 다음과 같다. 첫째, 청년고용의 근본적 문제가 노동시장의 구조 왜곡에서 기인하였음을 고려할 때, 이중구조의 잣대로 볼 수 있는 기업규모 간 근로조건 격차 완화가 우선적으로 요구된다. 둘째, 청년들의 노동시장 진입촉진을 위한 효과적 정책기제 마련이 요구된다. 셋째, 새로운 일자리 창출의 측면에서 신직업 창출을 고려해 볼 필요가 있다. 넷째, 청년층을 대상으로 올바른 노동 의식·관점을 재인식시키기 위한 사회·정책적 노력이 요구된다. 청년고용정책의 보다 근본적이고 포괄적인 방향 전환과 함께, 청년들이 안정적인 환경에서, 희망하는 다양한 일자리에서 일할 수 있도록, 노동의 다양성을 인정하는 사회인식 개선이 절실히 요구된다.

2. 노동시장 이중구조와 청년고용·노동시장

제3장에서는 노동시장 이중구조와 관련된 기존 연구를 검토한 다음, 청년고용과 이중노동시장 사이의 관계에 대한 네 가지의 주요한 '정형화된 사실들'을 정리·제시하였다: ① 한국 노동시장의 이중구조가 존재한다, ② 노동시장 이중구조와 양질의 일자리 부족은 청년층 고용에 부정적 영향을 미친다, ③ 노동시장 이중구조와 양질의 일자리 부족으로 인해 청년층의 취업준비기간이 늘어나고 NEET가 증가한다, ④ 노동시장 이중구조로 인해 2차 노동시장에 속했던 노동자는 1차 노동시장으로 이동하기 어렵다. 이들 가운데 쟁점이 남아 있거나 불명확한 사실들에 대해 실증분석을 수행하였다. 본 연구는 기존 연구결과를 바탕으로 하면서 이중노동시장과 청년고용의 관계에

대한 직접 분석은 하지 않았다. 대신 주성분 분석방법을 통해 이중 노동시장의 한 부분을 구성하는 2차 노동시장의 다양한 특성들을 종합적으로 집약하는 지수를 구성하고, 회귀분석을 통해 2차 노동시장 정도가 청년고용 여부 및 비중, 미취업 또는 NEET 전환 등에 미치는 효과를 실증분석하였다. 본 연구의 실증분석에서 도출된 주요 분석결과를 정리하면 다음과 같다.

첫째, 주성분 분석을 통해 도출된 2차 노동시장 지수는 2차 노동시장의 특성변수들을 적절히 포괄·집약하는 종합지표로서 적합한 것으로 나타났다. 산업별로 2차 노동시장 정도에서 큰 편차가 관찰되었다. 전기·가스·증기·수도업, 전문·과학·기술서비스업, 제조업 등은 2차 노동시장의 특성이 비교적 약한 산업인 반면, 건설업, 숙박·음식점, 부동산 및 임대업, 예술·스포츠·여가관련서비스업 등은 2차 노동시장 특성이 상대적으로 강한 것으로 나타났다. 또한 지난 몇 년간 2차 노동시장 정도는 대체로 증가하는 흐름을 발견할 수 있었다.

둘째, 회귀분석 결과, 2차 노동시장의 성격이 강할수록 청년고용확률, 청년고용 비율이 유의미하게 낮아지며, 분석모형에 관계없이 일관된 추정결과를 보여주었다. 이러한 분석결과는 청년층 고용·실업 문제의 주된 원인이 양질의 일자리를 제공하지 못하는 산업 및 노동시장의 구조에 있음을 보여주는 것으로 풀이할 수 있다.

셋째, 청년패널 자료를 사용, 2차 노동시장 강도가 청년층의 활동상태 변화·전환(취업→미취업, 취업→NEET)에 미치는 영향을 분석하였다. 2차 노동시장 강도가 높은 산업에 종사하는 청년일수록 이후 취업에서 미취업으로, 취업에서 NEET나 비경제활동으로 전환될 가능성이 높아지는 것으로 추정되었다. 이러한 결과는 2차 노동시장 경험이 청년층의 숙련·경력형성 과정으로 작용하기보다는, 1차 노동시장에서 제공되는 양질의 일자리에 대한 구직 욕구를 강화시켜 오히려 청년층의 취업준비기간이 늘어나고 NEET로 빠지게 하는 요인으로 작용할 수 있음을 시사한다.

이상의 결과를 종합하면, 노동시장 이중구조로 1차 및 2차 노동시장 간에 발생하는 임금 및 근로조건 등에서의 격차는 청년층의 원활한 노동시장 이행을 가로막고 인력수급 미스매치를 심화시켜 노동시장의 비효율성을 야기하고, 청년층의 높은 실업률, 비경제활동인구화 또는 NEET화를 가져오는 주된 요인으로 작용함을 확인할 수 있다. 따라서 현재 개선 기미가 거의 없는 청년고용·실업 문제를 해소하기 위해서는 다양한 측면에서 나타나는 노동시장 이중구조를 근본적으로 개선·해소하고 양질의 일자리 창출기반을 강화하는 것이 무엇보다 시급한 과제임을 확인할 수 있다. 또한 노동시장 이중구조 개선을 위한 정책을 수립할 때, 2차 노동시장 정도에서 발견되는 산업별 차이를 충분히 고려하여 산업별로 차별화되는 정책 접근이 필요하다.

3. 교육체계와 청년고용·노동시장

제4장은 교육체계와 관련한 청년고용·노동시장의 정형화된 사실들을 분석한다. 국제통계를 이용하여 OECD 회원국 평균과 한국을 비교한 결과 도출된 한국교육의 특징은 OECD 최하위 수준의 직업계고 학생 비중(2014년 기준 16.7%), OECD 최고 수준의 고등교육 이수율(2016년 기준 70%), 부모의 교육수준에 따른 차이가 크지 않은 자녀의 고등교육 진학률, 민간부문의 높은 교육비 부담, 학생이 아닌 청년층의 높은 비경제활동 상태, 고등학생에 비해 낮은 성인 학생의 역량, 낮은 대학경쟁력 등을 포함한다.

선행연구의 결과를 바탕으로 분석한 교육 이슈별 청년층 노동시장의 특징을 요약하면 다음과 같다. 첫째, 대졸자의 노동시장 성과는 평균적으로 고졸자보다 높다. 둘째, 수도권 소재 또는 상위권 대학 졸업생의 노동시장 성과는 비수도권 또는 하위권 대학 졸업생의 노동시장 성과보다 높다. 셋째, 대졸자의 전공별로 노동시장 성과는 다소 상이하나, 의약·간호·보건계열, 사범계열 등의 일부 전공을 제외하고는 그 성과에 큰 차이가 없다. 넷째, 상호 연관되어 있는 개인의 과잉교육 또는 하향취업 문제는 구직자 또는 근로자에게 노동시장에서 상당한 부담으로 작용한다. 다섯째, 대학교육의 투자수익률은 감소 추세이지만 여전히 다른 투자율보다 높다.

청년고용·노동시장의 근본적인 해결을 위해서는 대기업과 공공부문 정규직으로 대표되는 1차 노동시장과 대기업과 중소기업 비정규직으로 대표되는 2차 노동시장의 임금격차 등과 같은 노동시장의 이중구조가 해결되어야 하는 것은 분명하다. 하지만 이를 위해서는 상당한 시간이 소요될 것이다. 이에 제4장에서는 한국 교육의 특징과 교육 관련 노동시장 이슈를 분석한 선행연구를 통해 특징을 도출하고, 향후 교육정책을 통해 해결할 수 있는 문제가 있는지 모색하였다. 자료상의 한계로 선행연구에서 충분히 다뤄지지는 않았지만, 교육 정책을 통해 현재 청년이 마주하고 있는 문제를 해결하기 위해서는 정규교육과정에서 직업교육훈련을 제공했을 때 졸업자의 노동시장 성과가 향상되는지, 진로상담이나 진로교육은 과잉교육 문제를 일부 해결할 수 있는지, 직업기술 교육과 대학교육의 질 제고가 특성화고 또는 대학 졸업자에 미치는 영향은 무엇인지에 대한 추가적인 연구가 필요할 것이다.

4. 청년층의 지역 간 이동성

제5장은 국내 선행연구 검토와 2015년 인구주택총조사 자료 분석을 통해서 우리나라 청년층의 지역 간 이동성의 특징을 살펴보고 정형화된 사실들을 정리하고자 하였다. 국내 선행연구 검토를 통해서 발견한 열 가지 정형화된 사실들은 다음과 같다. ① 청년층의 일상적 노동시장 범위는 수도권 및 광역시도 경계를 넘지 않는다. ② 청년층의 광역시도 지역 간 인구이동의 비중은 증가하고 있으며, 특히 25~29세 연령층의 이동성이 강화되었다. ③ 청년층의 지역 간 이동은 수도권 지향성이 강하다. ④ 청년층의 지역 간 이동은 대학 진학과

대학 졸업 후 취업 시기에 주로 발생한다. ⑤비수도권 출신이 수도권 대학으로 진학할 경우 비수도권으로 회귀하여 취업하는 경향은 낮은 반면, 수도권 출신이 비수도권 대학으로 진학할 경우에는 수도권으로 회귀하여 취업하는 경향이 강하다. ⑥고졸 취업자의 고교 소재지 잔존율이 대졸 취업자의 대학 소재지 잔존율 보다 높다. 또한 고교 소재지와 대학 소재지가 같을 경우, 전문대졸 취업자가 4년제 대졸 취업자보다 잔존율이 높다. ⑦지리적 근접성과 지역 산업구조는 청년층의 지역 간 이동성과 강한 상관관계가 있다. ⑧비수도권 고교에서 수도권 대학으로 진학하는 경향은, 남성이며, 외고 및 과학고를 졸업하고, 부모의 학력수준이 높을수록 강하다. ⑨비수도권 대학을 졸업하고 취업하는 경우, 남성보다 여성의 수도권 지향성이 강하며, 의약 및 예체능계열인 경우에 다른 전공계열보다 수도권으로 유출될 가능성이 높다. 그러나 자격증이 많고 대학에 대한 만족도가 높을수록 비수도권에 잔류할 가능성이 크다. ⑩졸업 후 지역 간 이동은 임금수준에 단기적으로 정(+)의 효과를 가지며, 대학 소재지는 임금수준과 강한 상관관계를 보인다.

2015년 인구주택총조사 자료를 이용한 분석에서는 2014~2015년 기간 동안 20~34세 임금근로 청년층의 시군구 지역별 증가율 결정요인을 살펴보았다. 주요 분석결과는 다음과 같다. 첫째, 지역노동시장의 높은 기대임금은 지역 청년층 증가에 긍정적이며, 그 효과는 청년층의 학력수준이 높아질수록 크게 나타났다. 둘째, 지역노동시장에서 제조업 비중은 고졸 이하 청년층 증가에 중요한 요인이다. 셋째, 주거비용과 문화시설의 영향은 특히 4년제 대졸 이상 청년층에서 두드러졌다. 넷째, 지방 5대 광역시에서의 청년층 유출은 2·3년제 대졸 이상에서 뚜렷하게 나타나며, 특히 4년제 대졸 이상 청년층의 유출이 더욱 크게 나타났다. 다섯째, 혁신도시는 2·3년제 대졸 및 4년제 대졸 이상 청년층이 해당 지역에 유입되는 데 긍정적인 영향이 있으나, 인접지역의 청년층 증감에 대한 공간적 파급효과는 미미하였다.

이상의 실증분석 결과들은 다음의 정책적 시사점을 제시한다. 첫째, 지역에서 청년층을 유입하는 데 가장 중요한 요인 중 하나가 기대임금이며, 특히 '두뇌유출'이 상대적으로 심각한 지방 광역대도시에서는 고학력 청년층을 대상으로 높은 수준의 임금을 보장할 수 있는 정책적 노력이 필요하겠다. 또한 4년제 대졸 이상의 청년층이 주거비용과 문화시설에 상대적으로 더욱 민감한 점을 고려하려, 고학력 청년층의 주거문제와 지역 어메니티 환경을 개선하는 노력이 병행될 필요가 있겠다. 둘째, 청년층에 대한 혁신도시의 영향은 해당 지역에 대졸 이상 계층의 유입을 야기한 것으로 판단되나, 혁신도시의 인접한 지역에 대한 긍정적인 공간적 확산효과 또는 주변 지역의 청년층을 흡수하는 '빨대효과'는 미미한 것으로 판단된다. 혁신도시 지역에 유입된 고학력 인적자본을 지역발전을 위한 역량으로 발전시키고 이를 주변지역으로 확산하는 지역정책적 노력이 강구되어야 하겠다.

5. 기술진보와 청년고용 · 노동시장

제6장에서는 기술진보가 청년층 노동시장에 미치는 영향에 대한 선행연구가 일천함에 따라, 국내 노동시장의 변화 양상을 사업체 혹은 기업 단위에서 포착하는 패널조사 자료를 활용하여, 기초분석을 실시함으로써 선행연구의 공백을 메워 보고자 하였다.

기초분석 수준에서 국내 자료를 바탕으로 기술진보가 청년층 노동시장 성과와 갖는 관계를 정리해 보면 다음과 같다. 우선, 사업체의 혁신유형의 차이는 단기 혹은 중기에 걸쳐 청년층 고용성과와 유의한 관계를 갖지 않는다. 반면 제품 · 서비스 혁신은 해당 사업체의 청년층 고용성과와 최소한 중기적으로 유의한 정(+)의 관계를 갖는 것으로 나타난다. 한편 각 사업체의 공정혁신 프로그램 수행은 해당 사업체의 청년층 고용성과와 별다른 관계를 갖지 않았다.

다음으로 기업 단위 기초분석 결과에 따르면, 기업의 제품혁신에 대한 태도는 향후 청년층 고용성과와 별다른 관계를 갖지 않고 있다. 한편 기업의 제품혁신 정도 역시 기간이 단기인지 중기인지에 관계없이 해당 기업의 청년층 고용성과와 유의한 관계를 갖지 않는 것으로 나타난다. 더불어 기업의 기술변화 정도 역시 기간에 상관없이 청년층 고용성과와 유의한 관계를 갖지 않는다.

이러한 사업체 및 기업 수준의 기초분석 결과는, 기술진보의 혜택이 설령 전체 근로자에게는 일부 미친다 하더라도, 청년층 근로자의 경우 이러한 혜택을 그다지 누리지 못하는 상당히 열악한 현실을 반영하는 것일 수 있다. 향후 해당 주제에 대한 명확한 실증적 사실 확립을 위해, 좀 더 엄밀한 방법론을 활용한 연구가 다수 수행될 필요가 있다. 이를 통해 실증분석 결과가 상당수 쌓인 후, 기술진보의 혜택 수혜와 관련하여 청년층이 처한 열악한 현실이 실증적 사실로서 확립된다면 이를 타개할 정책 대안을 제시하는 데 관련 연구자들의 연구 노력이 집중되어야 할 것으로 판단된다.

제 1 장
서론 : 연구 배경과 목적

현재 우리 사회에서 청년층의 고용 및 실업문제는 최대의 사회적 관심사이다. 청년층의 고용·노동시장 문제는 빠른 고학력화, 노동시장 이중구조 심화, 저성장기조에 따른 양질의 일자리 부족 등 노동공급 및 수요 양 측면의 구조적 요인들이 복합적으로 작용한 결과로서 좀처럼 개선·해결될 기미를 보이지 않고 있다. 향후에도 고학력화 현상과 노동시장-학교교육 미스매치가 지속되는 가운데 전반적 경제성장 정체와 빠른 기술진보 등 노동수요 측면의 변화 요인들로 인해 청년층의 노동시장 진입이 어려워지고 청년고용 문제가 개선되지 않고 지속될 가능성도 상존한다.

IMF 경제위기 이후 본격화된 청년실업 문제에 대응하기 위해 지난 20년간 원활한 학교-노동시장 이행을 지원하는 등 청년층을 대상으로 하는 다양한 정책이 추진되었으나, 정책의 효과성과 효율성에 대해서는 논란이 적지 않다. 여러 정부 부처, 여러 분야에서 청년층 일자리정책이 추진되었으나, 연계성 없이 추진되는 경우가 많았고 통합적 접근이 이루어지지 못하였다. 또한 그동안 청년 고용 및 노동시장 문제와 관련된 수많은 연구와 논의를 돌아보아도 대부분 특정 주제나 이슈를 논의하는 각론적인 접근에 그친 경우가 많았다. 따라서 청년고용 문제를 근본적으로 해결하려면 청년층의 고용·실업문제를 단순한 인력수급 불균형의 문제가 아니라 우리 사회의 지속가능한 미래와 직결되는 문제라는 인식 전환이 필요하며, 보다 통합적으로 청년층 일자리정책의 방향과 전략을 구체화하고 실천하는 노력이 요구된다.

본 연구는 이러한 문제인식하에서 먼저 우리나라 청년층 고용·노동시장의 실태를 전반적으로 살펴본 다음, 4개의 세부주제별(노동시장 이중구조, 교육체계, 지역 간 이동성, 기술진보)로 나누어 다양한 기존 연구를 면밀히 파악·검토하여 청년층 고용·노동시장과 관련된 ‘정형화된 사실들(stylized facts)’을 재정립하고자 한다. 다음으로 세부주제별 정형화된 사실들 가운데 기존 연구나 논의과정에서 의견이 모아지는 부분, 쟁점이 있거나 불명확한 부분을 식별·정리한 다음, 주요한 정형화된 사실들을 중심으로 실증분석을 통해 명료하게 확인·검증함으로써 청년고용·노동시장 문제의 본질을 정확히 규명하고자 한다. 본 연구에서 수행할 주요 연구내용은 다음과 같다.

제2장(우리나라 청년층 노동시장의 실태)에서는 먼저 고용률, 실업률, 비경제활동, NEET, 노동시장 진입 등 핵심이슈들과 관련된 지표들의 현황과 추이에 대한 포괄적인 분석을 통해 청년층 고용·노동시장의 실태를 정형화된 사실들을 중심으로 파악한다. 이어서 노동시장 이중구조, 고학력화 현상, 부문 간 임금·근로조건 격차 등 구조적인 측면에서 청년고용·노동시장 부진의 원인들을 찾고, 이를 바탕으로 정책개선을 위한 방향과 방안을 제시한다.

제3장(노동시장 이중구조와 청년고용·노동시장)에서는 노동시장 이중구조와 청년고용의 관계에 초점을 맞추어 기존 연구들에 대한 면밀한 검토를 통해 관련된 ‘정형화된 사실들’을 정리한 다음, 의견이 모아지는 부분, 쟁점이 있거나 불명확한 부분을 식별한다. 이에 더하여 주성분 분석방법을 통해 다양한 2차 노동시장의 특성을 집약하는 종합지표를 구성하고, 이를 바탕으로 회귀분석을 통해 노동시장 이중구조의 한 부분을 구성하는 2차 노동시장의 정도가 청년고용의 부진, 활동상태 변화(취업, 미취업, 비경활, NEET 등)에 어떠한 영향을 미치는지 실증분석한다.

제4장(교육체계와 청년고용·노동시장)에서는 교육체계와 관련된 청년고용·노동시장의 ‘정형화된 사실들’을 파악·분석한다. 먼저, 국제비교 관점에서 OECD 회원국과 한국의 교육관련 통계지표들을 비교하여 한국 교육체계의 현황과 특징을 파악한다. 이어서 교육과 청년 노동시장의 관계에 대한 다양한 선행연구를 검토·분석하고 몇 가지 핵심 이슈별

로 교육체계와 청년층 노동시장의 관련성 및 특성을 분석한 다음, 교육체계의 영역에서 청년고용·노동시장의 근본적 해결을 위한 정책개선 방향을 제시한다.

제5장(청년층의 지역 간 이동성)에서는 청년층의 지역 간 이동성이라는 측면에서 국내 선행연구 조사 및 통계분석을 통해 청년고용·노동시장의 특징들과 '정형화된 사실들'을 제시한다. 또한 인구주택총조사(2015) 자료를 이용하여 지역별 임금근로 청년층 증가의 결정요인(임금수준, 학력수준, 주거비용, 문화시설, 혁신도시 등)을 분석하고, 실증분석 결과들을 바탕으로 정책적 시사점을 제시한다.

제6장(기술진보와 청년고용·노동시장)에서는 기술진보가 청년층 고용·노동시장에 미치는 영향에 초점을 맞추어 분석을 진행한다. 관련 선행연구가 충분하지 않아 이로부터 '정형화된 사실들'을 파악하기보다는 패널조사 자료를 사용하여 기초분석을 수행한다. 기술진보와 청년층 노동시장 성과의 관계에 대한 기초분석에서는 기술진보의 유형(공정혁신, 제품·서비스혁신)과 효과발현기간(단기, 중기)에 따라 효과가 어떻게 다른지 분석한다.

끝으로, 노동시장구조, 교육체계, 지역 간 이동성, 기술진보 등 청년층 고용문제와 관련성이 큰 주요 영역들을 중심으로 청년층 고용·노동시장의 정형화된 사실들을 체계적으로 파악·검증하는 본 연구의 분석결과는 학문적으로도 의미가 있을 뿐 아니라 향후 청년고용 문제 해결을 위한 올바른 정책방향 설정과 해결방안 모색에 유용한 기초자료의 정보를 제공할 것으로 기대된다.

제 2 장
우리나라 청년층 노동시장의 실태

새 정부 출범 후에도 우리나라 일자리정책의 가장 큰 화두이자 고민거리는 청년일자리 문제이다. 2017년 들어 월별 청년 고용률(15~29세)은 증가추세에 있지만 여전히 노동시장의 전체 고용률[1]에 크게 못 미치는 43.8%(2017년 7월 기준)를 기록하고 있으며, 청년실업률 역시 통계작성 이래 최고 수치를 기록했던 2월의 12.3% 이후 감소추세에 있지만, 월별 실업률의 변동폭을 감안하면 크게 낙관적인 수준이 아니다[2]. 불완전취업자라 볼 수 있는 시간관련 추가취업가능자(주 36시간 미만의 단시간 근로자이면서 추가 취업을 희망하는 자)를 포함한 체감실업률(고용보조지표 3)이 공식 실업률의 2배를 넘는 22.6%임을 감안하면 청년고용의 실상은 통계지표가 보여주는 것 이상으로 심각하다고 볼 수 있다. 더불어 청년 일자리의 상당부분이 저임금 · 비정규직 · 단기 일자리로 채워져 있는 등 청년 일자리의 질적 측면을 고려하면 사안의 중요성이 더욱 무거울 수밖에 없다.

이렇듯 동시대를 살아가고 있는 우리나라의 청년들은 생애 가장 푸른 시기여야 할 지금, 무채색의 청년기를 보내고 있다. 일자리문제는 말할 것도 없이, 교육, 주거, 결혼 등 삶의 모든 영역에 있어 희망을 잃은 '기다리는 세대'가 되어버린 지 오래다. 이러한 현실을 반영하듯, 청년들의 어려운 현실을 자조적으로 표현하는 신조어들도 계속해서 등장하고 있다.

---

1) 15~64세 고용률, 2017년 7월 기준 67.2%.
2) 15~29세 실업률, 2017년 7월 기준 9.3%.

연애, 결혼, 출산에 이어서 내 집 마련과 인간관계를 단념하고, 더 나아가서 희망과 삶을 포기한 세대를 의미하는 'N포세대'에서부터, '헬조선', '문송합니다', '흙수저' 등은 모두 청년들의 어려운 취업난과 사회적 여건을 반영하는 표현들이다. 아직은 삼각김밥, 컵라면으로 끼니를 때워도 괜찮을 나이라고 여기며 열정만을 강요하는 사회적 분위기도 완전히 사라지지는 않은 듯, 청년세대를 대상으로 한 고용착취 사례들도 여전히 기사한 면을 장식하곤 한다.

새 정부 들어서 역시 정책의 최우선 기조는 일자리 창출과 일자리의 질 개선임에 변함이 없으며, 그 중 가장 핵심이 되는 것은 청년고용정책이다. 본장은 우리나라 청년층 노동시장의 실태를 살펴보고, 이를 바탕으로 우리나라 청년고용정책의 발전방향과 정책시사점을 제시하는 것을 목적으로 한다.

제1절 청년층 노동시장의 실태

청년층 노동시장의 실태를 파악하기에 앞서, 우선적으로 논의되어야 할 부분은 청년의 정의에 관한 것이다. 청년층의 범위를 어떻게 정의하느냐에 따라 통계지표의 분석기준뿐만 아니라, 정책대상 및 정책목표까지 달리 영향을 미칠 수 있기 때문이다.

공식적으로 우리나라는 「청년고용촉진특별법」 제2조 제1호에서 대통령령에 따라 청년을 15세 이상 29세 이하의 사람으로 규정하고 있다. 그러나 2017년 6월 해산된 대통령직속 청년위원회는 청년층을 19세 이상 39세 이하의 사람으로 정의하였으며, 정계에서는 비례대표 및 청년당원의 기준을 45세까지로 정하고 있기도 하다. 청년의 정의는 정책의 대상별로도 기준을 달리하는데, 고용노동부의 청년취업성공패키지의 경우 18세 이상 34세 이하를 지원대상자로 정하고 있다. 국제적으로는 OECD, ILO 등의 국제기구에서 청년을 15세~24세로 정의하고 이를 기준으로 통계를 발표하고 있다.

우리나라의 청년층 범위가 국제기준과 비교해 보다 넓은 이유는 남성의 경우 군복무의 의무를 진다는 점, 대학진학률이 높고, 청년들의 독립이 문화적으로 늦어 노동시장의 진입이 더디다는 점 때문인데, 이렇듯 관점을 어디에 두느냐에 따라 청년의 범위는 축소되기도, 확대되기도 한다. 그러나 같은 연령대라 하더라도 취업유무, 고용형태, 소득수준, 교육수준 등 노동시장 특성에 있어, 그리고 연애, 결혼, 출산 등 삶의 전반적 환경에 있어 청년층은 다양한 유형과 모습으로 정의되기 때문에, 정책의 입안·수립 과정에 있어서는 청년들의 연령정의를 벗어나 그들의 노동시장의 특성을 파악하고, 청년층 유형별 특성의 차이가 잘 반영되어야 한다.

2017년 7월 기준, 한국의 청년 고용률은 전월 대비 0.2%p 증가한 43.8%를 기록했지만, 이는 취업자 수의 증가가 아닌 생산가능인구의 감소 등 인구구조의 변화에서 기인한 것이다. 7월 청년 취업자 수는 전월대비 16,000명 감소하였고, 청년 실업자 수는 1,000명 증가하였다. 청년 고용률의 연도별 변화추이를 2007년부터 2016년까지 살펴보면 [그림 2-1]과 같다. 2016년 청년 고용률은 42.3%로 2013년 이후 증가추세에 있으나 전체 고용률과는 여전히 18.1%p의 큰 격차를 보이고 있다.

앞서 언급하였듯, 공식통계상 청년층은 15~29세의 넓은 연령대를 아우르고 있기 때문에 연령층을 좀 더 세분화하여 살펴볼 필요가 있다. [그림 2-1]은 한국의 청년고용률 변화추이를 세부 연령대별로 구분하여 살펴본 것이다. 청년층을 15~19세, 20~24세, 25~29세의 세 연령대로 구분하여 살펴보면, 가장 낮은 15~19세 연령대의 고용률은 시계열적으로는 증가추세를 보이고 있으나 8.0%로 매우 저조한 수준이다. 물론 이 연령대는 만학의 영향으로 대부분의 청년들이 고등학교에 재학 중인 연령대이기 때문에, 청년 실업통계를 분석할 때 이 연령대를 제외하고 보아야 한다는 시각 또한 존재한다. 그러나 해외국가의 경우, 선취업 후진학이 보편화되어 있으며, 이에 같은 연령대의 고용률이 상대적으로 높은 것을 감안할 때, 우리나라 역시 진로선택의 패러다임 변화 측면에서 이 연령대의 청년들에 대한 지속적인 관심을 기울일 필요가 있다.

중간 연령대인 20~24세 연령대의 고용률은 2016년 46.0%로 전체 청년고용률을 약간 상회하는 수준이지만, 전체 고용률에는 역시 크게 못 미치는 수준이다. 더불어 청년들의 취업준비활동 증가 등으로 노동시장의 진입이 지연추세에 있음을 감안할 때, 청년들의 고용추세를 주의 깊게 지켜볼 필요가 있다. 세부 연령대 중 가장 높은 25~29세의 고용률은 2016년 69.6%로 세 연령대 중 가장 높은 고용률을 기록하고 있으며, 이는 전체 고용률을 크게 상회하는 수치로 고용률 70%도 곧 달성이 가능할 것으로 보인다. 따라서 일견 이 연령대의 고용상황은 양적으로 문제가 없는 것처럼 여겨질 수 있으나, 청년 일자리의 상당 비중이 저임금·비정규직·단시간 일자리로 채워져 있음을 고려하면, 상황이 역시 낙관적이라 보기 힘들다.

최근 약 증가추세를 나타내고 있는 청년 고용률의 증가 원인을 청년 취업자 수의 변동 추이를 통해 살펴보면 다음과 같다. 청년취업자 수는 2013년부터 증가추세에 있으나, 취업자 수의 증가 비중은 최근 몇 년간 감소추세에 있고, 전체 취업자 대비 청년취업자의 비중 역시 지속적으로 감소하여, 2017년 기준으로는 청년 취업자 비중이 15.2%에 불과한 것으로 나타난다. 앞서 언급하였듯, 최근 월별 전체 취업자 수는 증가추세에 있음에도 불구하고, 청년 취업자 수만 감소수치를 기록하고 있기도 하다.

한국의 청년 고용률을 국제수준에서 비교해 보자. [그림 2-2]는 OECD 가입국들의 전체 고용률과 청년 고용률(15~24세)을 나타낸 것이다. 한

〔그림 2-1〕 고용률의 변화 추이

(단위 : %)

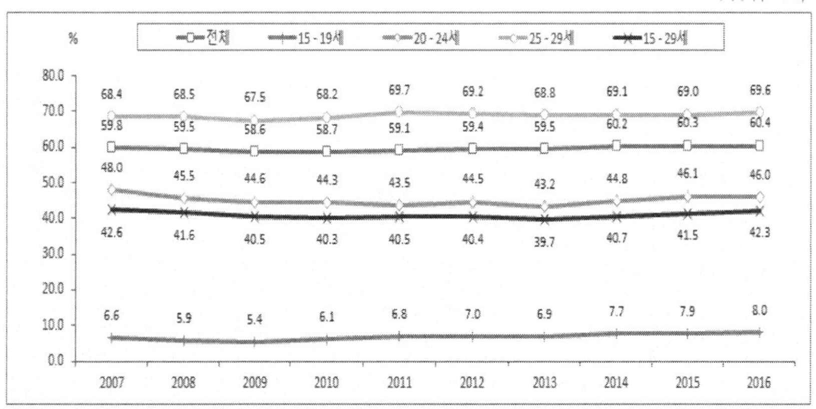

자료 : 통계청, 「경제활동인구조사」 원자료, 각 연도.

국의 청년 고용률을 국제수준에서 비교하기 위해 15~29세 고용률을 15~24세 고용률로 변환하여 살펴볼 경우, 우리나라의 15~24세 고용률(2015년)은 26.9%로 OECD 가입국의 평균 청년 고용률인 40.5%에 크게 못 미치는 수준이다. 그리스, 스페인, 이탈리아 등 우리나라보다 청년 고용률이 낮은 국가들이 있기는 하지만, 이들 국가는 EU 내에서도 가장 극심한 경기불황을 겪고 있는 국가들임을 고려하면, 사실상 OECD 가입국 중 가장 낮은 수준으로 볼 수 있다.

청년 실업률을 살펴보자. 청년 실업률은 장기시계열로 볼 때 지속적인 상승추세에 있고, 그 증가폭이 전체 실업률에 비해 크다. 2016년 청년 실업률은 9.8%를 기록했는데, 월별로 보면 2017년 2월 12.3%를 기록했고, 이는 1999년의 통계기준 변경 이후 최고 수치를 기록한 것이기도 하다. 가장 최근인 2017년 7월 청년실업률은 9.3%로 동년 2월보다 낮아졌으나, 월별 실업률의 변동폭이 작지 않음을 고려할 때 이 역시 낙관적으로 보기는 힘들다.

청년실업 문제를 바라봄에 있어, 공식 실업률과 함께 자주 대비되는 통계 개념은 체감실업률이다. 통계청은 공식 실업률과 함께 2015년부터 세 가지 고용보조지표(고용보조지표 1, 고용보조지표 2, 고용보조지표 3)를 발표하고 있다. 고용보조지표는 실업자와 경제활동인구에 대한 기준

〔그림 2-2〕 15~24세 고용률 국제비교(2015년)

(단위 : %)

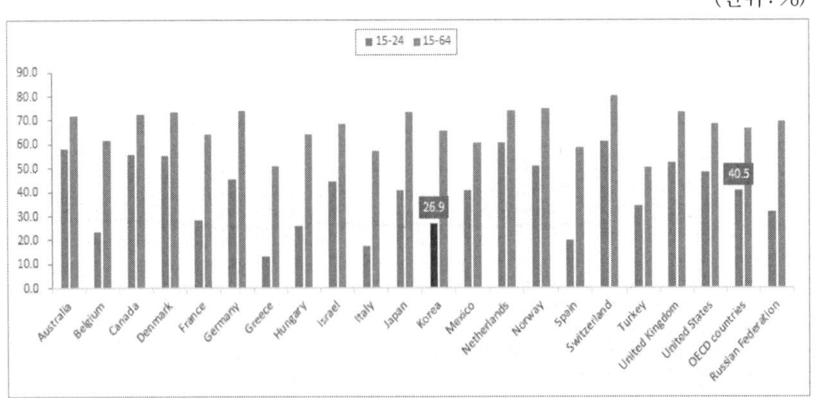

자료 : OECD Stat; 통계청, 「경제활동인구조사」 원자료, 각 연도.

을 달리하여 실업률을 계산한 것으로, 노동시장의 상황을 다각적으로 분석하기 위해 도입되었다. 체감실업률은 통상적으로 고용보조지표 3을 지칭하는데, 이는 현재 취업 중이지만 추가취업이 가능한 '시간관련추가취업자[3]'와 현실적으로 취업이 불가능하여 비경제활동인구로 간주되는 '잠재경제활동인구[4]'를 반영한 실업률이다. 2017년 7월의 체감실업률은 공식 실업률의 2배를 크게 상회하는 22.6%를 기록하였다. 체감실업률에 대하여 체감실업률이 과대 추정된 것은 아닌지, 공식 통계지표로 인정해야 하는지에 대한 논란이 있는 것은 사실이지만, 청년 노동시장의 실태는 바라보는 시각에 따라 다양한 분석이 가능한 것이며, 따라서 단순히 엄격한 기준을 적용하여 통계수치를 낮춰 공표하는 것이 사회적 안녕을 위해 바람직하다는 기존의 인식을 유지하는 것은 문제가 있다. 공식 실업률이 청년층 노동시장의 현실을 모두 반영하지 못하는 부분이 있다면, 이를 보완하는 지표를 제공하는 것이 통계의 역할일 것이다.

지금까지 경제활동인구 중심으로 청년층 노동시장의 특성을 살펴보았다면, 이제 청년층 비경제활동인구에 대해 살펴보도록 하자. 청년층 비경제활동인구 중 청년고용 문제의 핵심이라 할 수 있는 것은 청년 니트(Not in Education, Employment, or Training : NEET)라 할 수 있을 것이다. 청년니트는 교육을 받지 않고, 취업도 하지 않으며, 직업훈련도 받지 않는 청년층을 의미하는 것으로, 단순히 무위도식하는 것이 아니라, 취업의 기회조차 가질 수 없는 청년들이 비자발적으로 니트족이 되고, 이를 넘어서 일본의 히키고모리, 즉 은둔형 외톨이처럼 아예 외부와의 접촉까지 끊어버리는 청년들이 늘고 있다는 점에서 청년 개개인의 문제가 아닌 사회 전체의 문제로 확대되고 있다.

우리나라의 청년니트는 2015년 기준으로 약 93만 4,000명 정도로 집계되며, 이는 청년층의 약 18.5%이다. OECD 35개 가입국 중에서는 일곱번째로 높은 수치인데, 고용률과 마찬가지로 경기불황을 겪고 있는 나라들을 감안하면 매우 높은 수치로 볼 수 있다.

---

3) 36시간 미만 단시간 근로자이면서 추가취업을 희망하는 사람.
4) 비경제활동인구 중 지난 4주간 구직활동을 했지만 취업이 불가능했던 사람과 지난 4주간 구직활동을 안 했지만 이 기간에 취업을 희망했고 취업도 가능한 사람.

우리나라 청년니트의 특징은 고숙련 대졸자 니트의 비중이 다른 나라에 비해 상대적으로 높다는 점이다. OECD 가입국들의 경우, 중졸·고졸의 니트 비중이 높은 것과는 상당히 다른 양상이다. [그림 2-4]는 대졸자 니트의 비중을 국제비교한 것으로, 우리나라의 대졸자 니트 비중은 24.4%로 OECD 가입국 중 세번째로 높으며, OECD 가입국의 평균 대졸자 니트 비중과 2배 이상의 차이를 보이고 있다. 이것이 고학력 청년들이 취업준비기간을 늘려 양질의 일자리를 찾으려는 구직행태에서 비롯된 것

〔그림 2-3〕 청년니트 비중 국제비교 : 세부 연령별

(단위 : %)

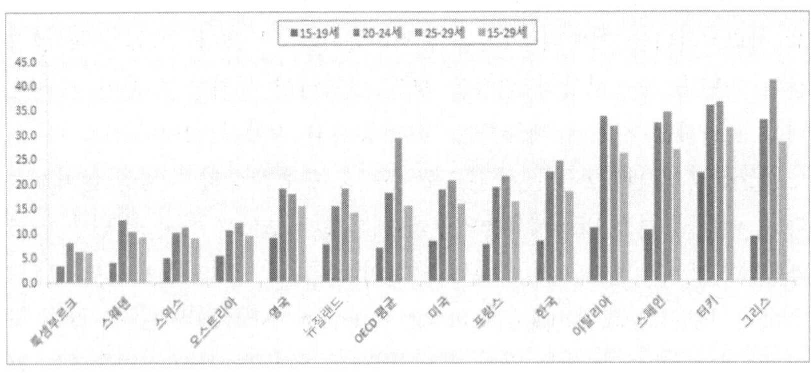

자료 : OECD Stat.

〔그림 2-4〕 대졸자 청년니트 비중 국제비교 : 세부 연령별

(단위 : %)

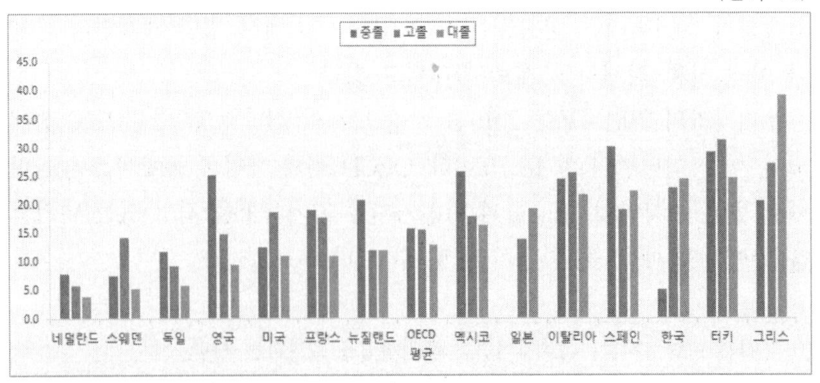

자료 : OECD Stat.

이라면 다행이겠지만, 우리나라의 경우 니트의 유형 중 구직활동을 하지 않는 비경제활동니트의 비중이 81.6%로 매우 높다는 점에 주목할 필요가 있다(OECD 비경제활동니트 평균 비중 54.0%).

이제 청년이 첫 일자리를 갖기까지의 취업과정에 대해 살펴보자. 우리나라의 청년들은 첫 일자리에 취직하기까지 졸업 후 11개월 정도가 걸리는 것으로 나타나는데, 남성의 입직소요기간이 14개월로 입직소요기간이 11개월인 여성에 비해 길다. 청년들의 첫 일자리 입직소요기간을 기간별로 구분하여 보면 [그림 2-5]와 같다. 입직소요기간 중 졸업 후 6개월 이내의 비중이 줄어드는 추세를 보이는 것에 비해, 졸업 후 6개월 이상의 비중은 증가추세에 있는 만큼, 청년들의 노동시장 진입은 지속적으로 지연되고 있다고 볼 수 있다.

어렵게 취업난을 뚫고 취직에 성공한 청년들은 노동시장에 안정적으로 정착할 수 있을까. 우리나라 청년들의 평균 첫 일자리 근속기간은 1년 6개월에 불과한 것으로 나타난다. 취업을 위해 평균 11개월의 취업준비활동을 하는 청년들이 취직에 성공하고도 취업준비기간보다 약간 긴 수준인 1년 6개월간만 첫 일자리에 머무른다는 의미이다. 청년들의 첫 일자리 근속기간을 학력별로 살펴보면, 대졸 이상 청년들의 첫 일자리 근속기간은 증가추세에 있는 반면, 취업시장에서 보다 취약계층이라 볼 수 있

〔그림 2-5〕 첫 일자리 입직소요기간별 취업자 비중

(단위 : %)

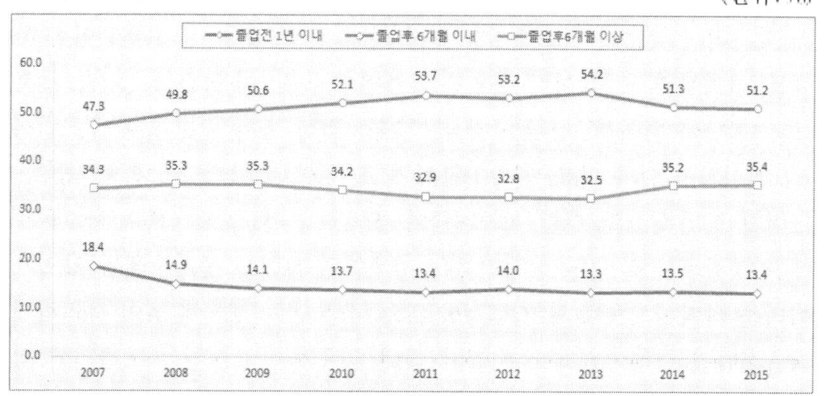

자료 : 통계청, 「경제활동인구조사」 원자료, 각 연도.

〔그림 2-6〕 청년층 첫 일자리 근속기간 : 학력별

(단위 : %)

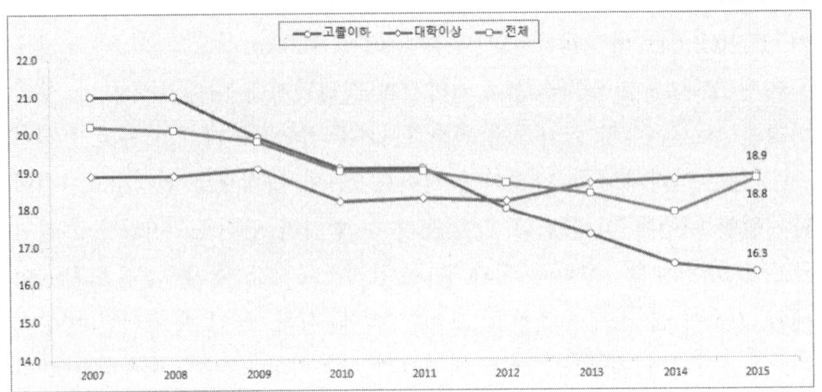

자료 : 통계청, 「경제활동인구조사」 원자료, 각 연도.

는 고졸 이하의 첫 일자리 근속기간이 지속적인 하락추세를 보인다는 점에서 이들의 노동시장 미스매치 실태에 더욱 관심을 기울일 필요가 있다.

청년층의 첫 일자리 실태는 첫 일자리 유지율로 보아도 심각하다. [그림 2-7]은 청년들이 첫 일자리에서 1년간 유지하는 비중의 변화 추이를 나타낸 것인데, 청년들의 첫 일자리 유지율은 증가추세에 있기는 하지만, 청년들의 37.7%만 첫 일자리에 1년간 머무르고 62%에 해당하는 청년들이 이후 이직을 하거나 일자리를 그만둔다는 점은 우리나라 청년층 노동시장 내 미스매치의 심각성을 반영하는 것이라 볼 수 있다.

청년층의 첫 일자리 근속기간이 짧고, 유지율이 낮은 원인에는 청년들의 일자리 근로조건 미스매치가 깊게 자리 잡고 있다. 청년들의 이직 사유를 살펴보면, '근로여건 불만족', '개인/가족적 이유(건강, 육아, 결혼 등)', '전망이 없어서', '전공 · 지식 · 기술 · 적성 등이 맞지 않아서', '임시적, 계절적인 일의 완료, 계약기간의 종료' 등으로 나타나는데, 이 중 '근로여건 불만족'으로 인한 이직비중이 49%로 가장 높게 나타난다. '근로여건 불만족'으로 인한 이직비중은 시계열로 보아도 증가추세에 있으며, 이러한 이직이 청년들의 경력개발, 노동시장 내 이행단계 있어 유리하게 작용한다면 다행이겠지만, 이직의 최대 사유가 근로조건 미스매치에 있으며, 노동시장 내에 중소기업-대기업, 비정규직-정규직 간 유리천장이 존재함을 감안할 때 청년들의 더 나은 일자리로의 이행은 결코 쉬운 일이 아니다.

지금까지 살펴보았듯이, 청년들은 청년문제를 바라보는 시각을 어떻게 달리한다 해도 노동시장 내의 취약계층임에는 큰 이견이 없을 것이며, 일자리의 기회와 희망을 박탈당한 '기다리는 세대'로 불리기에 부족함이 없을 것이다. 우리나라의 생산가능인구 전망을 살펴보면, 2017년부터 생

〔그림 2-7〕 청년층 첫 일자리 유지율

(단위 : %)

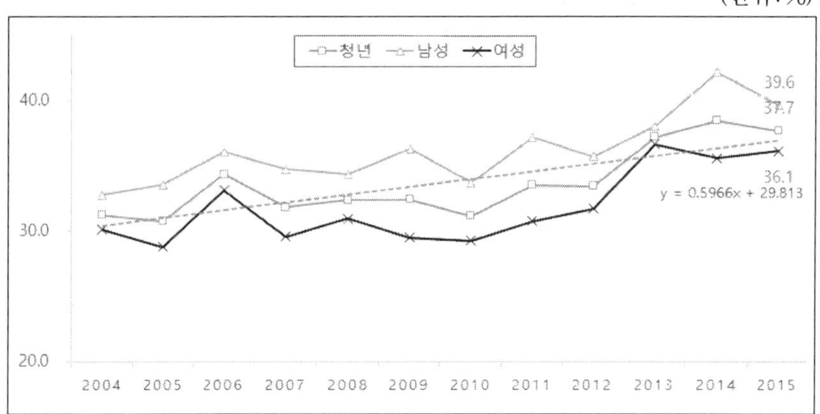

자료 : 통계청, 「경제활동인구조사」 원자료, 각 연도.

〔그림 2-8〕 청년층 첫 일자리 이직사유

(단위 : %)

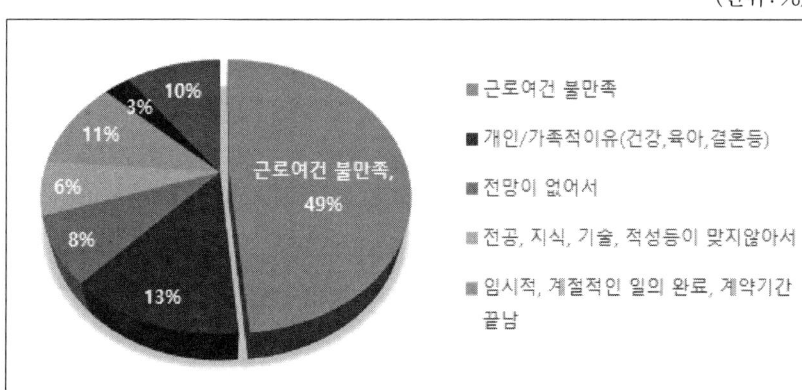

자료 : 통계청, 「경제활동인구조사」 원자료.

산가능인구의 감소가 일어나는데, 인구구조 변화의 효과로 인해 청년의 고용사정이 개선될 것이라고 전망하는 시각도 있다. [그림 2-10]과 <표 2-1>에서 볼 수 있듯이, 장래인구추계와 인력수급전망에 따르면 생산가능인구와 경제활동인구의 감소에 따라 청년층의 경제활동참가율과 고용률은 증가할 것이라 전망된다. 일본의 경우, 이러한 인구구조의 변화에 따라 기업의 인력난이 해결되었고, 최근에는 구인배율이 1을 넘어 기업이 오히려 일할 청년을 구하는 구조가 되었다. 우리나라의 경제·노동시

〔그림 2-9〕 청년층 첫 일자리 이직사유 중 근로조건 미스매치 비중

(단위 : %)

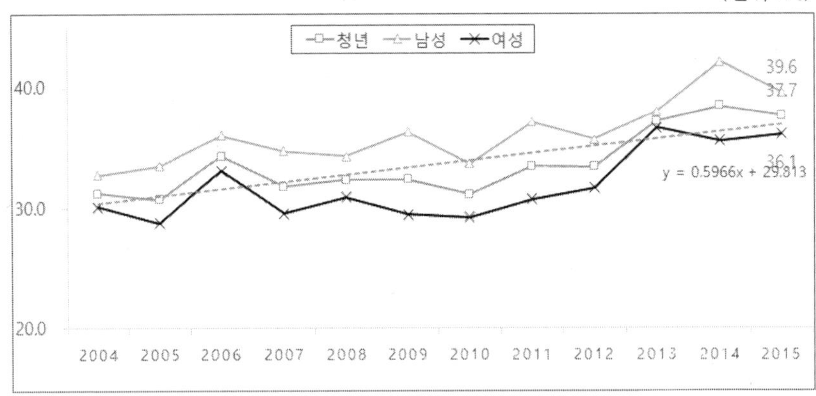

자료 : 통계청, 「경제활동인구조사」 원자료, 각 연도.

〔그림 2-10〕 생산가능인구 전망

(단위 : 천 명)

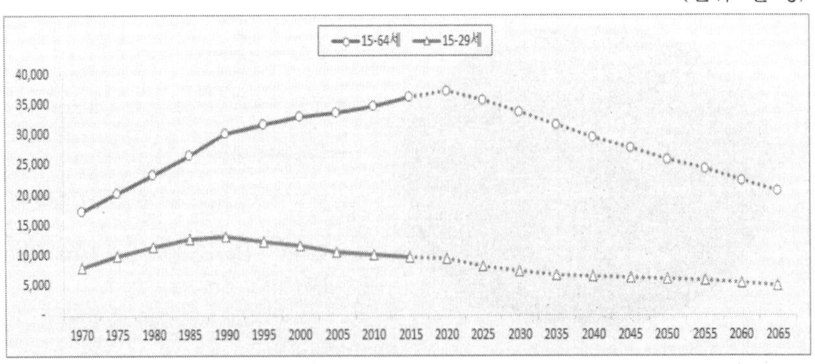

자료 : 통계청, 「인구총조사」, 「장래인구추계」, 각 연도.

〈표 2-1〉 청년층 고용지표 전망

(단위 : 천 명, %)

	생산가능인구	경제활동인구	취업자 수	경활참가율	고용률
2013	9,548	4,124	3,794	43.2	39.7
2018	9,247	4,513	4,127	48.8	44.4
2023	8,059	4,363	3,977	54.1	49.1

자료 : 한국고용정보원(2014), 「중장기 인력수급전망(2013~2023)」.

장 여건이 일본의 추이와 비슷하게 변화해 왔다는 점을 토대로, 일각에서는 우리나라의 청년 고용사정 역시 개선될 것이라는 논리를 펴기도 한다. 그러나 일본의 경우도 저임금·파트타임 등 단시간·저임금·비정규직 일자리가 아직 상당부분을 차지하고 있다는 분석이 있으며, 우리나라 역시 이러한 일자리들이 청년 일자리의 상당부분을 차지하고 있는 만큼, 근로여건 등 일자리의 질 개선 없이 청년고용 문제의 해소를 바라는 것은 요원한 일이라 하겠다.

제2절 청년고용 부진의 원인

청년고용 문제의 원인은 다분히 복합적이다. 저성장 기조가 일반적인 뉴노멀(new normal) 시대가 도래함에 따라 성장과 고용의 연계가 약화되었고, 대기업·수출·투자·국가주도 위주의 국가 성장방식에 의한 낙수효과가 이미 한계에 다다랐으며, 비용절감을 위한 기업의 경력직 선호현상이 두드러지는 등 청년고용 부진은 여러 악화요인이 복합적으로 작용하여 나타난 최악의 시나리오라고 보아도 과언이 아니다. 하지만 이 중에서도 가장 핵심이 되는 원인을 꼽으라고 하면, 노동시장의 왜곡에서 발생된 노동시장 내의 격차심화로 일자리 수급 미스매치가 지속되고 있다는 점일 것이다. 제2절에서는 청년고용 문제의 원인을 노동시장의 구조적 측면에서 살펴보도록 한다.

청년고용 부진과 청년실업의 원인을 분석함에 있어 청년들 스스로가 원인을 제공했다고 보는 시각이 있다. 청년들의 높은 눈높이, 즉 청년들의 대학진학률이 높고, 대기업에 취직하기만 바라는 것이 원인이라는 것인데, 이는 청년문제의 본말이 상당히 전도된 것이다. 이는 청년들의 자의적 선택이 아닌, 노동시장의 왜곡에서 비롯된 것이라는 데 문제가 있다.

노동시장의 이중구조화(labor market dualization)로 인해 대기업-정규직-유노조로 대변되는 1차 노동시장과 2차 노동시장의 격차가 심화된 만큼, 1차 노동시장으로 진입하고자 하는 노력은 살아남기 위한 청년들의 합리적 선택이라고 보아야 한다. 임금, 근로시간, 복지혜택 등 모든 부문에서 우위를 점하고 있는 1차 노동시장에 진입하기 위해, 청년들은 노동시장에서의 차별성을 획득하기 위한 방법으로 학력을 선택했고, 이는 결과적으로 우리나라의 높은 대학진학률로 나타났다.

그러나 높은 대학진학률로 인해 학력이 상향평준화 되었고, 이에 따라 학력이 노동시장 내에서 차별성을 잃게 됨으로써 청년들은 또 다른 차별 요소를 찾고자 하게 되었는데, 이것이 흔히 어학연수, 자격증, 인턴활동 등 '스펙쌓기'로 지칭되는 취업준비활동이다. 문제는 취업준비활동으로 얻게 된 '스펙'조차 상향평준화 되어 차별성을 잃고, 스펙이 1차 노동시장 진입을 위한 문지방(threshold), 즉 필요조건에 지나지 않게 되는 악순환이 벌어지면서, 청년들의 노동시장 진입이 계속해서 지연되고 있다는 것이다.

[그림 2-11]은 우리나라의 대학진학률과 교육투자수익률 추이를 나타낸 것인데, 여기서 교육투자수익률은 교육을 1년 더 받음에 따라 증가하는 임금증가분을 의미한다. 우리나라의 2016년 대학진학률은 69.8%이며, 교육투자수익률은 0.113으로 1년의 추가적 교육투자수익률이 11.3%임을 의미하는 것이다. 이는 대학을 졸업하고도 취직하기는 힘들지만, 대학졸업이라는 학력이 1차 노동시장의 문지방으로 작용하고, 대졸자의 임금수준이 높으니 대학진학 수요가 클 수밖에 없는 구조가 형성된 것으로 해석 가능하다.

청년들의 대학졸업 소요기간은 평균 51개월이며, 남성이 61개월, 여성이 42개월 소요되어 남성의 소요기간이 더 긴 것으로 나타난다. 이는 재학 중 취업준비활동의 증가에서 기인한 바 큰데, 문제는 이러한 취업준

〔그림 2-11〕 대학진학률, 교육투자수익률의 추이

(단위 : %)

자료 : 고용노동부, 「임금구조기본통계조사」, 각 연도.

비활동의 노동시장 성과가 크게 유의미하지 않다는 데 있다. [그림 2-12]는 취업준비 유형별 임금격차를 나타낸 것인데, 취업재수자의 임금성과가 청년취업자 전체, 휴학 유·무경험자에 비해 오히려 낮은 것을 확인할 수 있다. 휴학 유경험자의 경우, 휴학 무경험자에 비해 임금수준이 약간 높으나, 이 또한 좋은 일자리의 범주에서는 격차가 크지 않음을 확인할 수 있다. 이는 증가하고 있는 청년 취업준비활동의 노동시장 성과가 크게 유의미하지 않음을 시사하는 것이라 볼 수 있다.

〔그림 2-12〕 취업준비 유형별 임금격차

(단위 : 만 원)

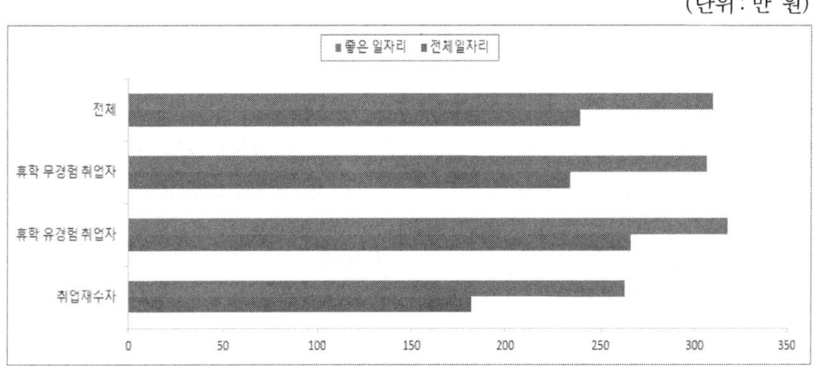

자료 : 한국고용정보원, 「대졸자직업이동경로조사」.

노동시장 내의 격차를 단적으로 보여주는 것은 우선 대기업과 중소기업 간의 임금격차이다. 대기업과 중소기업의 임금격차가 지속되고 있는 가운데, 임금격차를 좀 더 상세히 살펴보면, 중소기업의 월평균 임금은 323만 원으로 대기업의 62.9%(513만 원) 정도에 불과한 것으로 나타난다. 그러나 이를 세부 급여명목별로 살펴보면 그 격차는 더욱 크게 벌어진다. 정액급여만 볼 때 중소기업 근로자의 임금비중은 대기업의 75.6%인 데 비해 초과급여는 59.6%, 특별급여는 28.9%로 그 격차가 훨씬 크다. 즉 대-중소기업 간의 임금격차는 기본급 외 초과·특별수당의 적용 여부와 적용비율에서 더 두드러진다고 볼 수 있다.

노동시장의 격차는 고용형태에 있어서도 마찬가지로 심각한 수준이다. 정규직 대비 비정규직 근로자의 시간당 임금은 그 비중이 증가추세에 있기는 하지만, 여전히 정규직 근로자의 임금 대비 65.4%에 불과하다. 임금 외에 사회보험 가입률, 퇴직금 적용률, 근속연수 등의 차이를 감안하면 노동시장의 이중구조로 인한 근로조건 격차는 사실상 더욱 크다고 볼 수 있다.

노동시장의 격차가 심화되고 있는 가운데, 이러한 비정규직·단기적 일자리가 청년 일자리의 어느 정도를 차지하고 있는지 살펴보자. 우리나라의 전체 비정규직 중 청년 비정규직의 비중은 크게 높지 않은 수준이고, 감소추세에 있다. 전체 비정규직 대비 청년 비정규직 일자리의 비중은 약 9.7% 정도이고, 이는 OECD 평균인 26.96%에 비해 낮은 수준이다.

〔그림 2-13〕 대기업과 중소기업의 임금격차

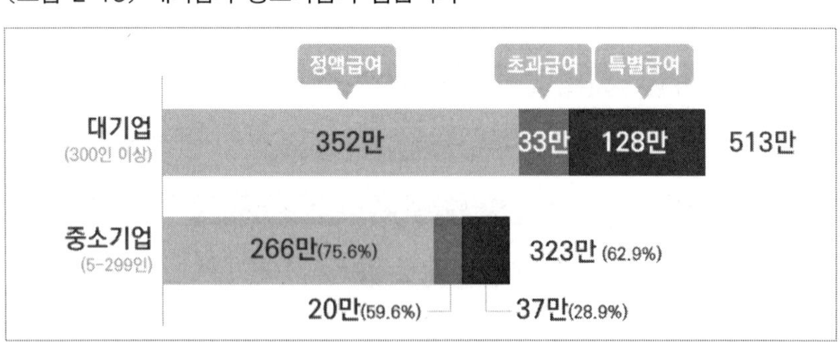

자료 : 고용노동부, 「사업체노동력조사」.

〔그림 2-14〕 정규직 대비 비정규직 시간당 임금추이

(단위 : %)

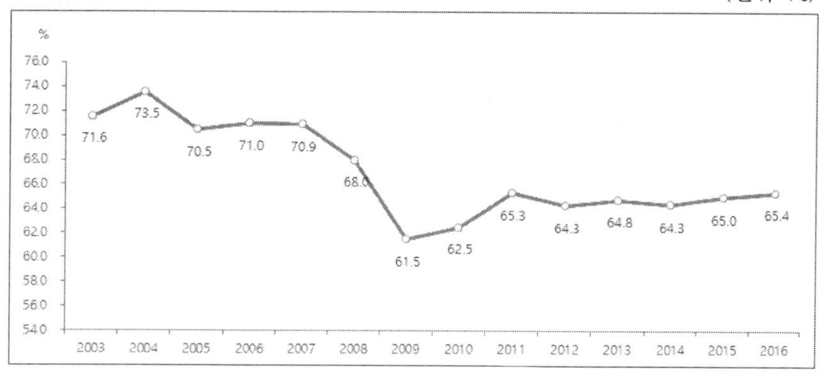

자료 : 통계청, 「경제활동인구조사」 원자료, 각 연도.

그러나 이를 청년 일자리에 한정하여 보면 그 추세가 다르게 나타난다. 2016년 청년 일자리 중 비정규직의 비중은 34.9%에 달하고, 또한 증가추세에 있다.

이를 다시 청년의 첫 일자리로 한정하여 보면, 청년 일자리 중 1년 이하의 단기계약직 비중 또한 증가추세에 있는 것을 확인할 수 있다. 2016년 청년 첫 일자리 중 1년 이하 계약직의 비중은 22.2%에 달한다. 이상에서 청년의 일자리 상당부분이 저임금, 비정규직, 단기계약직 일자리로 채워져 있다는 것을 확인할 수 있다.

〔그림 2-15〕 청년 일자리 중 비정규직 비중의 추이

(단위 : %)

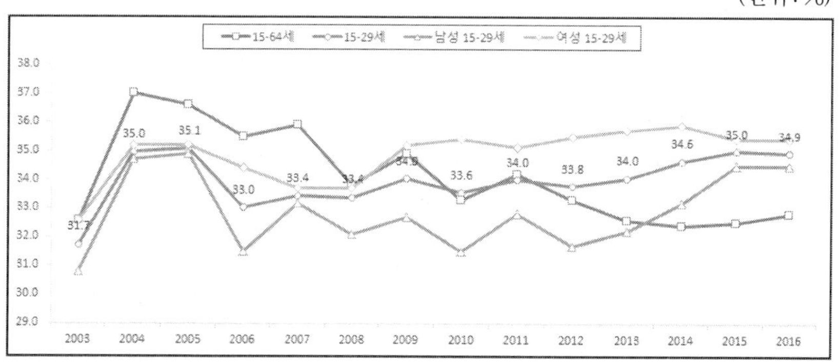

자료 : 통계청, 「경제활동인구조사 근로형태별 부가조사」, 각 연도 8월 기준.

〔그림 2-16〕 청년 첫 일자리 중 1년 이하 계약직 비중 추이

(단위 : %)

자료 : 통계청, 「경제활동인구조사 청년층 부가조사」, 각 연도.

제3절 청년고용 문제의 정책 시사점

본 장의 지금까지 논의를 통해 청년고용 문제 해결을 위한 정책방안이 시사하는 점은 다음과 같다. 청년고용 문제의 심화원인이 청년세대 자신들에게서 비롯된 것이 아니라 전체 노동시장의 왜곡된 구조에서 비롯되었음을 감안할 때, 청년고용 문제는 청년 연령대를 대상으로 한 청년고용정책을 통해 해결하기에는 한계가 있다. 따라서 본 절에서는 청년고용정책에 대한 평가에만 머무르지 않고, 전체 노동시장 구조 개선의 측면에서 청년고용 문제의 정책시사점을 도출하고자 한다.

첫째, 청년고용 문제의 근본원인이 노동시장의 구조적 왜곡에서 기인하였음을 고려할 때, 이중구조의 대표적 잣대로 볼 수 있는 기업규모별・고용형태별 근로조건 격차 완화방안 수립이 필요하다. 대기업과 중소기업, 정규직과 비정규직 등 기업규모나 고용형태에 따른 임금, 근로시간, 4대보험가입률, 기타 복지수혜 등 근로조건의 격차를 업종별・지역별로 자료화하고 이를 공시함으로써 노동시장 이중구조에 대한 경각심을 일깨우는 한편, 노동대가의 공정성에 대한 사회적 대화의 기틀을 마련하

여, 민간부문 스스로가 격차완화의 실천기로에 설 수 있는 계기를 마련하여야 할 것이다.

둘째, 청년들의 노동시장 진입촉진을 위한 효과적 정책기제 마련이 요구된다. 다른 OECD 가입국에 비해 현저히 낮은 선취업후진학 비중, 최고 수준의 대학진학률, 취업준비활동의 증가로 인한 졸업 후 취직까지의 기간 증가 등을 고려할 때, 청년고용 문제의 핵심이 노동시장의 진입 지연에 있음은 자명하다. 현 정부에서 새로이 도입한 청년구직촉진수당이 청년들의 조기진입 유인을 위한 대표적 정책방안의 일환으로 볼 수 있으며, 청년내일채움공제 등의 자산형성 프로그램 역시 노동시장 진입촉진의 유인을 지니고 있다고 볼 수 있다. 그러나 구직촉진수당에 있어서는 제도의 취지에 맞게, 청년들의 구직의무에 대한 관리·감독과 함께 구직활동의 내용, 노동시장 성과에 대한 모니터링이 병행되어야 할 것이며, 수당의 수준에 있어 역시, 금액의 적정성·효율성에 대한 검토를 수행하여, 청년들의 정책체감도를 지속적으로 파악할 필요가 있다.

셋째, 새로운 일자리 창출의 측면에서 신직업 창출을 고려해 볼 필요가 있다. 현재 일자리 창출의 대안으로 창업에 대한 논의가 지속적으로 이루어지고 있지만, 선진국에 비해 인프라가 부족하고 유지율이 매우 낮은 상황에서 청년 일자리 개선의 단기적 대안으로서의 창업은 현실성이 매우 낮다고 볼 수 있다. 창업 활성화의 기반을 마련하기까지는 장시간의 실패와 경험이 동반되어야 하며, 이를 노동시장 진입 초기에 놓여 있는 청년층의 대안으로 보기에는 현실적으로 무리가 많다. 다만, 새로운 직업은 선진국을 포함한 해외국가에는 존재하나 우리나라에는 공식적으로 존재하지 않는 일자리를 창출한다는 측면에서 추가고용의 여지가 존재한다. 한국에서 공식적으로 직업으로 인정되지 않고 있는 직업으로는 척추교정사, 타투이스트, 기업 컨시어지 등의 예를 들 수 있는데, 이는 업역 간의 갈등이나 관계부처 간 이견에 따라 제한된 측면도 있지만, 해당 직업에 대한 인지도가 매우 낮아 직업 창출이 이루어지지 않고 있는 원인도 크다. 업역 및 부처 간 규제검토 및 완화를 통해 신직업 창출의 기반을 넓히고, 새로운 직업에 대한 홍보 및 교육을 통해 청년층을 위시한 구직자들의 추가고용 가능성을 넓혀야 할 필요가 있다.

마지막으로, 청년층을 대상으로 올바른 노동 의식·관점을 재인식시키기 위한 사회·정책적 노력이 요구된다. 청년들은 구조왜곡이 심화되어 있는 현재의 노동시장 상황에만 비추어, 노동 본래의 가치를 잊고 임금, 복지 등 노동시장 성과의 현재의 가치를 바라보기에만 급급한 실정이다. 일자리를 '질 좋은 일자리'와 '질 낮은 일자리'로 양분하고, 이에 따라 노동의 가치를 재단하기에 청년들이 희망하는 일자리는 더욱 한정될 수밖에 없고, 이는 이중구조를 더욱 심화시키는 악순환으로 이어지고 있다. 청년들이 노동의 다양한 가치를 인정하고, 올바른 직업의식을 함양할 수 있도록 하기 위한 교육제도의 근본적 방향전환이 요구된다. 근로기준법 등 노동관련법에 대한 기초교육을 정규 교육과정에 편입하여 청년들이 기본적인 노동의 권리와 의무 등을 숙지할 수 있도록 하고, 청년들의 눈높이에 맞는 홍보수단을 통해 올바른 직업의식, 청년고용정책에 대한 청년들의 체감도와 인지도를 높이는 노력을 기울여야 할 것이다.

청년이 우리 사회의 미래이자 원동력임은 자명하다. 청년고용의 개선을 위해 정부·기업·민간 가릴 것 없이 많은 노력을 기울이고 있지만, 청년층 노동시장의 문제는 청년층의 일자리 창출, 청년층 일자리의 질 개선에 국한된 것이 아닌, 우리 사회가 현재 당면한 문제들을 직시하고 해결하는 것이다. 이는 우리가 청년층을 대상으로 한 청년고용정책에만 집중할 것이 아니라, 청년문제의 근본적 해결이 결국 우리나라 전체 노동시장의 왜곡과 격차 해소에서 비롯된다는 것을 인지해야 함을 의미한다. 청년들의 적극적인 노동시장 참여를 이끌어 내는 길은 지금 당장의 작은 수혜가 아닌 생애전반적인 삶의 질 개선에 있음을 우리는 기억해야 한다. 청년고용정책의 보다 근본적이고 포괄적인 방향 전환과 함께 청년들이 안정적인 환경에서, 희망하는 다양한 일자리에서 일할 수 있도록, 노동의 다양성을 인정하는 사회인식 개선이 절실히 요구된다.

제 3 장
노동시장 이중구조와 청년고용 · 노동시장

제1절 서론 : 연구의 방향 및 내용

대다수 기존 연구는 한국 노동시장의 대표적 특성으로 노동시장 이중구조 및 이로 인한 일자리 양극화, 양질의 일자리를 제공하는 1차 노동시장의 협소성을 지적하고 있다. 노동시장 이중구조로 1차-2차 노동시장간의 이동가능성이 크게 제한되고 임금 · 근로조건 격차가 큰 데다 양질의 일자리를 제공하는 1차 노동시장의 규모 또한 협소하다는 것이다. 이에 따라 청년층, 특히 고학력 청년층은 괜찮은 일자리가 제공되는 대기업, 공공부문, 제조업 등 1차 노동시장 진입을 위해 경쟁적으로 구직활동에 참여하며, 또한 1차 노동시장 취업을 기대하면서 취업준비생으로 남거나 일하지도 않고 교육 · 훈련도 하지 않는 NEET 상태로 빠지기도 한다. 다른 한편, 청년층은 중소기업 등 임금 · 근로조건이 열악한 2차 노동시장 취업을 기피하는 반면, 2차 노동시장에 속한 중소기업들은 구인난에 시달리는 인력수급 미스매치 현상이 계속되는 현실이 되풀이되고 있다.

노동시장 이중구조로 인해 발생하는 대 · 중소기업간, 부문간, 학력간, 지역간 임금 및 근로조건 격차는 청년층의 원활한 노동시장 이행을 저해하고 인력수급 미스매치를 심화시켜 노동시장의 비효율성을 야기하고 청년층의 고용 부진과 높은 실업률을 가져오는 요인으로 작용한다. 따라서 청년고용 · 실업 문제를 해소하기 위해서는 이처럼 다양한 측면에서 나타나는 노동시장 이중구조의 해소와 더불어 청년에게 적합한 양질의 일자리 창출기반 확대라는 보다 근본적 처방 마련이 시급하다.

본 연구에서는 먼저 대·중소기업간, 고용형태간, 학력간, 지역간 등 다양한 측면에서 노동시장 이중구조의 실태를 분석한 기존문헌들에 대한 면밀한 검토를 바탕으로 청년고용과 이중노동시장 사이의 관계에 대한 '정형화된 사실들'을 정리하고, 일치된 분석결과가 있는지, 쟁점과 이견이 무엇인지를 파악한다. 나아가 쟁점이 존재하거나 명확히 정리되지 못한 사실들에 대해서는 추가적 분석을 통해 '정형화된 사실들'을 검증·보완함으로써 청년고용 문제 해결을 위한 정책개선에 유용한 기초정보와 근거를 제공하고자 한다. 본 연구는 이중노동시장과 청년고용 간의 관계에 대한 기존 분석결과를 바탕으로 하면서 이중노동시장의 한 부분을 구성하는 2차 노동시장의 다양한 특성(기업규모, 학력, 고용형태, 4대 보험, 저임금 등)을 종합적으로 표현하는 지표를 구성하여 사업체/산업 단위에서 2차 노동시장의 정도가 청년고용에 어떠한 영향을 미치는지 실증적으로 분석한다.

제2절 선행 연구 : 정형화된 사실들 및 쟁점 정리

제2절에서는 아래에서 논의될 4개의 '정형화된 사실들'에 대해 기존 연구들을 정리하면서 관련된 쟁점들을 논의한다. 본 연구에서 구체적으로 논의할 주요 '정형화된 사실들'은 다음과 같다. ① 한국 노동시장의 이중구조가 존재한다, ② 노동시장 이중구조와 양질의 일자리 부족은 청년층 고용에 부정적 영향을 미친다, ③ 노동시장 이중구조와 양질의 일자리 부족으로 인해 청년층의 취업준비기간이 늘어나고 NEET가 증가한다, ④ 노동시장 이중구조로 인해 2차 노동시장에 속했던 노동자는 1차 노동시장으로 이동하기 어렵다.

(1) 한국 노동시장에 이중구조가 존재한다.

Doeringer & Piore(1971)가 노동시장 이중구조에 관한 이론을 제시한 이래 국내외에서 노동시장 이중구조의 존재와 특성에 대한 많은 연구가 지속적으로 이루어져 왔다. 노동시장 이중구조론은 고용, 실업, 노동이동, 일자리미스매치, 근로조건 등에서 나타나는 노동시장 현상들이 개인의 합리적 선택행위만이 아니라 상당정도는 경제 · 산업 및 노동시장의 구조적 · 제도적 성격에 의해 발생한다는 점을 강조한다. 한국의 경우 1990년대 중반 이후 이중노동시장을 둘러싼 연구들이 본격화되었으며, 분석방법론이나 연구초점에서 차이가 존재하지만 한국 노동시장에서 이중구조가 존재한다는 사실에 대해서는 대체로 의견이 모아져 왔다고 볼 수 있다.

먼저 남춘호(1995)는 이중노동시장에 대한 공통의 가설을 다음과 같이 정리한다. ① 직무 : 1차적 직무군(1차 노동시장, 상대적 고임금, 좋은 노동조건, 고용안정성, 높은 승진가능성)과 2차적 직무군(2차 노동시장, 저임금, 열악한 노동조건, 불안정한 고용, 낮은 승진가능성)으로 구분, ② 1차 노동시장의 일자리는 제한적이어서 모든 노동자가 1차 부문 일자리를 얻을 수 없고 양 부문 사이의 노동이동은 제한. 남춘호(1995)는 범주미정 교체회귀모형과 임금구조기본통계조사(1993) 원자료를 사용하여 제조업 노동시장을 분석한 결과, 이주호(1992)와 유사하게 이중노동시장 모형이 단일노동시장 모형보다 적합하다는 결과를 제시한다. 이중노동시장의 구성상 특징으로는 20대 청년층, 전문대졸 이상, 전문기술직 · 사무직 · 관리직, 외부경력이 짧은 자, 남녀 미혼자 등이 1차 노동시장에 속할 확률이 높고, 사업체 규모나 노조유무별 차이는 덜 두드러짐을 제시하였다.

이건(2001)은 요인분석(factor analysis) 모형을 사용하여 1차 노동시장과 2차 노동시장의 존재를 확인하였다. 기존 연구에서 이중노동시장 구조를 파악하는 기준이 달라 일관되고 종합적인 이해가 어렵다는 문제의식에서 산업수준에서 이중노동시장에 대한 표준적인 계량연구를 수행하였다. 구체적으로 이건(2001)은 독점적 시장 환경(독점기업 규모, 시장지배력, 생산기술 수준 등)과 내부노동시장(숙련, 임금, 고용관계, 노조 등) 변수들을 노동시장 이중구조의 구성요소로 정의한 다음, 1차 노동시장의 정도를 계량화하여 측정하였다. 요인분석에서 고유치(eigenvalue)가 1 이상인 변수들을 노동시장 이중구조 혹은 1차 노동시장의 요인으로 보고, 추정된 적재값과 요인점수를 사용하여 1차·2차 노동시장을 구분하고 격차를 계량적으로 분석하였다. 요인분석 결과에 따르면, 독점적 시장 환경보다 내부노동시장 변수들이 노동시장 이중구조에 더 많이 기여하며, 제조업 내에서 중화학공업 등 8개 산업이 1차 노동시장, 나머지 40개 산업이 2차 노동시장의 성격이 강한 것으로 나타났다. 또한 1차 노동시장은 2차 노동시장에 비해 노동장비율 3배, 특별급여와 노조가입률 2배 이상, 월급여, 근속연수, 산업집중도가 1.5배 정도 높은 것으로 분석하였다.

이효수(2002)는 1996~2000년 동안 경제활동인구조사 자료를 사용, 마르코프 이행확률모형으로 비정규직 진입과 탈출을 분석하여 정규직과 비정규직 노동시장이 구분되는 현상을 관찰하였다. 분석 결과에 따르면, 비정규직에서 정규직으로의 탈출성공률이 매우 낮으며, 특성별로는 여성, 저학력자, 청소년 및 노년층, 비정규직 경험자 등이 비정규직으로 유입될 가능성이 높음을 밝혔다. 또한 IMF 구제금융 이후 비정규직 노동시장 규모 확대는 노동수요구조(직종구조)나 노동공급구조(여성화, 고학력화)의 효과보다는 고용관리전략 및 관행(수량적 유연화, 내부노동시장 이중화 전략)의 효과에 크게 기인함을 제시하였다.

금재호(2005)는 노동패널(5차) 개인용 데이터를 사용, 노동조합 가입 여부를 기준으로 노동시장 이중구조가 존재하는지를 검증하였다. 내생전환 교체모형으로 분석한 결과, 노조 가입 여부 등 인적자본론에 의해 설명되지 않은 요인으로 인해 노동시장 이중구조가 존재함을 제시하였다. 전병유·이인재(2006)는 임금구조기본조사 원자료를 활용, 전북 지역에서 노동시장 이중구조가 존재하는지 검증하였다. 범주미정 교체회귀모형으로 분석한 결과, 전북의 경우 이중노동시장 모형이 보다 적합하며, 1차 노동시장에서는 2차 노동시장에 비해 학력, 근속, 경력 등 인적자본 변수들이 임금에 미치는 영향이 더 큰 것으로 나타났다. 노조 임금효과는 1차/2차 노동시장 간에 큰 차이 없는 것으로 나타나 금재호(2005)와는 다른 함의를 제시한다.

나승호 외(2013)는 한국노동패널(13차)을 사용, 성별 격차 측면에서 노동시장 이중구조가 존재하는지 검증하였다. 직종을 여성 비교우위, 남성 비교우위 직종으로 나누어 내생전환 교체모형을 분석한 결과, 이중노동시장 모형보다는 인적자본론의 성별 비교우위에 근거한 직종선택 및 직종분리가 이루어진다는 직종분리론을 지지하는 것으로 나타났다.

(2) 노동시장 이중구조와 양질의 일자리 부족은 청년층 고용에 부정적 영향을 미친다.

강순희(2016)는 청년패널(1~7차)을 사용, 마르코프 전환확률모형으로 청년층 노동시상 이행의 변동성의 특징을 규명한다. 청년고용과 이중노동시장 간의 관계를 직접 다루진 않았지만 고용형태별, 학력별, 기업규모별로 구분된 이중노동시장의 존재가 청년고용과 노동시장 이행에 부정적 영향을 줄 수 있다는 시사점을 제공한다. 학력별로는 고졸 이하가 고학력자보다 취업유지확률이 낮고 대학진학/미취업 전환확률은 높게 나타나 높은 변동성과 취약한 안정성을 보여준다. 비정규직 진입자의 비정규직 유지확률이 정규직 진입자의 유지확률보다 훨씬 낮고, 중소기업의 일자리 유지확률이 대기업보다 낮다. 이러한 결과는 학력별 노동시장 구분, 비정규직 노동시장의 취약성, 대 · 중소기업 간 노동시장 격차 등 이중노동시장의 존재가 청년의 이직 정도를 높이는 요인임을 시사한다.

나승호 외(2013)는 노동패널(2010)을 사용, 범주미정 교체회귀모형으로 노동시장 이중구조의 존재를 검증하고, 이것이 청년고용 부진에 영향을 미침을 제시한다. 구체적으로는 청년층의 낮은 고용률, 비경제활동인구와 NEET 증가로 집약되는 청년고용 문제의 주원인으로 노동수요 측면에서는 양질의 일자리 부족, 노동공급 측면에서는 이중노동시장, 노동시장제도 측면에서는 정규 · 비정규직 이중구조 심화를 제시한다.

이경은 · 홍윤표(2016)는 범주미정 교체회귀 모형을 사용하여 학력별 청년층 노동시장 이중구조를 분석한 결과, 고졸 이하 청년은 단일노동시장이, 전문대 이상은 이중노동시장이 더 적합함을 밝히고 이러한 노동시장 이중구조가 청년실업을 심화시키는 주요 원인임을 주장한다. 이중노동시장 특성이 강한 전문대 이상 노동시장에서 1차/2차 노동시장에 속할 확률에 영향을 미치는 청년특성을 분석한 결과, 2차 노동시장은 1차 노동시장에 비해 임금수준이 낮고, 여성 비중이 높고, 사업체 규모가 작고, 판매·서비스직종과 교육서비스, 도소매·음식·숙박 등 업종에 편중되는 경향이 있음을 제시한다. 끝으로, 심각한 청년실업 문제를 높은 대학진학률 및 과잉교육현상과 이중노동시장 구조와 연결하여 분석한 연구도 다수 있다. 이와 관련해서는 이중노동시장과 취업준비기간 또는 NEET 문제와 관련된 '정형화된 사실들'에 대한 논의에서 보다 상세하게 논의한다.

(3) 노동시장 이중구조와 양질의 일자리 부족으로 인해 청년층의 취업준비기간이 늘어나고 NEET가 증가한다.

이중노동시장의 문제와 높은 대학진학률로 표현되는 과잉교육현상을 연결하여 분석함으로써 청년실업, 취업준비기간, NEET 등의 문제를 규명한 실증연구도 다수 있다(배규식, 2017; 주무현·김혜자, 2010; 지광수 외, 2009; 나승호 외, 2013). 이들 연구 사이에 분석 초점이나 방법론에서 차이는 있지만, 대체로 보아 노동시장 이중구조가 상존하고 양질의 일자리가 부족한 상황에서 높은 대학진학률은 청년으로 하여금 취업준비기간이나 적합한 일자리 탐색기간을 늘리도록 하여 노동시장 진입을 늦추는 효과를 가져와 청년실업 문제가 지속됨을 공통적으로 제시한다.

배규식(2017)은 노동시장 이중구조 심화로 노동시장 양극화 및 일자리 불균형이 확대되는 양상과 맞물리면서, 청년층의 경우 고학력화 및 이에 따른 양질의 일자리 탐색기간 증가로 인해 사회 진출 및 노동시장 진입이 늦어지는 등 청년고용 문제가 지속됨을 주장한다. 주무현·김혜자(2010)는 이행확률모형을 이용, 노동시장 분절로 인해 학력의 선별기능이 강화되고 그로 인한 과잉교육과 1차 노동시장을 목표로 한 하향취업, 이에 따른 노동시장 구직자 간 경쟁이탈 도미노현상으로 청년층의 취업준비기간 확대 및 실업 증가를 유발한다고 주장한다. 지광수 외(2009) 또한 노동시장의 구조적 측면, 즉 대학학력 과잉공급에 따른 수급불균형에서 청년실업 문제가 비롯되었다고 주장한다. 청년 고용률이 경기와 무관하게 하락하는 추세를 감안할 때, 과잉교육 전개와 함께 고학력에 적합한 양질의 일자리 감소로 청년층이 타격을 받아 실업·준실업 상황에 처하게 될 가능성이 높아짐을 지적한다. 청년실업의 구체적 원인으로 고학력 청년의 눈높이, 직무와 교육 불일치, 대학중심의 획일적 진로, 일자리의 양·질 저하, 일자리 양극화 심화 등을 제시한다. 나승호 외(2013) 또한 교육연수 증가가 기대임금과 1차 노동시장 취업 확률을 증가시켜 청년들의 대학진학률을 높이고 노동시장 진입 시기를 늦춘다고 주장한다.

(4) 노동시장 이중구조로 인해 2차 노동시장에 속했던 노동자는 1차 노동시장으로 이동하기 어렵다.

이중노동시장 구조에서 1차(또는 2차) 노동시장에 속한 노동자가 어떻게 노동시장 이행을 할 것인가에 대한 국내 실증연구는 다수 존재한다(강순희, 2016; 이시균·양수경, 2012; 이효수, 2002). 이들 연구는 노동시장 이중구조와 관련된 분석 대상이나 기준에서 차이가 있지만, 2차 노동시장에 속한 노동자가 1차 노동시장으로 가기 어렵고 2차 노동시장에 계속 머물게 될 가능성이 높아진다는 점에 공통적으로 동의한다. 다만, 이들 연구는 이중노동시장을 암묵적으로 전제하면서 1차 및 2차 노동시장 특성(정규직/비정규직, 대기업/중소기업 등)을 가지는 근로자들 사이에 일자리이행 패턴과 확률이 다르다는 점을 규명하는 데 초점을 둔 반면, 이중노동시장 자체가 이러한 일자리이행 패턴과 확률의 차이를 가져오는 주요 원인임을 명확하게 밝히지 못한다는 점을 지적할 수 있다.

강순희(2016)는 청년패널 자료를 사용, 정규직 진입자의 정규직 유지 확률이 비정규직 진입자의 비정규직 유지 확률보다 훨씬 높고, 대기업의 일자리 유지확률이 중소기업보다 훨씬 높다는 점을 제시한다. 대기업, 정규직 등 1차 노동시장에 속한 노동자는 계속 해당 부문에 머물 가능성이 큰 반면, 2차 노동시장에 속한 근로자의 경우 일단 해당 부문을 이탈할 가능성은 크지만 이후 1차 노동시장으로 상향 이동할 가능성은 높지 않다는 것이다. 이시균·양수경(2012)은 노동시장 분단구조와 노동시장 이행을 직접 규명한 연구는 아니지만, 노동시장 이중구조를 암묵적으로 전제하면서 첫 일자리로 2차 노동시장을 선택하게 되면 현재 일자리도 2차 노동시장에 속할 확률이 높아진다는 점을 제시한다. 경제활동인구조사(1996~2000) 자료를 사용한 이효수(2002)는 비정규직 노동시장에서 이루어지는 진입과 탈출을 분석하였는데, 비정규직에서 정규직으로 이동하는 탈출 성공률이 매우 낮고, 특성별로는 여성, 저학력자, 청소년 및 노년층, 비정규직 경험자 등이 비정규직으로 유입될 가능성이 높음을 제시한다.

제3절 2차 노동시장의 정도가 청년고용에 미치는 효과

제2절에서는 다양한 선행연구에 대한 분석·정리를 통해 우리나라의 청년고용과 노동시장 이중구조 사이의 관계에 대하여 몇 가지 주요한 정형화된 사실들을 정리·제시하였다. 분석대상이나 방법론에서 차이가 있지만, 대부분 문헌에서 공통적으로 모아지는 견해는 1차 노동시장과 2차 노동시장 사이의 분단 및 이동의 어려움, 이에 따른 일자리의 양극화 심화, 1차 노동시장에서 제공되는 양질의 일자리 부족이라는 구조적 제약요인들이 청년층의 고학력화 현상과 맞물리면서 청년고용 문제를 어렵게 한다는 점이다. 본 연구는 이러한 기존 연구결과를 받아들이면서 한국에서 이중노동시장 존재 및 청년 고용·노동시장에 미치는 영향을 직접 분석하지는 않는다. 대부분 연구는 이중노동시장과 관련이 있는 특정한 측면들(고용형태, 학력, 기업규모 등)에 초점을 두면서 청년층 고용이 이중노동시장에 의해 어떤 영향을 받는지 규명하였음을 지적할 수 있다. 특정 측면을 중심으로 도출된 결과들은 그 자체로 의미가 있지만, 이중노동시장과 관계되는 다양한 변수를 종합적으로 고려하는 접근방식을 통해 청년고용 문제와 관련성을 규명하는 것이 필요하다. 다만, 이중노동시장을 종합적으로 표현하는 지표를 구성하는 것은 현시점에서 어려운 작업이어서 향후 연구과제로 남겨둔다.

본 연구는 이러한 문제 인식하에서 이중노동시장의 한 부분을 구성하는 2차 노동시장을 표현하는 다양한 변수를 함께 고려하는 종합적 지표를 구성하고, 이를 이용하여 청년고용과 2차 노동시장 정도 사이의 관계를 규명하고자 한다. 본 연구는 비록 노동시장 이중구조와 청년고용 사이의 관계를 직접 재검증하지는 않지만, 2차 노동시장과 청년고용 사이의 관계를 분석함으로써 일자리 질 또는 양극화의 문제가 청년층의 노동시장 진입과 취업을 저해하는 요인임을 실증하고자 한다.

1. 분석방법론 : 주성분 분석

어떤 현상을 파악하기 위해 관련된 여러 변수를 고려할 때 변수가 너무 많으면 분석이 어려워지므로 적은 수의 핵심변수들을 뽑아내어 분석하는 것이 필요하다. 이러한 데이터 차원 축소(dimension reduction)를 위한 통계적 방법으로 주성분 분석(principal component analysis)이 많이 활용된다(STATA manual, 2017). 여러 변수 간의 상관관계 행렬 혹은 공분산 행렬을 이용, 고유치(eigenvalue)를 추출하고 이를 주성분(principal component)으로 식별한다. 본 연구에서 주성분은 2차 노동시장의 일자리 특성들을 종합적으로 보여주는 일종의 잠재변수(latent variable)로 볼 수 있으며, 분석에 사용된 원래 변수들의 변량에 대해 가장 잘 설명하는 원래 변수들의 선형결합(linear combination)으로 표현된다.

주성분은 사용된 원래 변수의 수만큼 존재하는데, 제1주성분은 원래 자료의 변량을 최대로 설명하는 선형결합이고, 제2주성분은 제1주성분으로 설명되지 않은 변량을 최대로 설명하는 선형결합이다. 각 주성분은 고유값을 찾는 수학적 과정에 의해 직교화되므로 서로 상관성이 없는 성분들이다. 각 주성분의 선형결합식으로부터 각 관측치마다 주성분 점수가 계산되며 회귀분석에서 입력변수로 활용될 수 있다. 통상 여러 개의 주성분 중에서 원래 변수들의 변량에 대한 설명력이 80~90% 이상이 되도록 주성분의 개수를 결정한 다음 분석을 진행한다.

분석에 사용된 원래 변수들과 주성분의 상관관계, 즉 선형결합을 이용하여 주성분 점수(component scores)를 구할 수 있다. 선형결합식의 계수들은 각 변수가 주성분(잠재변수)과 얼마나 관계가 강한지(혹은 약한지)를 보여주는 비중으로, 이를 각 변수와 곱하게 되면 관측치마다 주성분 점수를 구할 수 있고, 이를 0에서 1 사이의 값으로 표준화해서 지수로 활용할 수 있다. 주성분 점수를 개인별, 사업체별로 적용하여 구하고 해석이 용이하도록 표준화를 한다면, 해당 주성분인 잠재변수 특성이 각 개인이나 사업체에서 얼마나 강한지를 보여주는 지표로 해석할 수 있다.

주성분 분석과 요인분석(factor analysis)은 상관관계(혹은 공분산) 행렬을 분해한다는 의미에서는 동일하다. 실제로 요인분석에서 초기인자를 유도하는 방법으로 주성분 분석을 포함하므로 요인분석으로도 주성분 분석이 가능하다. 그러나 주성분 분석은 원래 자료의 상관관계 혹은 공분산 행렬을 고유값 분해기법으로 구하는 과정이지만, 요인분석은 회귀분석과 같은 선형/비선형 구조방정식을 가정한다는 점에서 구분된다. 따라서 사전적으로 자료들 간의 선형결합 모형 사용이 적절한지에 대해서 판단한 후 적합한 기법으로 사용하는 것이 바람직하다. 본 연구에서는 2차 노동시장 특성을 대변하는 다양한 변수(사회보험, 상대적 저임금, 비정규직 여부, 보너스, 퇴직금 여부 등)를 놓고 주성분분석을 실시하여 이들 원래 변수의 변량을 가장 잘 설명하는 주성분을 도출한다. 원래 변수들의 선형결합으로 표현되는 주성분은 본 연구의 주된 관심인 2차 노동시장 일자리의 정도를 보여주는 잠재변수로 해석한다.

2. 분석 자료 및 주성분 분석 결과

본 연구에서는 고용노동부의 고용형태별 근로실태조사(2011~2016)를 분석 자료로 사용한다. 매년 6월 기준으로 실시되는 사업체조사인 고용형태별 근로실태조사는 다양한 인적 특성에 관한 변수뿐만 아니라 임금, 근로시간, 고용형태, 4대 보험 가입여부, 퇴직금 지급여부, 상여금 지급여부, 노조 가입여부 등에 대한 정보를 포함한다. 고용형태별 근로실태조사는 개인면접조사방식이 아니라 사업체의 공식적 자료나 문서를 바탕으로 작성되므로 상대적으로 정확한 정보를 가진다고 할 수 있다.

본 연구는 기존 문헌들에 대한 검토를 바탕으로 이중노동시장의 특성, 특히 2차 노동시장의 특징들을 파악할 수 있는 주요 변수들을 선택하여 주성분분석을 진행한다. Hudson(2007)과 유사하게 분석에 사용된 변수들을 더미변수 형태로 정의하였다. 구체적으로는 모든 사용 변수는 2차 노동시장 특성을 직접 반영하도록 더미변수 형태(1=미가입/미제공/비정규직/중소기업/저학력/저임금 등)로 재구성하였다 : 4대 사회보험(고용보험, 건강보험, 국민연금, 산재보험) 가입여부(미가입=1, 가입=0), 상여금 지급여부(미지급=1, 지급=0), 퇴직금 지급여부(미지급=1, 지급=0), 고용형태에서 비정규직 여부(비정규직=1, 정규직=0), 임금 중위값의 2/3로 정의되는 저임금 여부(저임금=1, 비저임금=0), 노조 가입여부(미가입=1, 가입=0), 사업체 규모(300인 미만=1, 300인 이상=0), 교육수준(고졸 이하=1, 전문대 이상=0) 연령수준(30세 미만=1, 30세 이상=0). 임금 변수는 월 정액급여 또는 정액급여+초과급여 기준으로 정의하였는데, 여기서 상여금

〈표 3-1〉 주요 더미변수들의 비중(2016년)

	0		1	
	가입, 지급, 정규직, 대기업, 고학력, 고임금, 비청년		미가입, 미지급, 비정규직, 중소기업, 저학력, 저임금, 청년	
	근로자(명)	%	근로자(명)	%
고용보험	714,778	83.9	136,959	16.1
건강보험	738,304	86.7	113,433	13.3
국민연금	681,647	80.0	170,090	20.0
산재보험	767,640	90.1	84,097	9.9
상여금	530,950	62.3	320,787	37.7
퇴직금	496,716	58.3	355,021	41.7
고용형태	610,089	71.6	241,648	28.4
사업체규모	285,312	33.5	566,425	66.5
노동조합	152,873	17.9	698,864	82.1
교육수준	494,089	58.0	357,648	42.0
저임금(시간당임금)	642,656	75.5	209,081	24.5
저임금(정액급여)	657,389	77.2	194,348	22.8
저임금(정액+초과급여)	643,923	75.6	207,814	24.4
청년여부	686,970	80.7	164,767	19.3
관측치	851,737(100%)			

자료 : 고용노동부(2016), 「고용형태별 근로실태조사」 원자료.

지급여부에 관한 변수가 따로 있어서 상여금을 제외하였다. 비정규직은 고용형태에서 정규직을 제외한 모든 형태(특수형태/재택가내/파견/용역/일일/단시간/기간제/기간제 아닌 한시적)를 포함한다. <표 3-1>은 2차 노동시장 특성과 관련이 크다고 판단되는 변수들의 구성을 보여준다.

다음으로 주성분 분석에서 사용될 변수 설정을 위해 변수 사이의 상관관계를 살펴본다. 주성분 분석에서는 보통 변수 간 상관관계의 절대값이 0.3을 넘는 것이 좋다고 알려져 있다. 또한 본 연구는 산업별/사업체별 수준에서 회귀분석을 진행할 것이므로 산업별/사업체별로 가중 평균한 각 더미변수의 값을 사용하여 상관관계 및 주성분 분석을 진행한다.

먼저 <표 3-2>에서는 산업별(3-digit 소분류)로 가중 평균한 더미변수들 사이의 Pearson 상관관계를 보여준다. 상관계수 매트릭스에서 음영 부분은 상관계수가 0.3을 넘는 경우를 표시한 것이다. 고용보험, 건강보험, 국민연금, 산재보험, 상여금, 퇴직금, 비정규직, 저임금2, 저임금3의 경우 다른 변수들과의 상관관계가 높게 나타났다. 저임금 변수에서는 저임금3(정액+초과급여 기준)이 저임금2(정액급여)에 비해 상대적으로 약간 높은 상관계수를 보여준다. 반면, 노조, 300인 미만, 30인 미만, 고졸이하, 저임금1의 경우, 타 변수들과의 상관관계가 대체로 낮고, 특히 4대 사회보험 변수들과 상관관계는 매우 낮게 추정되었다. 다음으로 <표 3-3>은 사업체별 가중 평균한 더미변수들 사이의 Pearson 상관관계를 보여주는데, <표 3-2>에서 제시된 산업별 상관계수 추정 결과와 유사한 결과를 보여줌을 알 수 있다.

<표 3-2>와 <표 3-3>에서 보여주듯이 4대 사회보험 가입여부, 상여금 지급여부, 퇴직금 지급여부, 비정규직 여부, 저임금 여부 변수들의 경우, 유의한 높은 상관계수를 나타내어 주성분 분석에서 2차 노동시장 일자리의 특성을 보여주는 변수로 선정하였다. 이러한 결과는 미국의 2차 노동시장 특성에 대해 분석한 Hudson(2007)의 결과와 유사하다. 반면, 타 변수들과 상관관계가 대체로 낮은 노조, 300인 미만, 30인 미만, 고졸이하, 저임금1의 경우는 제외하였다. 물론 실제 주성분 분석에서 표본적합도 검정결과는 다를 수 있지만, 2차 노동시장의 특징을 보여주는 변수 선정 자체는 크게 무리가 없음을 보여주는 결과라 할 수 있다. 이하에서

〈표 3-2〉 산업별 가중 평균 더미변수들의 상관관계

	고용보험	건강보험	국민연금	산재보험	상여금	퇴직금	비정규직	노조	300미만	30미만	고졸이하	저임금1	저임금2	저임금3
고용보험	1													
건강보험	0.95	1												
국민연금	0.96	0.95	1											
산재보험	0.96	0.94	0.88	1										
상여금	0.61	0.62	0.7	0.46	1									
퇴직금	0.66	0.66	0.75	0.52	0.82	1								
비정규직	0.72	0.74	0.81	0.6	0.83	0.77	1							
노조	0.26	0.28	0.26	0.19	0.51	0.31	0.32	1						
300미만	0.01	0.02	0.12	-0.1	0.4	0.36	0.27	0.25	1					
30미만	0.13	0.17	0.23	0.03	0.54	0.48	0.47	0.43	0.78	1				
고졸이하	-0.1	-0.1	0.1	-0.2	0.21	0.29	0.25	-0.1	0.53	0.41	1			
저임금1	0.12	0.03	0.18	-0.0	0.49	0.46	0.37	0.19	0.54	0.49	0.67	1		
저임금2	0.35	0.36	0.47	0.21	0.67	0.6	0.64	0.2	0.46	0.46	0.59	0.83	1	
저임금3	0.42	0.42	0.53	0.27	0.78	0.67	0.71	0.29	0.49	0.55	0.47	0.81	0.96	1

주: 모든 상관계수는 유의함. 저임금1은 시간당임금, 저임금2는 월정액급여, 저임금3은 월정액+초과급여 기준으로 계산된 상대적 저임금 여부.
자료: 고용노동부(2016), 「고용형태별 근로실태조사」 원자료.

〈표 3-3〉 사업체별 가중 평균 더미변수들의 상관관계

	고용보험	건강보험	국민연금	산재보험	상여금	퇴직금	비정규직	노조	300미만	30미만	고졸이하	저임금1	저임금2	저임금3
고용보험	1													
건강보험	0.87	1												
국민연금	0.89	0.91	1											
산재보험	0.86	0.87	0.79	1										
상여금	0.33	0.34	0.41	0.25	1									
퇴직금	0.39	0.36	0.42	0.28	0.34	1								
비정규직	0.52	0.56	0.62	0.41	0.41	0.34	1							
노조	0.2	0.21	0.22	0.16	0.31	0.12	0.19	1						
300미만	0.08	0.08	0.17	0.02	0.28	0.19	0.11	0.25	1					
30미만	0.17	0.17	0.23	0.09	0.29	0.29	0.18	0.28	0.43	1				
고졸이하	0.01	0.01	0.16	-0.1	0.17	0.15	0.23	-0.1	0.28	0.21	1			
저임금1	0.07	-0.0	0.13	-0.0	0.23	0.21	0.16	0.15	0.31	0.26	0.44	1		
저임금2	0.26	0.25	0.36	0.13	0.32	0.28	0.42	0.15	0.28	0.24	0.44	0.69	1	
저임금3	0.32	0.3	0.42	0.18	0.39	0.35	0.47	0.2	0.3	0.33	0.36	0.64	0.85	1

주: 모든 상관계수는 유의함. 저임금1은 시간당임금, 저임금2는 월정액급여, 저임금3은 월정액+초과급여 기준으로 계산된 상대적 저임금 여부.
자료: 고용노동부(2016), 「고용형태별 근로실태조사」 원자료.

는 이렇게 선정된 변수들에 대하여 주성분 분석을 통해 주성분이 존재하는지를 판단할 것이다.

변수 간의 상관관계를 바탕으로 선택된 변수들에 대해 주성분분석[5]을 한 결과를 살펴보자(표 3-4). 예상대로 높은 상관관계를 보여준 8개의 변수에 대해 비교적 높은 고유치(eigenvalue)를 갖는 주성분이 도출되었다. 먼저 산업별로 환산된 변수 값을 사용한 경우, 1주성분의 고유치는 매우 높은 수준(5.976)으로 8개 변수의 총분산의 74.7%를 설명하며, 고유치가 1.296인 2주성분은 총분산의 16.2%를 설명한다. 1주성분과 2주성분을 합하면 총 분산의 90.9%가 설명되고 두 주성분의 고유치가 모두 1을 넘는다. 한편, 사업체별로 환산된 변수 값을 사용한 경우는 산업별 변수 값을 사용한 경우에 비해 1주성분의 고유치(4.594)와 설명력(57.4%)이 낮아져 1주성분과 2주성분의 설명력 합계가 73.2%로 낮아지지만 고유치는 모두

〈표 3-4〉 산업/사업체 기준 주성분 분석 : 상관행렬(correlation matrix) 고유치

	산업별 변수 값 사용				사업체별 변수 값 사용			
	고유치	고유치 차이	고유치 비율	누적 고유치 비율	고유치	고유치 차이	고유치 비율	누적 고유치 비율
성분1(com1)	5.976	4.681	0.747	0.747	4.594	3.329	0.574	0.574
성분2(com2)	1.296	1.016	0.162	0.909	1.265	0.564	0.158	0.732
성분3(com3)	0.280	0.081	0.035	0.944	0.702	0.077	0.088	0.820
성분4(com4)	0.198	0.062	0.025	0.969	0.624	0.152	0.078	0.898
성분5(com5)	0.136	0.080	0.017	0.986	0.472	0.315	0.059	0.957
성분6(com6)	0.056	0.007	0.007	0.993	0.157	0.028	0.020	0.977
성분7(com7)	0.049	0.040	0.006	0.999	0.129	0.072	0.016	0.993
성분8(com8)	0.009	.	0.001	1.000	0.056	.	0.007	1.000

자료 : 고용노동부(2016), 「고용형태별 근로실태조사」 원자료.

5) 주성분 분석에서는 성분 적재값 해석을 위해 각 고유값을 회전(rotation)하게 되는데(Varimax 방식 등), 이 경우 성분의 분산이 동일하게 정규화되어 각 변수와의 수치 분석이 보다 용이하게 된다. 하지만 그러할 경우 성분의 분산의 고유 특성이 사라지게 되어 오히려 결과 해석이 어려운 경우도 존재한다(STATA manual, 2017). 본 연구에서는 주성분의 분산 특성이 중요하고, 원래 변수들의 분산을 80% 전후로 설명하므로 무회전 값을 사용하도록 한다.

1을 상회한다. 이 연구에서는 고유치가 1을 넘고 주성분의 설명력이 원자료 변량의 80~90% 정도라는 전통적인 주성분 판단 기준에 따라 2개의 주성분(1주성분, 2주성분)을 선택한다(조인호, 2004).

상관행렬의 고유치에 대응되는 고유벡터에서는 각 변수와의 선형결합이 제시된다(표 3-5). 가장 높은 설명력을 가지는 제1주성분은 원래 변수들의 선형결합으로 새로이 만들어진 잠재변수라 할 수 있다. 제2주성분은 둘째로 설명력이 높은 주성분으로 제1주성분이 설명하지 못한 부분을 가장 잘 설명한다. 주성분은 아래와 같이 고유벡터를 이용해서 각각의 원자료 변수들의 실제 값과 곱하여 계산된다. 아래의 수식(사업체별 변수값 사용)에 따라 각각의 관측치마다 주성분 점수가 부여되고, 이를 다시 산업 또는 사업체 단위로 계산하는 것이 가능하나.

$$\begin{aligned}\text{1주성분} &= 0.425*x1+0.429*x2+0.443*x3+0.389*x4+0.244*x5+0.248*x6\\&\quad+0.332*x7+0.238*x8\\\text{2주성분} &= -0.244*x1-0.250*x2-0.118*x3-0.392*x4+0.471*x5+0.345*x6\\&\quad+0.252*x7+0.554*x8\end{aligned}$$

제1주성분에 대응되는 고유벡터들의 값이 8개 변수에 고르게 양(+)의 값으로 적재(load)되어 있으므로 제1주성분은 전반적인 2차 노동시장의 정도를 종합적으로 측정해 주는 변수라 할 수 있다. 즉, 2차 노동시장의 특성을 표현하는 각 변수의 값이 커질수록 제1주성분 점수가 커짐을 의미한다. 한편, 제2주성분에 대응되는 고유벡터는 4대 보험 변수들에는 음(−)의 값이 적재된 반면, 고용형태나 임금과 관련된 변수들에는 양(+)의 값이 적재되어 있으므로 4대 보험에 비해 고용형태나 임금과 관련된 2차 노동시장의 특성이 우세한 정도를 측정해 주는 변수로 볼 수 있다.

주성분분석 결과가 나온 다음 사후분석을 통해 표본 적합도(sampling adequacy)를 검정한다. KMO(Kaiser-Meyer-Olkin) 측정에 따르면, 산업별과 사업체별 변수 값 사용에 관계없이 전체적으로 0.8 이상의 높은 적합도를 나타내어 주성분 분석에 사용된 원래 변수들의 선정이 통계적으로 적합한 것이었음을 보여준다.

〈표 3-5〉 산업/사업체 기준 주성분 분석 : 고유벡터(eigenvectors)

	산업별 변수값 사용			사업체별 변수값 사용		
	제1 주성분	제2 주성분	적합도 검증(KMO)	제1 주성분	제2 주성분	적합도 검증(KMO)
고용보험 여부	0.378	-0.307	0.746	0.425	-0.244	0.862
건강보험 여부	0.377	-0.297	0.793	0.429	-0.250	0.830
국민연금 여부	0.394	-0.174	0.804	0.443	-0.118	0.823
산재보험 여부	0.340	-0.466	0.697	0.389	-0.392	0.824
상여금 여부	0.341	0.391	0.860	0.244	0.471	0.911
퇴직금 여부	0.345	0.269	0.940	0.248	0.345	0.935
비정규직 여부	0.365	0.209	0.945	0.332	0.252	0.927
저임금 여부	0.276	0.550	0.915	0.238	0.554	0.845
전 체			0.822			0.853

자료 : 고용노동부(2016), 「고용형태별 근로실태조사」 원자료.

3. 산업별 2차 노동시장 지수의 현황 및 추이

<표 3-6>과 <표 3-7>은 주성분 분석으로부터 도출된 2차 노동시장 종합지수가 산업별로 어떠한 차이가 있는지를 보여준다. 먼저 <표 3-6>에 제시된 복수 주성분에서의 2차 노동시장 지수는 고유치가 1을 넘는 2개의 주성분(1주성분, 2주성분) 점수의 합으로 계산되었다. <표 3-7>에서는 단일 주성분의 2차 노동시장 지수는 1주성분의 점수만으로 도출되었다. 그리고 산업기준 지수는 개별 관측치의 주성분 점수를 산업소분류별(3-digit)로 재구성하여 도출된 것이고, 사업체 기준 지수는 개별 관측치의 주성분 점수를 사업체별로 재구성하여 도출된 것이다. <표 3-6>과 <표 3-7>에서 알 수 있듯이 복수/단일 주성분, 산업/사업체 기준에 따라 도출된 지수의 절대 크기에서는 차이가 나타나지만, 산업별 상대적 크기와 순서에서는 매우 일관된 모습을 보여준다. 여기서 2차 노동시장 종합지수가 클수록 종합적인 2차 노동시장의 특성이 강하게 나타나는 것으로 해석할 수 있다. 본 연구에서는 산업별로 2차 노동시장 종합지수를 도출하여 산업 간 비교가 가능하다는 점에서 기존 연구들과 차별화되는 기여가 있다고 할 수 있다.

<표 3-6>에서는 산업대분류별로 2차 노동시장의 정도를 측정하는 종

합지수의 수준을 제시한다. 전기 · 가스 · 증기 · 수도업이 가장 낮고, 이어서 전문 · 과학 · 기술서비스업, 광업, 제조업, 하수 · 폐기물처리 · 원료재생 · 환경복원업, 출판 · 영상 · 방송통신 · 정보서비스업은 비교적 2차 노동시장 지수가 낮은, 즉 2차 노동시장의 특성이 비교적 약한 산업군으로 분류된다. 반면, 건설업, 숙박 · 음식점, 부동산 및 임대업, 예술 · 스포츠 · 여가관련서비스업, 협회 · 단체 · 수리 · 기타개인서비스업은 2차 노동시장 지수가 높아 2차 노동시장의 특성이 상대적으로 강한 산업군으로 나타났다. 그리고 운수업, 금융 · 보험업, 보건 · 사회복지서비스업, 사업시설관리 · 사업지원서비스업, 도 · 소매업, 농 · 임 · 어업은 2차 노동시장

〈표 3-6〉 산업대분류별 2차 노동시장 지수의 수준 및 변화 : 복수 주성분 사용

	산업 기준 지수 사용			사업체 기준 지수 사용		
	2012	2014	2016	2012	2014	2016
농업 · 임업 · 어업	49.2	47.9	54.0	33.9	34.0	38.5
광업	18.3	17.3	23.1	12.3	11.9	15.2
제조업	18.3	18.6	24.5	8.2	8.1	11.1
전기 · 가스 · 증기 · 수도사업	6.8	5.0	8.6	5.6	4.7	7.9
하수 · 폐기물처리 · 원료재생 · 환경복원	23.2	20.0	27.1	12.7	12.4	17.8
건설업	56.7	58.9	67.0	29.0	32.5	36.1
도매 · 소매업	49.7	47.3	51.3	19.7	19.7	23.7
운수업	30.7	32.6	40.1	18.4	19.8	25.7
숙박 · 음식점업	73.5	71.5	74.4	36.6	34.8	39.7
출판 · 영상 · 방송통신 · 정보서비스업	23.8	21.6	28.9	13.6	12.7	16.6
금융 · 보험업	43.8	39.7	42.5	25.8	22.0	24.4
부동산 · 임대업	61.3	62.0	72.6	36.9	36.2	45.5
전문 · 과학 · 기술서비스업	18.3	17.5	23.0	10.4	9.4	12.8
사업시설관리 · 사업지원 서비스업	43.8	38.8	46.5	28.5	26.0	31.9
교육서비스업	66.9	70.5	71.1	57.0	58.6	60.9
보건업 · 사회복지서비스업	30.7	36.2	43.5	18.9	23.5	28.5
예술 · 스포츠 · 여가관련서비스업	70.7	73.2	74.7	37.7	42.1	45.0
협회 · 단체 · 수리 · 기타개인서비스업	52.5	58.4	64.2	28.3	31.5	36.3
전산업	37.8	39.2	44.5	21.6	22.7	26.5

자료 : 고용노동부, 「고용형태별 근로실태조사」 원자료, 각 연도.

지수가 중간 정도인 산업군으로 나타났다. 단일 주성분으로 도출된 2차 노동시장 지수(표 3-7)의 산업별 비교도 절대수준에서는 차이가 있지만 기본적으로 동일한 산업별 순서를 보여준다.

<표 3-6>과 <표 3-7>에서 2012~2016년까지 연도별로 전체 산업의 2차 노동시장 지수가 어떻게 변화하였는지 살펴보자. 다른 기준에 따른 지수들의 절대수준에서 차이가 있지만, 예외 없이 2차 노동시장 지수가 지난 몇 년간 일관되게 증가하는 모습을 보여준다. 이러한 사실은 우리나라 노동시장에서 지난 몇 년간 2차 노동시장의 특성이 더욱 강화되는

〈표 3-7〉 산업대분류별 2차 노동시장 지수의 수준 및 변화 : 단일 주성분 사용

	산업 기준 지수 사용			사업체 기준 지수 사용		
	2012	2014	2016	2012	2014	2016
농업·임업·어업	40.0	36.3	41.5	27.0	26.3	28.9
광업	15.0	13.1	17.2	10.2	8.7	11.0
제조업	11.7	11.7	15.6	4.7	4.7	6.1
전기·가스·증기·수도사업	4.0	2.9	5.2	3.1	2.6	4.2
하수·폐기물처리·원료재생·환경복원	14.3	12.9	17.9	7.5	8.0	10.9
건설업	43.2	43.7	48.7	21.9	23.9	25.2
도매·소매업	37.8	33.8	35.8	11.7	11.0	12.8
운수업	20.1	22.9	27.5	11.0	13.1	16.2
숙박·음식점업	60.6	55.8	54.7	26.2	23.4	25.6
출판·영상·방송통신·정보서비스업	14.7	12.5	17.2	7.6	6.6	8.4
금융·보험업	42.4	38.8	40.7	24.6	21.1	22.0
부동산·임대업	44.9	43.9	52.8	25.3	23.5	30.5
전문·과학·기술서비스업	11.3	10.2	13.9	6.0	5.1	7.0
사업시설관리·사업지원 서비스업	29.0	25.2	29.9	18.1	16.5	19.1
교육서비스업	88.8	90.2	90.7	79.1	78.7	82.5
보건업·사회복지서비스업	19.5	21.2	26.2	12.4	13.9	16.2
예술·스포츠·여가관련서비스업	60.3	60.7	59.9	31.4	35.2	36.2
협회·단체·수리·기타개인서비스업	41.6	44.3	47.3	21.1	22.8	24.5
전산업	30.8	31.1	33.9	17.6	18.2	19.8

자료 : 고용노동부, 「고용형태별 근로실태조사」 원자료, 각 연도.

방향으로 진행되었음을 보여주는 것으로 노동시장 및 일자리 질의 양극화가 심화되어 왔음을 시사한다. 이처럼 최근 몇 년간 2차 노동시장 특성이 강화되는 흐름은 청년층, 특히 고학력 청년층에 적합한 양질의 일자리의 부족으로 이어져 청년고용 문제를 더욱 악화시키는 부정적 영향을 미쳤을 것으로 추측할 수 있다.

<표 3-8>은 2차 노동시장 지수를 구성하는 8개 변수(더미)의 비중(%)을 보여주는데, 각 변수별로 비중이 높을수록 2차 노동시장의 특성이 강하다고 볼 수 있다. 따라서 산업별로 2차 노동시장 지수와 8개 변수의 비중 크기를 대비하면 주성분 분석으로부터 도출된 지수가 적합한지 개략적으로 판단할 수 있다. 전체적으로 각 구성변수의 비중이 높을수록 2차 노동시장 지수가 높은 경향이 있는데, 이는 도출된 2차 노동시장 지수가

〈표 3-8〉 산업대분류별 2차 노동시장 지수의 8개 구성변수(더미)의 비중

(단위 : %)

	미가입/없음						비정규직	저임금	청년여부
	고용보험	건강보험	국민연금	산재보험	상여금	퇴직금			
농업 · 임업 · 어업	27.9	21.4	35	14.8	48.8	56.6	37.7	38.4	11
광업	11.4	4.4	19	3.3	27	32.8	11.9	10.3	3.6
제조업	7.2	3.6	8.9	1.6	25.7	36.1	9.5	16.6	16.9
전기 · 가스 · 증기 · 수도사업	0.6	0.1	2.1	0.1	6.6	19.7	8.5	3.4	14.2
하수 · 폐기물 · 원료재생 · 환경복원	9.4	2.8	16.5	1.1	32	35.2	10.7	16.5	6.5
건설업	16.4	37.6	42.8	3.2	66.1	73.8	45.1	38.4	7.8
도매 · 소매업	19	16.3	20.6	13.4	46.6	54.1	30.3	43.2	21.3
운수업	13.6	7.5	21.3	7.1	35.8	53.1	19.5	29.5	8.1
숙박 · 음식점업	31.5	31.9	39.4	17	67.2	75.7	46.7	57.4	27.7
출판 · 영상 · 방송통신 · 정보서비스	4.7	2.5	3.8	1.8	41.5	38.8	10.7	13.4	23.4
금융 · 보험업	32.7	31.8	32.6	31.8	39.2	48.4	42.1	19.1	13.5
부동산 · 임대업	38.3	9.4	50.9	8.8	63.6	74.8	55.4	48.2	5.5
전문 · 과학 · 기술서비스업	4.5	1.4	5.8	1	27	34.6	9.9	13	18.3
사업시설관리 · 사업지원서비스	12.2	8.3	17.8	3.6	46.3	49.5	28.4	35	16.5
교육서비스업	100	100	100	100	61.6	74.6	51.7	38.3	17.2
보건업 · 사회복지서비스업	13.9	3.6	11.7	1.1	47.8	44.7	18.4	36.8	23.4
예술 · 스포츠 · 여가관련서비스업	40.7	39.1	45.4	28	69.4	72.8	56.1	50.9	32.6
협회 · 단체 · 수리 · 기타개인서비스	30.3	25.6	34.5	15.7	57.5	69.2	34.9	51.4	14.4
전산업	21.8	18.5	25.5	13.9	43.4	51.3	26.4	30.4	17.5

자료 : 고용노동부(2016), 「고용형태별 근로실태조사」 원자료.

2차 노동시장 일자리의 특성들을 종합적으로 적절하게 표현하는 것으로 볼 수 있다. 여기서 교육서비스업의 경우, 4대 보험 미가입 비율이 100%로 나타나는데 이는 교육서비스업의 모든 관측치가 미가입 중 제외대상으로 분류된 결과이다. 이런 이유로 <표 3-6>과 <표 3-7>에서 나타나듯이 교육서비스업의 2차 노동시장 지수의 크기는 타 산업에 비해 과도하게 추정되었을 가능성이 큼을 지적할 필요가 있다.

4. 2차 노동시장과 청년고용 : 회귀분석 결과

주성분 분석을 시행한 후 산업별/사업체별로 주성분 점수를 도출하여 계산되는 2차 노동시장 지수를 활용하여 청년고용과 관련된 변수를 종속변수로 하는 회귀분석을 수행할 수 있다. 여기서 청년고용 여부와 청년고용 비중을 두 가지 종속변수로 설정하였다. 대부분 연구는 노동시장 특성을 설명하는 변수들 가운데 일부 변수에 초점을 맞추어 분석한 반면, 본 연구는 2차 노동시장의 단면과 특성을 나타내는 다양한 변수를 함께 고려하는 종합적 지수를 구성한 다음, 2차 노동시장 정도가 청년고용에 미치는 영향을 분석했다는 점에서 차별성이 있다고 할 수 있다.

먼저, <표 3-9>는 산업 및 사업체 기준으로 도출된 2차 노동시장 지수를 사용, 청년고용 여부를 종속변수로 선형확률(linear probability), 프로빗(probit), 로짓(logit) 모형으로 회귀분석을 한 결과를 보여준다. 여기서 사용된 2차 노동시장 지수는 복수의 주성분, 즉 1주성분과 2주성분을 함께 고려하여 도출된 것이다. 이항 회귀분석에서는 선형확률 모형과 달리 프로빗과 로짓 모형은 계수의 크기를 정확히 해석하긴 어렵지만 추정계수의 방향에 대해서는 해석이 가능하다. 2차 노동시장 지수가 청년고용 여부로 정의된 종속변수에 미치는 효과를 보면, 회귀분석 모형에 따라 추정치의 차이는 있으나 모형에 관계없이 일관되게 추정계수가 통계적으로 유의한 음(-)의 영향을 주는 것으로 나타난다. 또한 청년고용 비율을 종속변수로 정의한 모형에서도 이와 유사하게, 산업별 표본이든 사업체별 표본이든 관계없이 통계적으로 유의한 음(-)의 효과를 보여주고 있다. 한편 <부표 3-2>에 제시되었듯이, 단일 주성분, 즉 1주성분만을

〈표 3-9〉 2차 노동시장의 정도가 청년고용에 미치는 효과 : 복수 주성분 지수

	종속변수 : 청년고용 여부(청년=1, 아니면=0)						종속변수 : 청년고용 비율	
	(1)	(2)	(3)	(4)	(5)	(6)	OLS 모형	
	선형확률	프로빗	로짓	선형확률	프로빗	로짓	산업 단위 표본	사업체 단위 표본
상수항	0.6470*** -0.0022	1.3450*** -0.0091	2.3910*** -0.0163	0.6400*** -0.0022	1.2540*** -0.0090	2.2270*** -0.0161	0.8670*** -0.1160	0.5660*** -0.0068
성(남성=1)	-0.0465*** -0.0008	-0.4230*** -0.0038	-0.7350*** -0.0067	-0.0488*** -0.0008	-0.4230*** -0.0038	-0.7350*** -0.0067	-0.0446 -0.0373	-0.0252*** -0.0041
경력	-0.0691*** -0.0002	-0.3300*** -0.0009	-0.5770*** -0.0016	-0.0703*** -0.0002	-0.3370*** -0.0009	-0.5880*** -0.0017	-0.1010*** -0.0187	-0.0608*** -0.0009
학력(전문대이상=1)	-0.0947*** -0.0008	-0.5110*** -0.0040	-0.9350*** -0.0071	-0.0861*** -0.0008	-0.4750*** -0.00403	-0.8730*** -0.0072	-0.1520*** -0.0297	-0.1210*** -0.0035
노조(노조=1)	-0.0099*** -0.0013	-0.0092* -0.0055	-0.0327*** -0.0101	-0.0007 -0.0014	0.0181*** -0.0059	0.0154 -0.0101	-0.0333 -0.0290	0.0047 -0.0036
기업규모(300인 이상=1)	-0.0576*** -0.0012	-0.2270*** -0.0040	-0.3930*** -0.0070	-0.0494*** -0.0012	-0.1970*** -0.0040	-0.3400*** -0.00702	-0.0776*** -0.0291	-0.0542*** -0.0038
산업 2차 노동시장 지수	-0.0003*** -0.0000	-0.0046*** -0.0001	-0.0081*** -0.0002				-0.0007* -0.0004	
사업체 2차 노동시장 지수				-0.0008*** -0.0000	-0.0072*** -0.0001	-0.0125*** -0.0002		-0.0002*** -0.0001
관측치	851,737	851,737	851,737	851,737	851,737	851,737	216	32,960
R-squared	0.186			0.188			0.481	0.203

주 : *** p<0.01, ** p<0.05, * p<0.1. OLS 모형의 경우, 강건 표준오차(robust standard errors).
자료 : 고용노동부(2016), 「고용형태별 근로실태조사」 원자료.

사용하여 도출된 이중노동시장 지수를 설명변수로 사용한 모형에서도 추정계수의 통계적 유의성이 다소 떨어지는 경우도 있지만, 대체로 복수 주성분으로부터 도출된 이중노동시장 지수를 사용한 모형(표 3-9)의 분석결과와 크게 다르지 않다.

이상의 분석결과를 종합하면, 2차 노동시장 지수가 클수록, 즉 2차 노동시장 특성이 강한 산업/사업체일수록 청년들이 취업하지 않거나 청년 고용 비중이 낮아지는 경향이 유의미하게 존재함을 보여준다. 이러한 추정 결과는 청년층에 적합한 양질의 일자리 기회가 충분히 제공되지 못하는 경제 및 노동시장 구조가 우리나라 청년층 고용·실업 문제의 주된 원인 중의 하나일 수 있음을 시사한다.

5. 2차 노동시장과 청년 활동상태 변화 : 회귀분석 결과

청년패널(youth panel) 1~9차 자료를 이용, 산업별 2차 노동시장의 정도가 청년층의 고용상태 및 이동에 미치는 영향을 분석하였다. 고용형태별 근로실태조사에서 도출된 산업별 2차 노동시장 지수를 청년패널에서 이전직장의 산업코드에 맞게 결합하였다. 고용형태별 근로실태조사에 공공부문이 빠져 있으므로 청년패널에서도 공공부문의 청년들은 제외하였다. 취업상태에서 미취업으로 전환된 경우, 직전 직장의 산업코드를 활용하여 산업별 2차 노동시장 지수를 결합하였다. NEET로 전환한 경우와 이직사유의 경우도 같은 방식으로 2차 노동시장 지수를 도출하였다.

<표 3-10>은 청년패널에서 사용한 변수에 대한 설명과 관련 기초통계를 보여준다. 분석 표본은 청년이 일단 취업한 다음 이후 활동상태가 변화(또는 불변)된 경우로 한정된다. 먼저, 취업→미취업 전환 여부, 취업→NEET 여부 1, 취업→NEET 여부 2를 종속변수(더미변수)로 설정하였다. 핵심 설명변수로는 고용형태별 근로실태조사에서 도출된 산업별 2차 노동시장 지수를 사용하였는데, 이전직장의 산업 기준으로 정의되었다. 연령, 성, 근속, 교육수준, 직종, 현 직장 소재지, 사업체 규모, 결혼 등을 함께 통제하였다. 시간에 따라 변하는 변수의 경우 이전직장 시점 기준으로 정의된다. 경력 변수는 결측치가 많아 제외하였다.

다음으로 청년 NEET에 대해 추가적 설명이 필요하다. NEET(Not in Education, Employment or Training)란 일을 하지도 않고 일할 준비도 하지 않고 있는 청년을 지칭하는데, 이는 구직활동을 하는 구직 니트와 구직활동을 하지 않는 비구직 니트로 구분된다(남재량 · 김세움, 2013). 본 연구는 '정규교육기관이나 입시학원 또는 취업을 위한 학원 · 기관에 다니지 않고 일하지도 않으며, 가사나 육아를 주로 하지도 않으며, 배우자도 없는 15~34세 개인'이라는 남재량(2008)의 NEET 정의를 따라, 청년패널에서 지난 1개월간 주로 한 일 가운데 취업준비, 진학준비, 쉬었음으로 응답한 비구직 NEET를 'NEET 여부 1' 변수로 정의한다. 이와 함께 실업자와 비경제활동인구 여부를 묻는 청년패널 조사항목으로부터 청년 비경제활동인구를 넓은 의미의 NEET로 보고 'NEET 여부 2' 변수로 설정한다.

〈표 3-10〉 주요 변수의 정의 및 기초통계 : 청년패널(1~9차)

	정 의	관측치	평균	표준편차
종속변수				
미취업 전환 여부	취업→미취업=1, 나머지=0	16276	0.097	0.296
NEET 여부 1	미취업 전환 청년 중 지난 1개월간 쉬었고, 미혼이면=1, 나머지=0	16276	0.004	0.063
NEET 여부 2	미취업 전환 청년 중 비경제활동인구이면=1, 나머지=0	16276	0.076	0.265
설명변수				
연령	만 나이	16276	27.81	3.89
성	남자=1, 여자=0	16276	0.47	0.50
교육수준	전문대이상=1, 고졸이하=0	16276	0.76	0.43
근속연수	조사시점 - 현재직장 입직시점	16276	1.82	2.42
결혼	결혼=1, 나머지=0	16276	0.21	0.41
현 직장 소재지	수도권=1, 비수도권=0	16276	0.47	0.50
연도(더미)	2007~2015	16276		
사업체 규모	300이상=1, 300미만=0	16276	0.15	0.36
직종1(더미)	서비스제공직=1, 사무관리직 · 생산직=0	16276	0.52	0.50
직종2(더미)	생산직=1, 서비스제공직 · 사무관리직=0	16276	0.22	0.41

자료 : 한국고용정보원, 「청년패널조사」 원자료, 각 연도.

〈표 3-11〉 2차 노동시장 정도가 청년 활동 상태에 미치는 효과 : 복수 주성분 지수

	취업⇒ 미취업			NEET 여부 1			NEET 여부 2		
	선형확률	프로빗	로짓	선형확률	프로빗	로짓	선형확률	프로빗	로짓
산업 2차 노동시장 지수	0.0006***	0.0032***	0.0062***	0.00004*	0.003703*	0.0109*	0.0005***	0.0032***	0.0064***
	-0.0001	-0.0007	-0.0013	0.0000	-0.0021	-0.0060	-0.0001	-0.0007	-0.0014
상수항	0.1870***	-0.7180***	-1.1120***	-0.0240***	-5.0230***	-11.990***	0.1330***	-0.9230***	-1.4970***
	-0.0212	-0.1260	-0.2430	-0.0043	-0.4800	-1.3550	-0.0190	-0.1360	-0.2740
성(남성=1)	-0.0673***	-0.4170***	-0.8150***	-0.0047***	-0.3630***	-0.9890***	-0.0707***	-0.5310***	-1.1040***
	-0.0052	-0.0325	-0.0656	-0.0011	-0.1030	-0.2960	-0.0047	-0.0361	-0.0774
연령	-0.0011	-0.0094*	-0.0188**	0.0010***	0.0802***	0.2170***	-0.0003	-0.0078	-0.0167
	-0.0008	-0.0048	-0.0093	-0.0002	-0.0143	-0.0396	-0.0007	-0.0052	-0.0105
근속연수	-0.0098***	-0.0752***	-0.1510***	-0.0006**	-0.0343*	-0.0870	-0.0079***	-0.0674***	-0.1340***
	-0.0011	-0.0082	-0.0172	-0.0002	-0.0198	-0.0554	-0.0010	-0.0087	-0.0184
결혼여부(결혼=1)	0.0439***	0.2490***	0.5090***	-	-	-	0.0515***	0.3480***	0.7350***
	-0.0065	-0.0401	-0.0778	-	-	-	-0.0058	-0.0426	-0.0850
사업체규모(300인 이상=1)	-0.0247***	-0.2010***	-0.3940***	-0.0004	-0.0844	-0.2550	-0.0149**	-0.1520***	-0.3090***
	-0.0067	-0.0463	-0.0948	-0.0015	-0.1630	-0.4820	-0.0060	-0.0500	-0.1060
교육수준(전문대 이상=1)	-0.0285***	-0.1600***	-0.3010***	-0.0018	-0.0562	-0.1660	-0.0221***	-0.1480***	-0.2830***
	-0.0055	-0.0325	-0.0617	-0.0012	-0.1060	-0.2880	-0.0050	-0.0352	-0.0692
직장소재지(수도권=1)	0.0045	0.0343	0.0581	-0.0001	-0.0014	0.0373	0.0013	0.0162	0.0316
	-0.0046	-0.0281	-0.0543	-0.0010	-0.0896	-0.2500	-0.0041	-0.0304	-0.0608
직종(서비스관련직=1)	-0.0104*	-0.0615*	-0.1160*	0.0011	0.0867	0.2070	-0.0058	-0.0439	-0.0819
	-0.0057	-0.0339	-0.0649	-0.0012	-0.1100	-0.3130	-0.0051	-0.0365	-0.0723

〈표 3-11〉의 계속

	취업 ⇒ 미취업			NEET 여부 1			NEET 여부 2		
	선형확률	프로빗	로짓	선형확률	프로빗	로짓	선형확률	프로빗	로짓
직종(생산직=1)	-0.0021	-0.0222	-0.0380	0.0004	-0.0577	-0.1200	-0.0001	-0.0192	-0.0257
	-0.0071	-0.0460	-0.0920	-0.0015	-0.1660	-0.4840	-0.0063	-0.0510	-0.1070
연도(2008=1)	0.0297**	0.0983	0.1530	-0.0007	-	-	0.0168	0.0651	0.0949
	-0.0126	-0.0681	-0.1260	-0.0027			-0.0113	-0.0743	-0.1430
연도(2009=1)	0.0037	-0.0247	-0.0502	0.0047*	0.2930	0.8710	0.0030	-0.0200	-0.0392
	-0.0123	-0.0688	-0.1280	-0.0027	-0.2010	-0.5540	-0.0110	-0.0746	-0.1440
연도(2010=1)	-0.0052	-0.0556	-0.1180	0.0028	0.1460	0.4320	-0.0047	-0.0503	-0.1100
	-0.0114	-0.0645	-0.1210	-0.0025	-0.1920	-0.5430	-0.0102	-0.0700	-0.1370
연도(2011=1)	-0.0229**	-0.1500**	-0.2950**	0.0001	-0.1640	-0.5420	-0.0182*	-0.1500**	-0.2840**
	-0.0114	-0.0661	-0.1260	-0.0025	-0.2510	-0.7690	-0.0102	-0.0722	-0.1420
연도(2012=1)	-0.0201**	-0.1230**	-0.2240**	0.0056***	0.2960**	0.8130**	-0.0137*	-0.1020*	-0.1870*
	-0.0088	-0.0523	-0.1000	-0.0019	-0.1190	-0.3280	-0.0079	-0.0567	-0.1120
연도(2013=1)	-0.0215**	-0.1260**	-0.2410**	0.0015	0.0048	0.0010	-0.0176**	-0.1230**	-0.2460**
	-0.0088	-0.0522	-0.1000	-0.0019	-0.1320	-0.3770	-0.0079	-0.0567	-0.1130
연도(2014=1)	-0.0256***	-0.1570***	-0.3030***	0.0017	-	-	-0.0192**	-0.1390**	-0.2780**
	-0.0088	-0.0523	-0.1010	-0.0019			-0.0079	-0.0568	-0.1130
관측치	16,276	16,276	16,276	16,336	13,794	13,794	16,276	16,276	16,276

주 : 1) *** p<0.01, ** p<0.05, * p<0.1.

2) NEET 여부 1에서 종속변수의 정의에서 결혼 여부가 포함되어 있으므로 결혼여부 변수가 설명변수에서 제외됨.

자료 : 한국고용정보원, 「청년패널조사」 원자료, 각 연도.

<표 3-11>은 2차 노동시장의 강도로 표현되는 지수가 청년들의 활동상태 변화(또는 전환)에 미치는 효과를 선형확률, 로짓/프로빗 모형으로 추정한 회귀분석 결과를 제시한다. 먼저, 취업에서 미취업 상태로 전환 여부를 종속변수로 하는 모형의 추정결과를 보면, 추정모형에 관계없이 산업별 2차 노동시장의 정도가 심할수록 취업에서 미취업으로 전환될 확률이 유의미하게 높아지는 경향을 일관되게 보여준다. 마찬가지로 NEET 여부와 관련된 두 종속변수를 사용한 모형에서도 2차 노동시장의 특성이 강한 산업일수록 취업상태에 있다가 NEET로 빠질 확률이 높아진다. 이상의 추정결과를 종합하면, 이전직장이 2차 노동시장 특성이 강한 산업에 속할수록 청년의 경제활동 참여에 부정적 영향을 미쳐 미취업이나 NEET로 빠지게 하는 요인으로 작용한다고 풀이된다. 이러한 결과는 청년고용 여부나 비율을 종속변수로 한 결과(표 3-9)와 기본적으로 맥락을 같이하는 것으로 볼 수 있다. 이러한 결과는 2차 노동시장, 즉 질 낮은 일자리 경험이 있는 청년들의 경우, 1차 노동시장으로 바로 이동하기가 어려워 장래에 괜찮은 일자리를 가지기 위해 미취업상태에서 취업준비기간을 늘리거나 NEET로 빠지게 될 가능성이 큼을 시사한다.

제4절 소 결

본 연구는 노동시장 이중구조와 관련된 기존 연구를 검토한 다음, 청년고용과 이중노동시장 사이의 관계에 대한 네 가지의 주요한 '정형화된 사실들'을 정리·제시하였다. ① 한국 노동시장의 이중구조가 존재한다, ② 노동시장 이중구조와 양질의 일자리 부족은 청년층 고용에 부정적 영향을 미친다, ③ 노동시장 이중구조와 양질의 일자리 부족으로 인해 청년층의 취업준비기간이 늘어나고 NEET가 증가한다, ④ 노동시장 이중구조로 인해 2차 노동시장에 속했던 노동자는 1차 노동시장으로 이동하기 어렵다. 이들 가운데 쟁점이 남아 있거나 불명확한 사실들에 대해 실증분석을 통해 검증하였다.

본 연구는 이러한 기존 연구결과를 바탕으로 하면서 이중노동시장과 청년고용의 관계에 대한 직접적 분석을 하지 않았다. 대신 주성분 분석 방법을 통해 이중노동시장의 한 부분을 구성하는 2차 노동시장의 다양한 특성들을 종합적으로 집약하는 지수를 구성하고, 회귀분석을 통해 2차 노동시장 정도가 청년고용 여부 및 비중, 미취업 또는 NEET 전환 등에 미치는 효과를 실증분석하였다. 본 연구의 실증분석에서 도출된 주요 분석결과를 정리하면 다음과 같다.

첫째, 주성분 분석을 통해 도출된 2차 노동시장 지수는 2차 노동시장의 특성변수들을 적절히 포괄 · 집약하는 종합지표로서 적합한 것으로 나타났다. 산업별로 2차 노동시장 정도에서 큰 편차가 관찰되었다. 전기 · 가스 · 증기 · 수도업, 전문 · 과학 · 기술서비스업, 제조업 등은 2차 노동시장의 특성이 비교적 약한 산업인 반면, 건설업, 숙박 · 음식점, 부동산 및 임대업, 예술 · 스포츠 · 여가관련서비스업 등은 2차 노동시장 특성이 상대적으로 강한 것으로 나타났다. 또한 지난 몇 년간 2차 노동시장 정도는 대체로 증가하는 흐름을 발견할 수 있었다.

둘째, 회귀분석 결과, 2차 노동시장의 성격이 강할수록 청년고용 확률, 청년고용 비율이 유의미하게 낮아지며, 분석모형에 관계없이 일관된 추정결과를 보여주었다. 이러한 분석결과는 청년층 고용 · 실업 문제의 주된 원인이 양질의 일자리를 제공하지 못하는 산업 및 노동시장의 구조에 있음을 보여주는 것으로 풀이할 수 있다.

셋째, 청년패널 자료를 사용, 2차 노동시장 강도가 청년층의 활동상태 변화 · 전환(취업→미취업, 취업→NEET)에 미치는 영향을 분석하였다. 2차 노동시장의 강도가 높은 산업에 종사하는 청년일수록 이후 취업에서 미취업으로, 또한 취업에서 NEET나 비경제활동으로 전환될 가능성이 높아지는 것으로 추정되었다. 이러한 결과는 2차 노동시장, 즉 질 낮은 일자리 경험이 있는 청년들의 경우, 보다 괜찮은 일자리에 대한 구직 욕구를 강화시켜 오히려 미취업상태에서 취업준비기간을 늘리거나 NEET로 빠지게 될 가능성이 큼을 시사한다.

이상의 결과를 종합하면, 노동시장 이중구조로 1차 및 2차 노동시장 간에 발생하는 임금 및 근로조건 등에서의 격차는 청년층의 원활한 노동시장 이행을 가로막고 인력수급 미스매치를 심화시켜 노동시장의 비효율성을 야기하고, 청년층의 높은 실업률, 비경제활동인구화 또는 NEET화를 가져오는 주된 요인으로 작용함을 확인할 수 있다. 따라서 현재 개선 기미가 거의 없는 청년고용·실업 문제를 해소하기 위해서는 다양한 측면에서 나타나는 노동시장 이중구조를 근본적으로 개선·해소하고 양질의 일자리 창출기반을 강화하는 것이 무엇보다 시급한 과제임을 확인할 수 있다. 또한 노동시장 이중구조 개선을 위한 정책을 수립할 때, 2차 노동시장 정도에서 발견되는 산업별 차이를 충분히 고려하여 산업별로 차별화되는 정책 접근이 필요하다.

〈부표 3-1〉 산업중분류별 이중노동시장지수 수준 및 변화계속 : 복수 주성분 사용

		산업 기준 지수 사용			사업체 기준 지수 사용		
대분류	중분류	2012	2014	2016	2012	2014	2016
전산업		37.8	39.2	44.5	21.6	22.7	26.5
농업, 임업 및 어업	1	39.8	32.1	40.3	27.1	21.2	26.6
	2	76.5	78.8	80.4	52.7	57.1	59.0
	3	30.0	34.3	47.1	22.1	27.3	37.0
	전체	49.2	47.9	54.0	33.9	34.0	38.5
광업	5	4.5	3.8	2.7	2.8	3.2	3.8
	6	15.2	12.1	29.8	10.6	9.4	19.7
	7	24.1	24.9	33.0	16.3	14.9	20.3
	8	14.1	14.0	8.2	9.6	16.7	10.0
	전체	18.3	17.3	23.1	12.3	11.9	15.2
제조업	10	35.7	36.8	45.3	15.9	16.4	18.3
	11	19.9	22.3	35.1	7.8	12.5	15.8
	12	7.2	18.2	12.8	4.6	7.6	8.6
	13	30.5	33.5	37.0	13.9	12.1	15.6
	14	47.2	50.4	56.3	16.8	16.7	20.6
	15	38.1	41.8	42.5	18.3	18.5	20.9
	16	24.0	21.5	39.4	10.4	14.3	20.6
	17	18.8	18.4	24.5	9.6	7.4	10.5
	18	27.7	32.4	33.0	13.0	16.6	16.5
	19	9.7	10.0	13.5	3.9	3.3	4.9
	20	15.1	13.7	18.4	7.0	5.4	8.3

〈부표 3-1〉의 계속

		산업 기준 지수 사용			사업체 기준 지수 사용		
대분류	중분류	2012	2014	2016	2012	2014	2016
제조업	21						
	22						
	23	19.1	19.4	29.1	8.9	10.2	13.6
	24	11.0	11.4	18.2	4.6	4.9	9.1
	25	21.4	19.6	29.4	9.5	9.7	15.1
	26	12.0	9.8	11.5	4.9	4.5	5.8
	27	20.1	23.8	25.6	11.2	11.9	13.3
	28	18.8	17.4	23.5	8.8	7.9	10.8
	29	16.8	20.8	27.3	7.3	8.4	11.5
	30	9.1	8.9	16.7	5.0	4.8	8.4
	31	11.7	11.4	17.3	4.9	5.1	8.6
	32	29.3	33.4	50.1	10.9	9.9	15.7
	33	32.8	34.8	37.3	15.2	15.1	18.5
	전체	18.3	18.6	24.5	8.2	8.1	11.1
전기, 가스, 증기 및 수도사업	35	5.7	3.9	7.4	4.8	4.0	7.1
	36	13.2	10.7	15.1	9.8	8.3	12.2
	전체	6.8	5.0	8.6	5.6	4.7	7.9
하수, 폐기물처리, 원료재생, 환경복원업	37	19.6	20.1	21.9	9.7	11.2	12.5
	38	26.0	21.0	29.0	14.3	12.7	19.5
	39	17.2	11.8	26.7	11.8	14.3	19.2
	전체	23.2	20.0	27.1	12.7	12.4	17.8
건설업	41	56.7	59.7	66.2	25.7	31.2	32.2
	42	56.6	58.0	67.8	32.7	33.9	40.4
	전체	56.7	58.9	67.0	29.0	32.5	36.1
도매 및 소매업	45	37.2	41.3	47.3	17.6	14.3	18.1
	46	28.7	27.2	33.9	8.7	10.2	13.0
	47	68.8	61.2	63.2	29.1	26.4	31.2
	전체	49.7	47.3	51.3	19.7	19.7	23.7
운수업	49	36.2	38.7	48.2	22.7	24.3	31.6
	50	23.4	26.2	35.5	16.7	17.6	24.2
	51	16.9	13.2	31.8	11.7	9.7	19.9
	52	24.9	26.5	29.8	12.1	14.1	17.9
	전체	30.7	32.6	40.1	18.4	19.8	25.7
숙박 및 음식점업	55	54.6	52.0	58.3	26.1	24.9	31.2
	56	87.5	88.1	87.8	44.3	43.2	46.8
	전체	73.5	71.5	74.4	36.6	34.8	39.7

〈부표 3-1〉의 계속

		산업 기준 지수 사용			사업체 기준 지수 사용		
대분류	중분류	2012	2014	2016	2012	2014	2016
출판, 영상, 방송통신 및 정보서비스업	58	20.9	21.9	31.2	11.0	11.5	15.3
	59	56.5	53.0	61.2	37.1	33.6	41.1
	60	18.9	16.6	28.4	11.7	10.8	18.3
	61	14.3	10.3	9.8	9.7	10.0	7.0
	62	17.8	18.4	20.7	7.5	9.2	10.8
	63	27.5	22.7	30.2	15.8	12.6	18.8
	전체	23.8	21.6	28.9	13.6	12.7	16.6
금융 및 보험업	64	20.6	18.4	22.0	12.0	9.7	11.7
	65	66.2	63.8	66.2	36.3	38.5	40.7
	66	37.9	40.1	41.5	26.7	18.4	21.6
	전체	43.8	39.7	42.5	25.8	22.0	24.4
부동산업 및 임대업	68	64.7	63.6	74.1	38.9	37.3	46.6
	69	43.4	46.4	57.5	26.6	25.7	34.2
	전체	61.3	62.0	72.6	36.9	36.2	45.5
전문, 과학 및 기술 서비스업	70	14.2	17.9	18.2	11.1	10.6	12.4
	71	17.0	13.5	19.6	7.5	6.3	9.5
	72	23.0	21.6	30.1	11.7	11.9	16.5
	73	29.2	25.0	39.8	17.6	14.3	23.3
	전체	18.3	17.5	23.0	10.4	9.4	12.8
사업시설관리 및 사업지원서비스업	74	49.9	45.0	54.9	34.5	32.0	39.2
	75	41.0	36.9	43.9	25.7	24.1	29.7
	전체	43.8	38.8	46.5	28.5	26.0	31.9
교육 서비스업	85	66.9	70.5	71.1	57.0	58.6	60.9
보건업 및 사회복지서비스업	86	25.1	27.5	37.4	16.2	17.6	23.9
	87	51.4	53.7	56.0	29.1	35.2	37.8
	전체	30.7	36.2	43.5	18.9	23.5	28.5
예술, 스포츠 및 여가관련 서비스업	90	56.5	71.7	73.6	28.9	38.2	42.0
	91	74.1	73.4	74.9	39.8	42.9	45.6
	전체	70.7	73.2	74.7	37.7	42.1	45.0
협회 및 단체, 수리 및 기타 개인서비스업	94	47.9	44.9	56.9	21.8	20.8	29.1
	95	28.8	29.4	34.4	14.2	10.5	14.1
	96	79.1	86.5	89.8	47.7	52.5	56.8
	전체	52.5	58.4	64.2	28.3	31.5	36.3

주 : 9차 표준산업분류 코드 개정에 따름.
자료 : 고용노동부, 「고용형태별 근로실태조사」 원자료, 각 연도.

〈부표 3-2〉 이중노동시장의 정도가 청년고용에 미치는 효과 : 단일 주성분 지수

	종속변수 : 청년고용 여부		종속변수 : 청년고용 비율	
	선형확률 모형		OLS 모형	
	(1)	(2)	(3) 산업단위 표본	(4) 사업체단위 표본
상수항	0.6450*** -0.0022	0.6380*** -0.0021	0.8290*** -0.117	0.5620*** -0.0069
성	-0.0463*** -0.0008	-0.0473*** -0.0008	-0.0377 -0.0355	-0.0229*** -0.0041
경력	-0.0690*** -0.0002	-0.0696*** -0.0002	-0.0954*** -0.019	-0.0602*** -0.0009
학력	-0.0957*** -0.0008	-0.0903*** -0.0008	-0.1590*** -0.0291	-0.1240*** -0.0034
노조	-0.0101*** -0.0013	-0.0041*** -0.0014	-0.0337 -0.0291	0.0012 -0.0035
기업규모(300)	-0.0590*** -0.0012	-0.0557*** -0.0012	-0.0871*** -0.0284	-0.0560*** -0.0038
산업 이중 노동시장 지수	-0.0003*** -0.0000		-0.0004 -0.0004	
사업체 이중 노동시장 지수		-0.0006*** -00002		0.00001 -0.00005
관측치	851,737	851,737	216	32,960
R-squared	0.186	0.187	0.474	0.202

주 : *** p<0.01, ** p<0.05, * p<0.1. OLS 모형의 경우, robust standard errors.
자료 : 고용노동부(2016), 「고용형태별 근로실태조사」 원자료.

제 4 장
교육체계와 청년고용 · 노동시장

본 장은 교육체계와 관련한 청년고용 · 노동시장의 정형화된 사실들을 분석하는 것을 목적으로 한다. 이를 위해 OECD 회원국과의 비교를 통해서 한국 교육체계의 특징을 도출하고, 선행연구의 결과를 바탕으로 교육 관련 고용 · 노동시장에서 나타나는 주요 이슈를 분석한다. 또한, 선행연구에서 아직까지는 명확하게 그 내용이 분석되지 않았지만 앞서 도출된 교육과 고용 · 노동시장 관련 주요 이슈와 관련하여 앞으로 연구가 필요한 주제를 제시한다.

제1절 국제비교를 통한 한국교육의 특징

본 절은 OECD 회원국과 비교하여 한국교육의 특징을 도출한다. 한국교육의 특징을 요약하면 OECD 최하위 수준의 직업계고 학생 비중(2014년 기준 16.7%), OECD 최고 수준의 고등교육 이수율(2016년 기준 70%), 부모의 교육수준에 따라 크게 차이가 없는 자녀의 고등교육 진학률, 민간부문의 높은 교육비 부담, 학생이 아닌 청년층의 높은 비경제활동 상태, 고등학생에 비해 낮은 성인 학생의 역량, 낮은 대학경쟁력 등이 있다.

1. 낮은 직업계 고등학교 졸업자 비중

아래 [그림 4-1]에 제시된 바와 같이 2014년의 우리나라 직업계 후기중등교육(한국의 직업계 고등학교) 졸업자 비중은 16.7%로 OECD 평균(49.1%)의 1/3 수준이며 OECD 회원국 중 캐나다를 제외하고 가장 낮다(OECD, 2016). 캐나다의 경우 직업계 프로그램은 중등후 시스템으로 이 학위는 중장년층에게 주어지는 두 번째 기회이며, 상기 과정의 졸업생의 평균연령이 30세이고 그 중 66%가 25세 이상이다(OECD, 2016). 직업계 후기중등교육 졸업자의 평균연령의 경우 OECD 회원국 평균은 22세이고 한국은 18세(OECD, 2017)인 점에서 알 수 있듯이, 국가 간 후기중등교육의 성격과 참여자 특성 등이 매우 상이하기 때문에 국가 간 절대적 비교는 어렵다. 그럼에도 불구하고 [그림 4-1]은 한국의 직업계고 진학자 비중이 다른 OECD 회원국에 비해 매우 낮다는 것을 보여준다.

〔그림 4-1〕 국가별 직업계 후기중등교육 졸업자 비중의 추이(2005, 2014년)6)

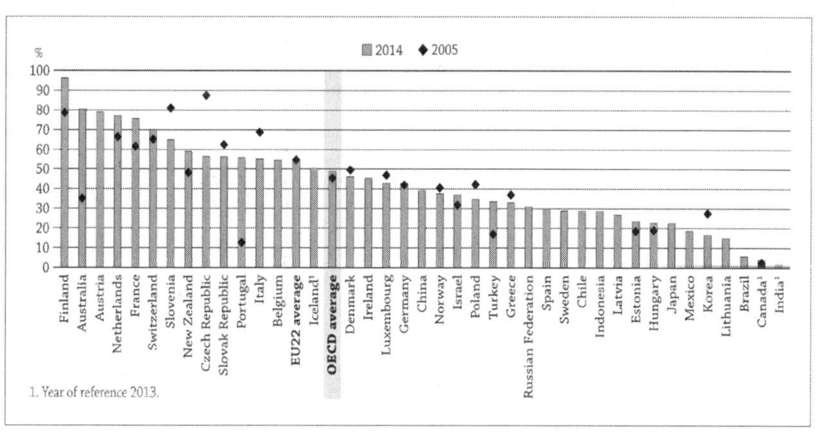

주 : 1) 2013년 자료를 사용함.
2) 상기 그림에 포함된 중국, 러시아, 리투아니아, 브라질, 인도(China, Russian Federation, Lithuania, Brazil, India)는 OECD 회원국이 아님.

자료 : OECD(2016), *Education at a Glance 2016,* Figure A2.2(p.50).

6) 직업계 후기중등교육 졸업률 추이(Change in vocational upper secondary graduation rates)를 의미하며, 졸업률은 일생 동안 졸업할 것으로 예상되는 특정 연령 집단의 비율 추정치를 의미한다(OECD, 2016).

또한, 2014년 직업계고 졸업자 비중은 2005년의 동 비중(27.6%)의 60% 수준으로 떨어졌다. 하지만 이는 2011년 이전에는 교육통계상 고등학교가 일반계고, 전문계고로 분리되다가 자율고의 등장과 함께 2011년부터 고등학교가 일반고, 특수목적고, 특성화고(과거 전문계고), 자율고로 구분되는 고교체제의 개편도 반영한다. 이에 [그림 4-2]는 한국교육개발원 교육통계서비스를 이용하여 OECD의 직업계 중등교육과 가장 유사한 한국의 전문계고 또는 특성화고 졸업자의 비중의 변화 추이를 제시한다. [그림 4-2]에 나타난 바와 같이 1999~2010년 동안 전문계고 졸업자 비중은 빠르게 감소하였고, 새로운 유형의 고등학교 등장으로 2011년 개편된 통계상의 차이를 감안하더라도 2011년 이후에는 특성화고 졸업생의 감소하는 추세가 주춤해졌을 뿐이다.

〔그림 4-2〕 전문계고/특성화고 졸업자 비중의 추이

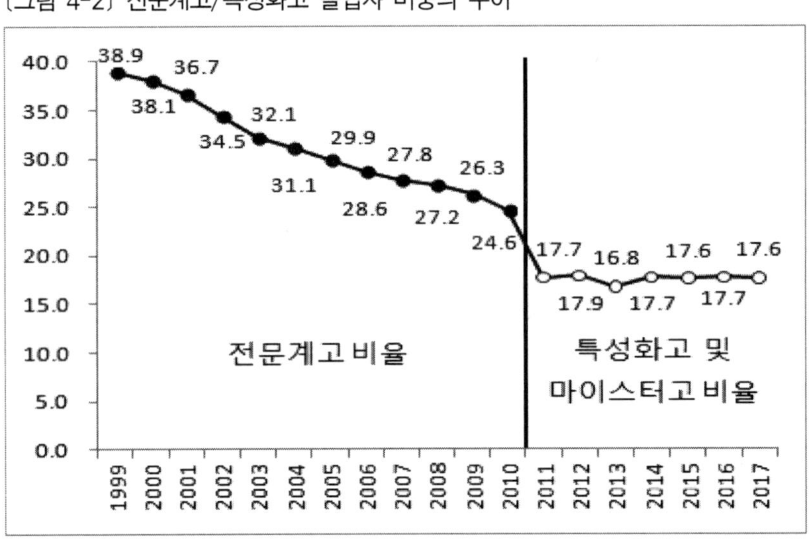

주 : 1) 2011년 이전은 전문계고 졸업자 비중, 2011년부터는 특성화고 졸업자 비중, 2014년부터는 특성화고 및 마이스터고 졸업자 비중임.
2) 2011년부터 시행된 마이스터고는 2014년에 첫 졸업생을 배출함.
자료 : 한국교육개발원(2016), 「유초중등 학교급별 개황」.[7]

7) 한국교육개발원, 교육통계서비스 : http://kess.kedi.re.kr/index(접속일 : 2017/10/05)

〔그림 4-3〕 직업계 후기중등교육 졸업자의 전공과정별 비중(2015년)

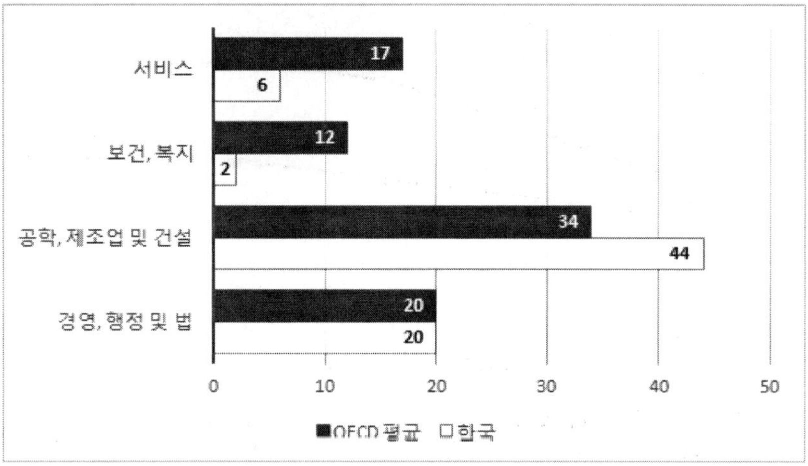

자료 : OECD(2017), *Education at a Glance 2017*, Table A2.1(p.61).

또한, [그림 4-3]에 제시된 바와 같이 OECD 평균 직업계 후기중등학교 졸업자 중 공학, 제조업 및 건설 분야 졸업자 비중은 34%이나 한국은 44%로 상당히 높은 반면, 서비스 분야 졸업자는 OECD 평균인 17%의 1/3 수준인 6%에 불과하고, 보건 · 복지 분야 졸업자의 비중은 OECD 평균인 12%의 1/5 수준에도 미치지 못하는 2%에 불과하다. 직업계고 졸업자 중 경영, 행정 및 법 분야 전공자 비중은 20%로 OECD 평균과 같다. 이와 같이 한국의 직업계고 졸업자 비중 자체가 낮은 것과 함께 직업계고 졸업자의 전공분야가 다양하지 않은 것이 한국 교육체계의 특징이라는 것을 보여준다.

2. 높은 대학진학률

한국 청년층(25~34세)의 고등교육(한국의 대학교) 참가율은 OECD 회원국 최고 수준이다. [그림 4-4]에 제시된 바와 같이 고등교육을 받은 청년층(25~34세)을 청년층 전체 수로 나눈 비중은 2016년 기준 우리나라가 70%로 OECD 회원국 중 가장 높으며, OECD 평균인 43%를 훨씬 웃돈다(OECD, 2017).

〔그림 4-4〕 25~34세 대학졸업자 비중

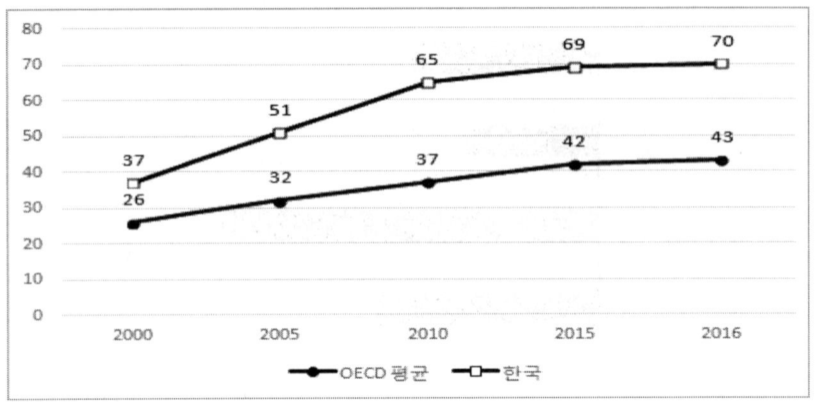

자료 : OECD(2017), *Education at a Glance 2017*, Table A1.2. Trends in educational attainment of 25~34 year-olds(2000, 2005, 2010, 2015 and 2016) (p.51).

3. 높은 고등교육으로의 상향 이동성

〔그림 4-5〕 국가별 부모의 교육수준에 따른 자녀의 고등교육 진학비율

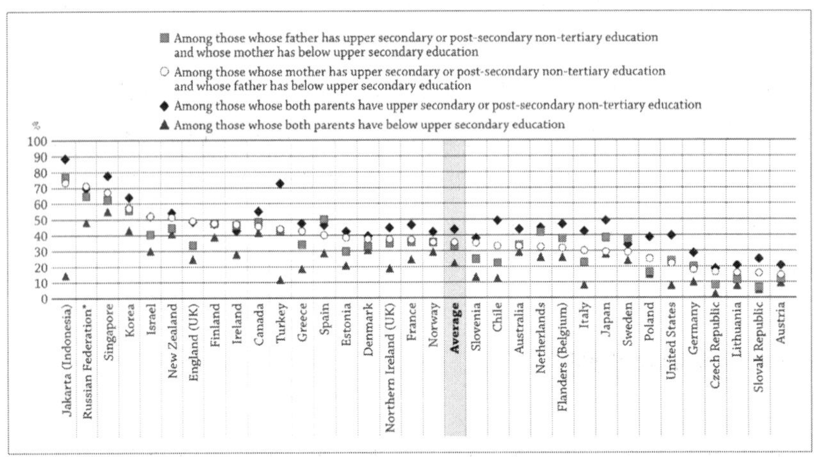

주 : 1) 칠레, 그리스, 이스라엘, 인도네시아 자카르타, 리투아니아, 뉴질랜드, 싱가포르, 슬로베니아, 터키(Chile, Greece, Israel, Jakarta(Indonesia), Lithuania, New Zealand, Singapore, Slovenia, Turkey)는 2015년 자료를, 그 외의 국가는 2012년 자료를 사용함.

2) 성인들의 스킬 조사, 25~44세 비학생을 바탕으로 함.

자료 : OECD(2016), *Education at a Glance 2016*, Figure A4.4(p.80).

앞의 [그림 4-5]는 부모의 교육수준에 따른 자녀의 고등교육 진학비율을 제시한다. [그림 4-5]는 각 국가의 25~44세 성인 중 학생이 아닌 자(비학생)의 고등교육 이수자 비율을 아버지가 후기중등 혹은 중등후 비고등교육(한국의 경우 고졸 이상 대졸 미만)이고 어머니가 후기중등교육(한국의 고졸) 미만(네모 표시), 어머니가 후기중등 혹은 중등후 비고등교육이고 아버지가 후기중등교육 미만(동그라미 표시), 부모 모두 후기중등 혹은 중등후 비고등교육(마름모 표시), 부모 모두 후기중등교육 미만(세모 표시)인 교육수준을 가진 경우로 구분하여 제시한다. 인도네시아 자카르타나 터키와 같은 OECD 비회원국의 경우 부모 모두 후기중등 혹은 중등후 비고등교육(마름모 표시)인 25~44세 성인과 부모 모두 후기중등교육 미만인 경우(세모 표시)의 25~44세 성인의 고등교육 이수자 비율이 크게 차이가 나지만, 한국에서는 부모의 교육수준에 따른 대학교 진학률에 큰 차이가 없어 대학교육 기회가 폭넓은 사회계층에게 열려있다는 것을 알 수 있다.

4. 민간부문의 높은 교육비 부담

〔그림 4-6〕 GDP 대비 정부부담 및 민간부담 교육기관 지출(2014년)

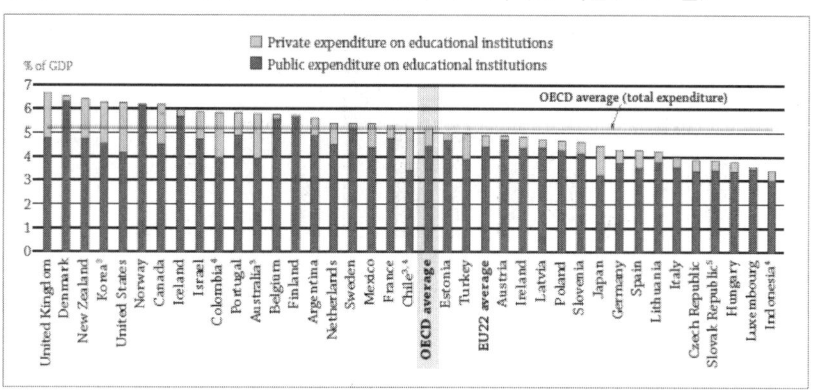

주 : 1) 정부부담 비용은 정부가 가정에 교육기관과 관련하여 지불한 보조금과 해외재원의 교육기관에 대한 직접 투자를 포함함. 호주, 칠레, 한국의 경우 해외재원은 정부부담 비용에 포함되지 않음.

2) 초등, 중등, 고등교육기관(학사, 석사, 박사)에 대한 총 지출액을 기준으로 함.

자료 : OECD(2017), *Education at a Glance 2017*, Figure B2.1(p.180).

[그림 4-6]은 GDP(Gross Domestic Product, 국내총생산) 대비 교육기관 지출의 비중 순으로 왼쪽부터 정렬되었다. 2014년 OECD 평균 교육기관 지출의 GDP 비중은 5.2%이며, 영국이 6.6%로 가장 높고 한국의 동 비중은 6.3%로 영국, 덴마크, 뉴질랜드 다음으로 높다(OECD, 2017). 또한, [그림 4-6]은 교육기관 지출을 정부부담과 민간부담으로 구분하는데, OECD 평균 기준 정부부담 교육기관 지출의 GDP 비중은 4.4%, 민간부담의 GDP 비중은 0.8%이다(OECD, 2017). 한국의 민간부담 교육기관 지출액은 GDP의 1.7%로 뉴질랜드와 같고, OECD 국가 중 미국, 영국, 노르웨이, 호주, 칠레 다음으로 민간부담 교육지출의 비중이 높다(OECD, 2017). 이를 교육과정으로 구분하면 한국의 대학교육(고등교육)기관에 대한 지출액은 GDP의 2.3%로 OECD 평균인 1.6%보다 상당히 높으며, 미국, 캐나다 다음으로 OECD 회원국 중에서 동 지출비중이 높다(OECD,

〔그림 4-7〕 국가별 국공립 및 사립 4년제 대학등록금 추이

(단위 : PPP 환산 $)

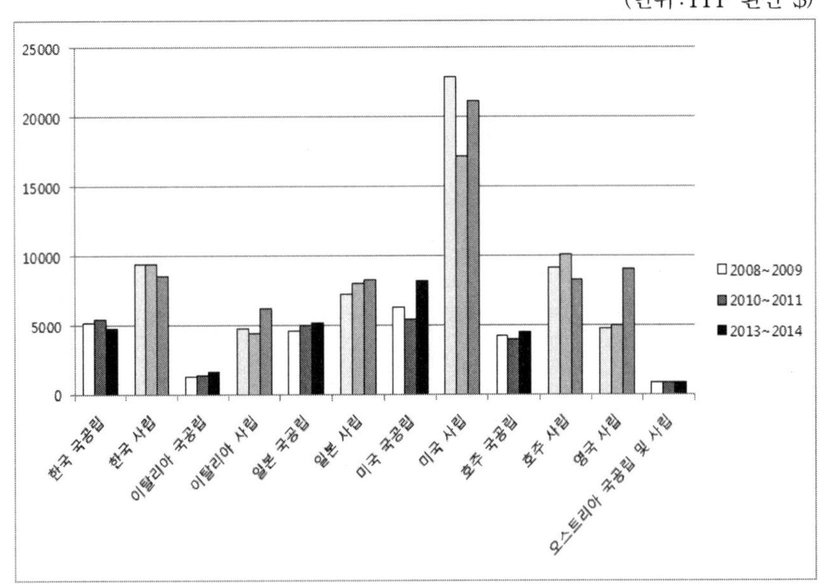

주 : 영국 및 호주는 3년제 기준임.

자료 : OECD(2011), *Education at a Glance 2011*, Table B5.1(p.266); OECD(2013), *Education at a Glance 2013*, Table B5.1(p.232); OECD(2016), *Education at a Glance 2016*, Table. B5.1(p.243)을 바탕으로 저자가 재구성함.

2017). 특히 그 중 민간부담 고등교육기관 지출은 GDP의 1.2%로 OECD 평균인 0.5%의 두 배 이상이며 미국, 캐나다, 영국, 칠레 다음으로 가장 높다(OECD, 2017).

[그림 4-7]은 국가별 국공립 및 사립 4년제 대학등록금의 변화를 보여준다. 한국의 국공립과 사립 대학등록금이 미국보다는 낮지만 기타 선진국보다 높은 편이다. 하지만 2008~2014년 동안의 주요 선진국의 대학등록금 변화추이를 살펴보면, 기타 선진국과는 달리 한국의 대학등록금은 국공립 및 사립대학 모두에서 소폭 감소하고 있는 추세임을 알 수 있다. 2000~2017년 기간의 한국의 4년제 대학등록금의 변화추이를 제시한 [그림 4-8]에 따르면 2000~2008년 간 대학등록금이 급격히 증가하였지만 2009년부터는 그 증가세가 멈춘 것을 알 수 있다.

〔그림 4-8〕 대학(4년제) 평균등록금 추이

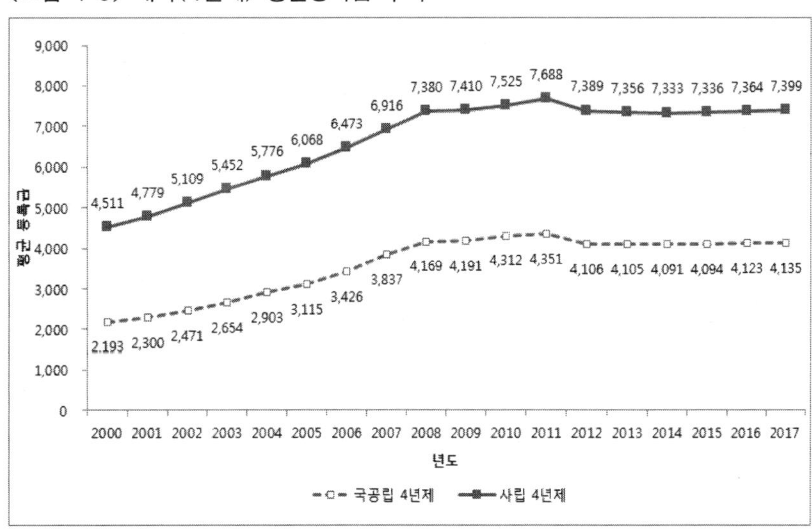

자료 : 교육부 · 연합뉴스, 「[팩트체크] 김대중 · 노무현 정부서 대학등록금 113% 인상?」(2017.05.03.)[8])을 재인용함.

8) http://www.yonhapnews.co.kr/bulletin/2017/05/03/0200000000AKR20170503044700004.HTML(접속일 : 2017.09.26.)

5. 학생이 아닌 청년층의 높은 비경제활동 상태

[그림 4-9]는 성별 및 취업상태별로 20~24세 청년의 교육참여 여부를 보여준다. 여성의 막대 그래프 기준 왼쪽에서 오른쪽 순으로 교육비참여 및 비경제활동(Not in education and inactive), 교육비참여 및 미취업(Not in education and unemployed), 교육비참여 및 취업(Not in education and employed), 교육참여(In education) 상태를 각각 의미한다. [그림 4-9]는 교육비참여 및 비경제활동 상태인 20~24세 여성의 비율 순으로 국가가 정렬되어 있다. 한국의 여성 교육비참여 및 비경제활동 상태

〔그림 4-9〕 성별 및 취업상태별 20~24세의 교육 참여/미참여 분포(2015년)

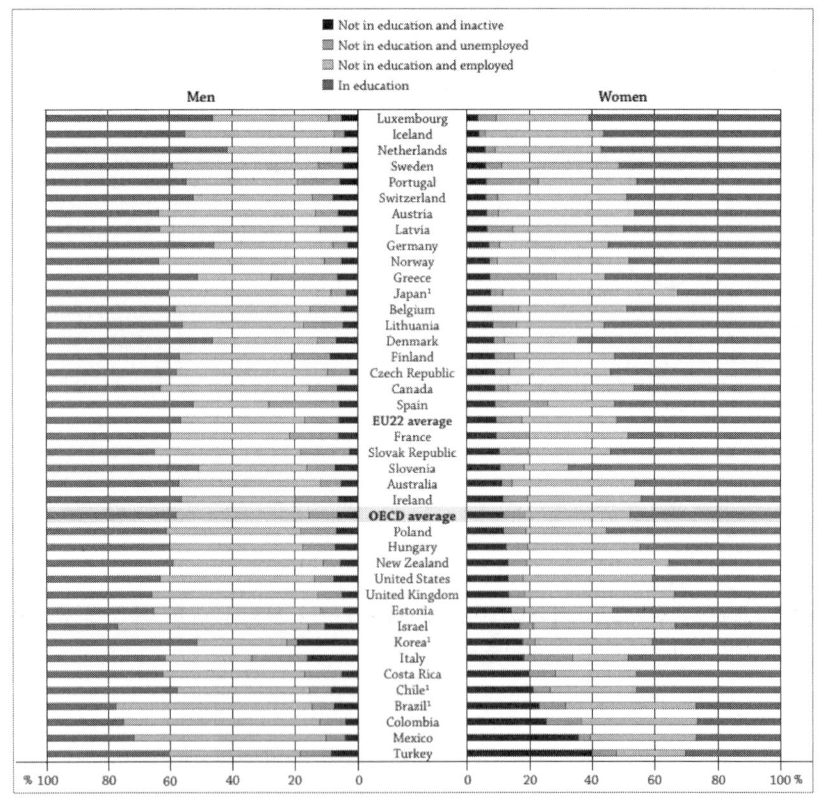

주 : 1) 일본, 한국, 칠레, 브라질(Japan, Korea, Chile, Brazil)은 2015년 자료임.
자료 : OECD(2016), *Education at a Glance 2016*, Figure C5.3(p.351).

비중(그래프 중 가장 어두운 색)은 OECD 평균보다 높으며 OECD 회원국 중 이탈리아, 칠레, 멕시코, 터키를 제외하고는 그 비중이 가장 높고, 남성의 동 비중은 OECD 회원국 중 가장 높다.

OECD는 교육비참여 및 비경제활동(Not in education and inactive)과 교육비참여 및 미취업(Not in education and unemployed) 상태인 청년을 합하여 무업자(NEET, young people neither in employment nor in education nor training)로 구분한다. 이 그림에서 제시된 바와 같이 한국의 20~24세의 무업자(NEET) 비중은 22.2%로 동 비중의 OECD 평균인 17.0%의 1.3배 수준이다(OECD, 2016). 또한, 2013년 기준 우리의 15~29세 청년층의 무업자(NEET) 비중도 18.0%로 OECD 평균인 14.6%(2015년 기준)의 1.23배 수준이다(OECD, 2016).

6. 고등학생에 비해 낮은 성인 학생의 역량

[그림 4-10]은 한국과 OECD 회원국의 학생 평균 국제성인역량조사(Program for the International Assessment of Adult Competencies : PIAAC) 점수를 연령대별(16~19세, 20~24세, 25~29세)로 구분하여 한국 및 OECD 회원국 평균 점수의 차이를 보여준다. 25~29세 학생의 컴퓨터 기반 문제해결능력 점수를 제외하고 한국의 국제성인역량조사 수리능력, 언어능력, 컴퓨터 기반 문제해결능력의 모든 평균 점수가 OECD 회원국의 평균 점수보다 다 높다. 이처럼 높은 한국학생의 점수는 높은 교육수준의 결과로 예상된다. 하지만 왼쪽부터 연령대가 높은 순으로 배열한 그래프가 우하향하는 것은 연령대가 높은 학생일수록 PIAAC 점수가 낮다는 것을 의미한다. 각 연령대의 학생이 동일하지 않아 이 점수만으로 연령이 많아질수록 학생의 역량이 낮아진다고 해석하는 것은 무리이다. 그럼에도 불구하고 4년차를 간격으로 학생의 역량이 현저하게 떨어지는 것은 한국 고등학생의 수준에 비해 대학생 이상의 능력 또는 역량이 떨어지는 것을 의미한다. 물론 학교교육만이 학생역량에 영향을 미치지는 것은 아니지만, [그림 4-10]의 결과는 한국의 고등교육의 문제점을 암시한다.

〔그림 4-10〕 한국과 OECD 회원국 학생 국제성인역량조사 평균 점수 차이

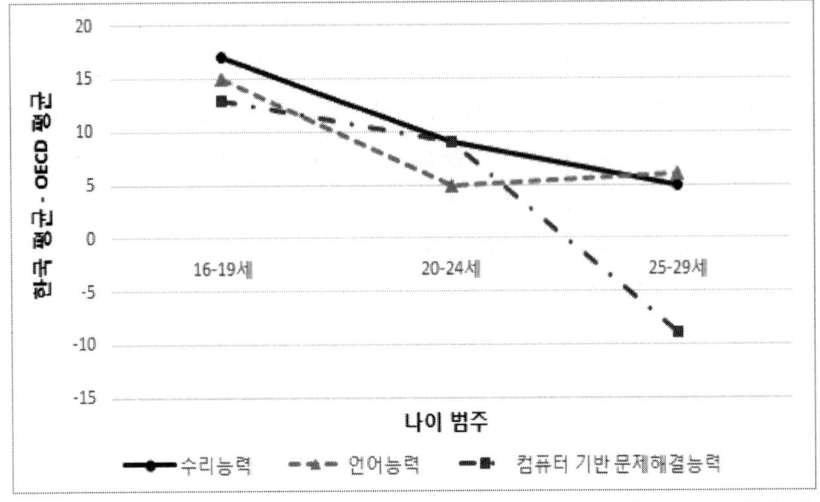

주 : 1) PIAAC 점수 범위는 0~500점임. 2012년 기준 영역별 평균(표준편차)은 수리능력은 263(52), 언어능력 268(47), 문제해결능력은 279(44)임.

2) PIAAC은 2라운드로 진행됨. 2013년 1라운드 참여 OECD 회원국은 호주, 오스트리아, 벨기에(플랜더스), 캐나다, 체코 공화국, 덴마크, 에스토니아, 핀란드, 프랑스, 독일, 아일랜드, 이탈리아, 일본, 한국, 네덜란드, 노르웨이, 폴란드, 슬로바키아, 스페인, 스웨덴, 영국(잉글랜드, 북아일랜드), 미국으로 총 22개국, 2016년 2라운드 참여 OECD 회원국은 칠레, 그리스, 이스라엘, 뉴질랜드, 슬로베니아, 터키로 총 6개국임.

3) OECD 평균은 한국 포함 28개 회원국의 평균임.

자료 : OECD, Survey of Adult Skills 원자료를 바탕으로 저자가 재구성함.[9]

7. 낮은 대학경쟁력

실제로 한국의 대학교육의 국제경쟁력은 낮다. [그림 4-11]은 교육제도, 대학교육, PISA 수학, PISA 과학의 IMD 국가경쟁력 순위를 보여준다. IMD 각 분야의 순위가 작을수록 국가경쟁력이 높은 것을 의미한다. PISA(Program for International Student Assessment, 국제학업성취도평가)는 만 15세 학생을 대상으로 읽기, 수학, 과학 능력을 평가하는 프

9) OECD, Survey of Adult Skills: http://piaacdataexplorer.oecd.org/ide/idepiaac/ (접속일 : 2017.09.26.)

〔그림 4-11〕 IMD 국가경쟁력 순위

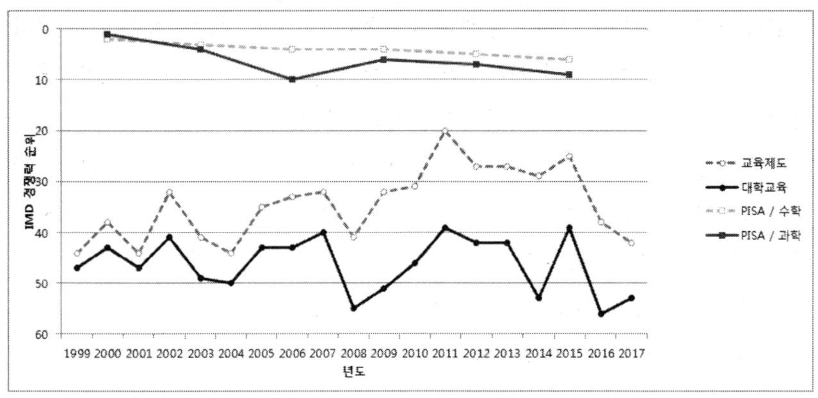

주 : 1) 순위의 숫자가 작을수록 높은 경쟁력을 의미함.

2) 각 연도별로 교육제도와 대학교육 경쟁력 순위의 경우 47(1999~2000), 49(2001~2002), 51(2003~2005), 54(2006), 55(2007), 57(2008~2009), 59(2010), 60(2011~2012), 61(2013~2014), 62(2015~2016), 63(2017)개 국가가 포함됨.

3) PISA 순위의 경우 각 연도별로 29(2000), 34(2003), 47(2006), 53(2009), 56(2012), 56(2015)개 국가가 포함됨.

자료 : IMD World Competitiveness Online, 각 연도. https://worldcompetitiveness.imd.org/(접속일 : 2017.09.26.)

로그램으로 한국의 PISA 점수는 OECD 최고 수준이다. 한국의 PISA 수학 및 과학 경쟁력 모두 지난 20여 년간 평가에 포함된 전체 국가 중 10위 안이었다. 반면 한국의 교육제도 및 대학교육의 국가경쟁력 순위는 매우 낮다. 대학교육의 대학경쟁력이 특히 낮아 [그림 4-10]에서 예상된 고등교육의 문제점을 드러낸다.

제2절 교육과 노동시장 관련 선행연구

교육과 노동시장 관련 주요 이슈는 고졸자 대비 대졸자의 노동시장 성과, 대학소재지 및 대학 서열에 따른 대졸자의 노동시장 성과, 전공별 대졸자의 노동시장 성과, 재학 중 직업훈련 경험의 노동시장 성과, 과잉교육/직무불일치 및 하향 취업 문제, 가족배경에 따른 대학교육의 효과, 대학교육의 투자수익률 등을 포함한다. 이에 본 절은 상기 이슈를 분석한 선행연구의 결과를 제시하며, 앞에서 살펴본 한국 교육의 특징은 어느 측면의 청년층 노동시장을 반영하는지를 살펴본다.

<표 4-1>은 이슈별로 정리한 선행연구의 주요결과를 제시한다. 선행연구의 분석 결과 도출된 교육과 청년층 노동시장의 특징을 요약하면 다음과 같다. 첫째, 대졸자의 노동시장 성과는 평균적으로 고졸자보다 높다. 둘째, 수도권 소재 또는 상위권 대학 졸업생의 노동시장 성과는 비수도권 또는 하위권 대학 졸업생의 노동시장 성과보다 높다. 셋째, 대졸자의 전공별로 노동시장 성과는 다소 상이하나, 의약·간호·보건계열, 사범계열 등의 일부 전공을 제외하고는 그 성과에 큰 차이가 없다. 넷째, 상호 연관되어 있는 개인의 과잉교육 또는 하향취업 문제는 구직자 또는 근로자에게 노동시장에서 상당한 부담으로 작용한다. 다섯째, 대학교육의 투자수익률은 감소 추세이지만 여전히 다른 투자율보다 높다.

〈표 4-1〉 교육과 노동시장 관련 주요연구 결과

논문	주요결과
이슈: 고졸자 대비 대졸자의 노동시장 성과	
강순희 (2013)	(특성화)고졸 취업자는 대졸 취업자에 비해 고용이 불안정하고 임금도 낮으며, 직장에서 업무와 교육수준의 미스매치가 크고, 구직정보 획득이 비체계적임. ▪분석대상: 2011년 2월 고졸자 중 미진학 고졸자와 2009년도 대졸자 조사 참여자 ▪분석자료 및 방법: 2011년 고졸자 취업진로조사 자료 및 2010년 대졸자 직업이동 경로조사를 단순 통계 비교를 통해 분석
강순희 (2016)	고졸자는 고학력자에 비해 취업유지확률이 낮고 대학진학 혹은 미취업 상태로 전환될 확률 역시 높음. 또한, 학력이 높을수록 동일 일자리 및 정규직 유지확률이 높음. ▪분석대상: 2007~2008년(1~2차) 조사에서 미취업 및 학생이었던 참여자(평균 24.1세, 표준편차 3.0세) ▪분석자료 및 방법: 2007~2013년(1~7차) 청년패널 자료를 마코프 전환확률, 로짓 모형을 이용하여 분석

〈표 4-1〉의 계속

논문	주요결과
김태홍 · 김종숙 (2002)	4년제 대학교육은 여성의 취업이행에는 영향이 없지만 비정규직 탈출 확률에는 긍정적으로 작용함. ▪ 분석대상 : 15~29세 여성 ▪ 분석자료 및 방법 : 2001년(4차) 여성의 취업실태조사 자료를 비례적 해저드 모형으로 분석
장상수 (2008)	화이트칼라 상층직(전문직, 관리직, 사무직 및 고위 기술직 종사자) 진입 시 대학졸업자는 항상 고졸자보다 유리한 위치에 있었으며, 유리한 정도가 1990년대를 거치면서 매년 조금씩 증가함. ▪ 분석대상 : 2000년 조사자 중 고졸 이하, 고등학교 및 대학교 재학생을 제외한 응답자 ▪ 분석자료 및 방법 : 2000년 노동패널조사 청년층부가조사 자료를 로지스틱 및 다항 로지스틱 회귀분석으로 분석
홍서연 · 안주엽 (2002)	1998년 이전 청년층 대졸자의 미취업탈출 확률이 청년층 고졸자 등에 비해 오히려 더 낮지만, 1998년 경제위기 이후에는 저학력자의 탈출 확률이 낮음. 전체 표본의 경우 1998년 이전에는 고학력자일수록 미취업 탈출 확률이 높으며 1998년 이후에는 특히 대졸자의 탈출 확률이 높음. ▪ 분석대상 : 청년층 부가조사 참여자 중 고졸 이하, 고등학교 및 대학교 재학생을 제외한 청년층(청년 표본 : 15~30세 미만) 및 1998~2000년 패널 조사자 중 실직 경험자(전체 표본 : 20~65세 미만) ▪ 분석자료 및 방법 : 1998~2000년(1~3차) 한국노동패널조사 및 청년층부가조사 자료를 해저드 모형으로 분석
이슈 : 대학소재지 또는 대학 서열에 따른 노동시장 성과	
김진영 (2007)	출신대학이 상위대학일수록 임금이 높으며 출신대학 소재지가 서울과 멀어질수록 취업률 및 임금이 낮아짐. ▪ 분석대상 : 2003년도 대학 졸업생 ▪ 분석자료 및 방법 : 2005년 전문대 및 대학 졸업생 경제활동상태 추적 조사, 1994~2003년 학교별 · 학과별 평균 수학능력점수 자료를 회귀분석, 분위 회귀, 프로빗 모형으로 분석
김희삼 (2010)	4년제 대졸자가 전문대 졸업자보다, 서울 소재 대학졸업자가 비서울 소재 대학졸업자보다 임금이 더 높음. 임금은 의약, 공학, 사회 교육, 이학, 인문, 그리고 예체능계열 순으로 높음. 학과 평균 수능 점수를 통제하여도 비서울 소재 4년제 대학에 비해 서울 소재 4년제 대학 출신 대졸자의 임금이 유의하게 더 높음. 이에 직장 특성을 추가로 고려한 경우에는 그 차이가 유의하지 않아 대학격차 효과는 직장의 질을 결정함으로써 임금 격차를 만든다고 볼 수 있음. 마찬가지로 대학 소재지는 취직하는 사업체 규모와 관련이 있어 사업체 규모가 클수록 비서울 소재 4년제 대학 졸업자는 서울 소재 대학 졸업자에 비해 취업확률이 낮음. 분위 회귀모

〈표 4-1〉의 계속

논문	주요결과
	형의 결과 대학소재지 효과는 임금 분위 25%, 50%, 75%, 90%에서 유의하게 나타남. ▪분석대상 : 졸업시기가 2004년 8월~2005년 2월인 전문대 및 4년제 대학 졸업자 ▪분석자료 및 방법 : 2006년 대졸자 직업이동 경로조사, 진학사 제공 전국 학과별 평균 수능점수 자료를 최소자승법, 분위 회귀 모형, 서열 로짓 및 이항 로짓 모형으로 분석
박성재 (2005)	지방대 졸업생일수록 직장의 규모가 작고 본인의 학력과 적성에 맞지 않는 일자리에 진입하는 비율이 높음. 또한, 지방대 졸업생은 서울 및 수도권지역 대학 졸업생에 비해 임금이 낮음. ▪분석대상 : 졸업시기가 2002년 2월인 전문대 및 4년제 대학 졸업자 ▪분석자료 및 방법 : 한국직업능력개발원 졸업자조사 자료(2003년 12월 기준)를 OLS로 분석
오호영 (2007)	지방대학 졸업생의 임금은 수도권대학 졸업생에 비해 낮으며 이 격차의 상당부분은 수능점수 차이에 따른 것임. 개인 간 임금격차의 12% 정도만이 학교 간 차이에 따른 것임. ▪분석대상 : 4년제 대학 졸업생(수도권 : 평균 27.5세, 표준편차 2.8세; 지방 : 평균 27.1세, 표준편차 2.8세) ▪분석자료 및 방법 : 2005년 전문대 및 대학 졸업생 경제활동상태 추적조사, 고등교육기관 교육시설 현황 DB, 대학·학과별 수능평균성적, 대학재정 DB 자료를 회귀분석, 위계선형모형, Heckman 2SLS, Neumark 임금분해 방식으로 분석
이규용·김용현 (2003)	4년제 대졸자의 첫 일자리 취업 시 상위대학 출신일수록 미취업 탈출확률에 매우 긍정적으로 작용함. 또한, 4년제 대졸자는 전문대 졸업자에 비해 높은 임금을 받으며 취업이행기간이 짧을수록 임금이 역시 높음. 4년제 대졸자의 경우 상위대학 출신이 더 높은 임금을 받으며 취업준비 노력의 효과 역시 상위권 대학 졸업생이 더 큼. ▪분석대상 : 졸업시기가 2001년 2월인 전문대 및 4년제대학 졸업자 중 직장과 학업을 병행하거나 졸업 후 재진학하지 않은 31세 미만자 ▪분석자료 및 방법 : 한국직업능력개발원과 과학기술정책연구원이 시행한 설문조사 자료(2002년 10월 기준)를 Cox 비례 해저드 모형 및 Heckman 2단계 방법으로 분석
채구묵 (2007)	학교소재지가 경기·인천지역이거나 학교성적이 좋을수록 취업가능성이 높고, 비수도권 사립대나 전문대 졸업자 취업가능성이 낮음. 또한, 경기·인천지역, 전라지역 대학 출신은 임금수준이 낮음. ▪분석대상 : 2004~2005년에 전문대 및 4년제 대학을 졸업한 임금근로자(표본의 49.1%가 23세 이하) ▪분석자료 및 방법 : 2003~2005년(제3~5차) 청년패널 자료를 로지스틱, 다항 로지스틱, 다중회귀모형으로 분석

〈표 4-1〉의 계속

논문	주요결과
홍성우 (2012)	지방대 여성 졸업생은 서울 소재 대학 여성 졸업생과 고용률 자체에서는 차이를 보이지 않지만 임금이 더 낮으며, 임금의 차이는 개인의 능력보다도 대학의 소재지 자체에 영향을 받음. ▪ 분석대상 : 졸업시기가 2007년 8월~2008년 2월인 교육 대학을 제외한 4년제 대학 졸업자(평균 25.7세, 표준편차 2.6세) ▪ 분석자료 및 방법 : 2009년 대졸자 직업이동경로조사 자료를 프로빗모형 등으로 분석
이슈 : 전공별 대졸자의 노동시장 성과	
유동형 · 민현주 (2012)	예체능계열은 이공계열에 비해서 상용직 진입에 불리하나, 인문계열이나 교육계열보다는 상용직 진입가능성이 높음. 하지만 예체능계열의 첫 일자리 월평균 임금(또는 소득) 수준은 다른 모든 전공계열에 비해서 약 4~28% 낮음. ▪ 분석대상 : 2005년 조사 시 미취업 대졸자(첫 직장 진입 연령 : 평균 24.2세, 표준편차 3.0세) ▪ 분석자료 및 방법 : 2005년, 2007년 대졸자 직업이동 경로조사 자료를 다항 로짓 및 회귀분석으로 분석
이병희 (2004)	의약계열과 같이 특정 직업과 관련된 일부 전공분야를 제외하고는 전공분야별로 첫 일자리로의 이행기간이나 첫 일자리의 질에 큰 차이가 없음. ▪ 분석대상 : 4년제 대학 이상 졸업자 중 65세 미만인 자 ▪ 분석자료 및 방법 : 2004년 경제활동인구 청년층부가조사 및 1998~2002년(1~5차) 한국노동패널 자료를 로짓 및 회귀분석으로 분석
채구묵 (2007)	취득자격증의 전공 및 취업관련 정도가 높을수록, 의약 · 간호 · 보건계열 또는 사범계열 출신일수록 취업가능성이 높고 임금수준이 높음. ▪ 분석대상 : 2004~2005년에 전문대 및 4년제 대학을 졸업한 임금근로자(표본의 49.1%가 23세 이하) ▪ 분석자료 및 방법 : 2003~2005년(3~5차) 청년패널 자료를 로지스틱, 다항 로지스틱, 다중회귀모형으로 분석
이슈 : 재학 중 직업훈련 경험의 노동시장 성과	
김승곤 (2007)	재학 중 직업훈련 경험 및 기간은 임금에 긍정적으로 작용하지만 취업에는 통계적으로 유의한 영향을 미치지 않음. ▪ 분석대상 : 대학 미진학 청년(평균 만 24.5세) ▪ 분석자료 및 방법 : 2000년(3차) 한국노동패널 청년층부가조사 자료를 로짓 모형 및 Heckman 2단계 방법으로 분석

〈표 4-1〉의 계속

논문	주요결과
이슈 : 과잉교육/직무불일치	
김성남 (2013)	과잉교육은 임금에 부정적인 영향을 미치고 과잉교육과 전공불일치는 상용직 고용 확률 및 직장만족도에 부정적으로 작용함. ▪ 분석대상 : 졸업시기가 2011년인 대학 미진학 고졸 임금근로자 ▪ 분석자료 및 방법 : 2011년 고졸자 취업진로조사 자료를 회귀분석 및 로짓 모형으로 분석
김홍균 · 김보영 (2013)	전문대 졸업자보다는 4년제 대졸자에게서 과잉교육의 부정적인 임금효과가 더 크게 나타남. 또한, 소득이 높을수록 과잉교육의 부정적인 효과는 감소함. ▪ 분석대상 : 평균 27.7세(표준편차 5.5세) ▪ 분석자료 및 방법 : 2010년 대졸자 직업이동 경로조사 자료를 회귀분석 및 분위 회귀분석 모형으로 분석
김홍균 · 박승준 (2014)	전문대 졸업생의 경우 과잉교육에 따른 임금 감소 효과는 없으나 4년제 대학 졸업생의 과잉교육은 임금에 부정적인 영향을 미침. ▪ 분석대상 : 남자 평균 27.9세(표준편차 4.3세), 여자 평균 25.7세(표준편차 5.0세) ▪ 분석자료 및 방법 : 2007년 대졸자 직업이동 경로조사 자료를 성향점수매칭방법으로 분석
이슈 : 하향취업	
남성일 · 전재식 (2011)	하향취업은 직장이동 성향을 높이고 임금수준 및 전공-직무 일치 여부는 이러한 성향을 어느 정도 완화하는 작용을 함. ▪ 분석대상 : 2005년(평균 26.6세, 표준편차 2.9세), 2008년(평균 27.0세, 표준편차 3.3세) 대학 졸업 후 취업한 임금근로자 ▪ 분석자료 및 방법 : 2006년, 2009년 대졸자 직업경로 자료를 로짓 모형으로 분석
박유진 · 이희연 (2014)	고숙련이며 고학력인 직종의 경우 과잉학력이 임금에 긍정적인 영향을 미치지만, 고숙련 또는 고학력 직종의 임금은 적정학력과 비슷하며, 저숙련이며 저학력 직종의 경우 과잉학력의 임금효과가 적정학력의 반 정도로 떨어짐. ▪ 분석대상 : 조사 참여자 ▪ 분석자료 및 방법 : 2009년 한국고용정보원의 산업 · 직업별 고용구조조사 자료를 구분적 선형회귀 모델로 분석

〈표 4-1〉의 계속

논문	주요결과
이찬영 (2008)	하향취업은 2005년 기준 17%로 2000년의 20% 대비 3%p 하락하였지만, 비정규직 등 취약근로계층에서는 하향취업률이 오히려 증가함. 또한, 학력이 높을수록 하향취업으로 인한 임금의 손실이 더 큼. ▪ 분석대상 : 2000년 기준 평균 28.4세(표준편차 4.3세), 2008년 기준 평균 29.2세(표준편차 3.9세) ▪ 분석자료 및 방법 : 2000년(3차) 및 2005년(8차) 한국노동패널 자료를 로짓 모형 등으로 분석
황남희·정주연 (2011)	전문대 대졸자에 비해 4년제 대졸자의 경우, 출신대학 전공과 직무가 일치하는 경우, 대학 학점이 높은 경우에 하향취업 가능성이 작음. ▪ 분석대상 : 산업·직업별 고용구조조사 참여자(평균 37.5세, 표준편차 8.7세), 대졸자 직업이동 경로조사 참여자(평균 26.1세, 표준편차 2.2세) ▪ 분석자료 및 방법 : 2009년 산업·직업별 고용구조조사, 2008년(1차) 대졸자 직업이동 경로조사 자료를 로짓 모형으로 분석
이슈 : 가족배경에 따른 대학교육의 효과	
최은영 (2012)	자녀의 교육수준(연수)의 임금효과는 저소득층에서 더 낮음. ▪ 분석대상 : 가구주 평균 33.6세, 배우자 평균 32.8세 ▪ 분석자료 및 방법 : 1998~1999년(1~2차) 및 2007~2008년(10~11차) 한국노동패널 자료를 OLS 및 다변량 회귀분석 방법(통상최소자승법 경로분석)으로 분석
이슈 : 대학교육의 투자수익률	
김지하·우명숙·박상욱·김태우 (2016)	사회적 및 사적 수익률은 의약, 공학, 인문사회, 자연, 예체능의 순으로 높음. 전공을 막론하고 사적 수익률은 국고채나 회사채와 같은 시중금리보다 높으므로 대학 교육의 수익률은 여전히 높음. ▪ 분석대상 : 2013년 기준 경제활동인구조사 부가조사에 참여한 15~65세 대졸자 및 고졸자 ▪ 분석자료 및 방법 : 대학알리미, 장학재단, 직접 설문조사, 경제활동인구조사 부가조사 자료를 내부수익률 방식으로 분석
남기곤 (2013)	전문대 및 일반대학의 사회적 수익률은 1980년 이후 꾸준히 감소하였고, 교육비의 증가가 사회적 투자 수익률을 감소시키는 원인의 하나임. 전문대의 사적 수익률이 일반 대학보다 낮음. ▪ 분석대상 : 25~59세 사이의 조사 참여자 ▪ 분석자료 및 방법 : 1980~2010년 임금구조기본통계조사, 교육통계연보 자료를 내부수익률 및 Mincer 방식으로 분석

자료 : 필자 작성.

1. 고졸자보다 높은 대졸자의 노동시장 성과

[부도 4-1]에 제시된 바와 같이 대졸자는 고졸자에 비해서 높은 고용률과 낮은 실업률을 가지고 있다. 이 밖에도 앞 장에서 살펴본 바와 같이 임금, 상용직 여부, 근속기간 등의 다양한 측면에서도 대졸자가 유리하다. 다수의 선행연구 결과는 이처럼 대졸자가 고졸자에 비해 노동시장에서 유리한 위치에 있다는 것을 뒷받침한다. 예를 들어, 일자리 유지확률이나 정규직 유지확률은 학력이 높을수록 높게 나타나 저학력 청년들의 경우 일자리 안정성이나 정규직 유지 가능성이 고학력 청년들에 비하여 취약하다(강순희, 2016). 고교시절 직업훈련을 받는 특성화고 졸업 취업자도 대졸 취업자에 비해 고용이 불안정하고 임금도 낮으며, 직장에서 업무와 교육수준의 미스매치가 크고, 구직정보 획득이 비체계적으로 이루어지고 있다(강순희, 2013). 하지만 성별에 따라 학사학위의 효과는 다소 다르게 나타난다. 김태홍 · 김종숙(2002)에 따르면 여성의 4년제 대학교육은 비정규직 탈출 확률에는 긍정적으로 작용하나 취업이행에는 영향을 미치지 않는다.

시대에 따른 대졸자의 노동시장 성과는 약간의 차이를 보인다. 홍서연 · 안주엽(2002)에 따르면 1998년 이전 청년층에서 대졸자의 미취업탈출 확률이 고졸자 등에 비해 오히려 더 낮지만, 1998년 경제위기 이후에는 저학력자의 탈출 확률이 더 낮다. 또한, 청년층에 한정하지 않은 전체 표본에서 1998년 이전에는 고학력자일수록 미취업 탈출 확률이 높았으며 1998년 이후에는 특히 대졸자의 탈출 확률이 높다(홍서연 · 안주엽, 2002). 장상수(2008)의 연구결과도 화이트칼라 상층직(전문직, 관리직, 사무직, 고위 기술직 종사자) 진입 시 대학졸업자는 항상 고졸자보다 유리한 위치에 있었고, 이 유리함의 정도는 1990년대를 거치면서 매년 조금씩 증가하였다(장상수, 2008).

앞서 [그림 4-1], [그림 4-2] 및 [그림 4-4]에 제시된 한국의 낮은 직업계고 졸업자 비중과 높은 대학진학률은 이처럼 한국에서 학력이 노동시장 성과에 미치는 긍정적인 영향 때문에 직업계고 졸업 후 바로 취업을 하는 사람보다 대학 졸업 후 취업을 하고자 하는 사람이 많은 것을 반영하는 것으로 보인다. 선행연구 결과 나타난 대졸자가 노동시장에서 가지는 유리한 지위는 앞 장에서 살펴본 한국의 노동시장의 이중구조도 일부 반영한 결과로 예상된다.

2. 수도권 또는 상위권 대학 졸업생의 높은 노동시장 성과

고졸자에 비해서 대졸자의 취업률, 임금, 정규직 확률 등이 높음에도 불구하고 대졸자 사이에서도 대학의 특성에 따라 그 성과에 차이가 있다. 구체적으로 수도권 소재 또는 상위권 대학 졸업생의 노동시장 성과는 비수도권 또는 하위권 대학 출신자의 노동시장 성과보다 높다. 예를 들어, 김진영(2007)에 따르면 출신대학이 상위대학일수록 임금이 높으며 출신대학 소재지가 서울과 멀어질수록 취업률 및 임금이 낮아진다. 김희삼(2010)의 연구결과도 4년제 대졸자가 전문대 졸업자보다, 서울 소재 대학 졸업생이 비서울 소재 대학졸업생보다 더 높은 임금을 받으며, 의약, 공학, 사회 교육, 이학, 인문, 그리고 예체능계열 순으로 임금이 높음을 밝혔다. 또한, 대학 소재지는 취직하는 사업체 규모 및 직장의 질과 관련이 있어 사업체 규모가 클수록 비서울 소재 4년제 대학 출신자는 서울 소재 대학 졸업자에 비해 취업확률이 낮으며 질이 더 낮은 직장에 들어간다(김희삼, 2010). 분위 회귀모형의 결과 대학 소재지 효과는 임금 분위 25%, 50%, 75%, 90%에서 모두 유의하게 나타나고, 비서울지역 대학 출신인 경우 업무와 전공이 매치되지 않을 확률이 더 높으나 수능점수를 통제한 경우 이러한 차이는 사라진다(김희삼, 2010). 첫 번째 일자리를 중심으로 대학소재지별 노동시장 성과를 비교하여도 지방대 졸업생일수록 직장의 규모가 작고 본인의 학력과 적성에 맞지 않는 일자리에 진입하는 비율이 높다(박성재, 2005).

김희삼(2010)에 따르면 학과 평균 수능 점수를 통제하여도 비서울 소재 4년제 대학에 비해 서울 소재 4년제 대학 출신의 임금이 유의하게 더 높고, 오호영(2007)에 따르면 지방대학 졸업생의 임금은 수도권대학 졸업생에 비해 낮으며 이 격차의 상당부분은 수능점수 차이 때문이며 개인간 임금격차의 12% 정도만이 학교 간 차이에 따른 것이다.

이 밖에도 대학 소재지에 따른 노동시장 성과의 차이를 분석하면, 학교소재지가 경기·인천지역일수록 취업가능성이 높고, 비수도권 사립대나 수도권 여부와 상관없이 전문대 출신일수록 취업가능성이 낮다(채구묵, 2007). 하지만 경기·인천지역, 전라지역 대학 출신여부는 임금수준을 낮춘다(채구묵, 2007). 여성의 경우 지방대 졸업생은 서울 소재 대학 여성 졸업생과 고용 자체에서는 차이를 보이지 않지만 임금은 서울 소재 대학을 졸업한 여성에 비하여 더 낮다(홍성우, 2012). 이러한 임금의 차이는 개인의 능력보다도 대학의 소재지 자체에 영향을 받는 것으로 나타나 대학에 따른 임금의 차별이 있다는 것을 보여주었다(홍성우, 2012).

대학 순위를 고려한 이규용·김용현(2003)에 따르면 4년제 대졸자의 첫 일자리 취업 시 상위대학 졸업은 미취업 탈출확률에 매우 긍정적으로 작용하며, 이는 하위권대학 졸업생의 취업준비 노력만으로는 좁혀지지 않는다. 또한, 4년제 대졸자는 전문대 졸업자에 비해 높은 임금을 받으며 취업이행기간이 짧을수록 임금이 역시 높다. 4년제 대졸자만을 살펴보면 상위대학 출신이 더 높은 임금을 받으며, 취업준비 노력의 효과 역시 상위권 대학 졸업생에게서 더 크게 나타난다(이규용·김용현, 2003).

3. 전공별 대졸자의 다소 상이한 노동시장 성과

대학 소재지나 대학순위별로 대졸자의 성과가 다른 것과 마찬가지로 대졸자의 전공별로 노동시장 성과는 다소 상이하나, 의약·간호·보건계열, 사범계열, 또는 예체능계열 등 일부 전공을 제외하고는 그 성과에 큰 차이가 없다. 구체적으로 의약·간호·보건계열 또는 사범계열 졸업자일수록 취업가능성이 높고 임금수준이 높다(채구묵, 2007). 예체능계열은 이공계열에 비해서 상용직 진입에 불리하지만 인문계열이나 교육계열보다는 상용직 진입가능성이 높고, 예체능계열의 첫 일자리 월평균 임금(또는 소득) 수준은 다른 모든 전공계열에 비해서 약 4%에서 28%까지 낮다(유동형·민현주, 2012). 이병희(2004)의 연구결과는 특정 직업과 관련된 일부 전공분야를 제외하고는 첫 일자리로의 이행기간이나 첫 일자리의 질에서 노동시장으로의 이행 성과가 전공분야별로 큰 차이가 없다고 밝혔다. 하지만 취득자격증의 전공 및 취업관련 정도가 높을수록 취업가능성이 높다(채구묵, 2007).

4. 과잉교육 및 하향취업 문제

과잉교육은 개인 및 사회의 요구보다 더 높은 수준의 교육을 받는 경우를 뜻하며(오승희, 2000), 하향취업은 취업해 있는 직업이 요구하는 학력보다 자신이 현재 가지고 있는 학력이 더 높은 경우(김종성 · 이병훈 · 신재열, 2012)를 의미한다. 개인의 과잉교육 또는 하향취업 문제는 상호연관되어 있으며, 구직자 또는 근로자에게 노동시장에서 상당한 부담으로 작용한다. 과잉교육은 임금에 부정적인 영향을 미치고 이는 전공불일치와 함께 상용직 고용 확률 및 직장만족도에도 부정적으로 작용한다(김성남, 2013). 과잉교육은 4년제 대졸자에게 더 부정적인 영향을 미치는 것으로 보인다. 김홍균 · 김보영(2013)에 따르면 전문대 졸업자에 비교할 때 4년제 대졸자에게서 과잉교육의 부정적인 임금효과가 더 크게 나타나고, 김홍균 · 박승준(2014)에 따르면 전문대 졸업자의 경우 과잉교육에 따른 임금 감소 효과는 없으나 4년제 대학 졸업자에게서는 남자와 여자 모두 임금의 저하를 보인다.

하향취업은 직장이동 성향을 높이는 등의 문제를 발생시킨다(남성일 · 전재식, 2011). 전반적으로 하향취업은 2005년에 17%로 2000년의 20% 대비 3%p 하락하였지만, 비정규직 등 취약근로계층의 경우 하향취업률이 오히려 증가하였다(이찬영, 2008). 또한, 4년제 대졸자가 전문대 대졸자에 비해서 또는 대학 학점이 높을수록 하향취업의 가능성이 적다(황남희 · 정주연, 2011). 출신대학전공과 직무가 일치하는 경우에 하향취업의 가능성 자체도 적고(황남희 · 정주연, 2011), 하향취업을 하는 경우에도 직장이동 성향을 어느 정도 완화한다(남성일 · 전재식, 2011).

직종의 특성과 학력 수준에 따라 하향취업의 효과는 다소 다르게 나타나지만 관련 연구결과는 일치하지 않는다. 박유진 · 이희연(2014)에 따르면 고숙련이면서 고학력인 직종의 경우 과잉학력이 임금에 매우 긍정적으로 도움이 되지만, 고숙련이거나 고학력 직종에서는 과잉학력과 적정학력의 임금이 비슷하며, 저숙련이면서 저학력 직종 종사자는 과잉학력의 임금효과가 적정학력의 반 정도로 떨어져 과잉학력은 특히 고숙련 및 고학력 직종에 긍정적으로 작용한다. 반면, 이찬영(2008)에 따르면 학력이 높을수록 하향취업으로 인한 임금의 손실이 더 크다.

앞서 [그림 4-5]에 제시된 바와 같이 한국에서는 부모의 교육 수준에 따른 자녀의 대학진학률에 큰 차이가 없어 교육을 통한 사회계층의 이동 가능성이 높다는 측면에서 긍정적이지만, 실제 교육의 효과는 저소득층에서 더 낮게 나타난다(최은영, 2012). 이는 [그림 4-11]에서 보여주듯이 한국의 대학교육의 질이 평균적으로 낮고, 부모의 소득이나 학력수준이 낮은 학생이 진학하는 대학의 질이 상대적으로 더 낮아 일부 계층의 대학 교육이 결국 기대했던 일자리로의 취업 등으로 연결되지 않기 때문일 것이다.

5. 감소 추세이지만 여전히 높은 대학교육의 투자수익률

대학교육의 투자수익률은 감소 추세이지만 여전히 다른 투자율보다 높다. 예를 들어, 남기곤(2013)에 따르면 전문대 및 일반대학의 사회적 수익률은 1980년 이후 꾸준히 줄었으며, 교육비의 증가가 사회적 투자 수익률을 저해시키는 원인의 하나로 작용하였다. 전문대의 사적 수익률이 일반 대학보다 낮으며, 일반 대학과 전문대의 사적 수익률은 대체로 감소하는 추세이다(남기곤, 2013). 그럼에도 불구하고 김지하 외(2016)에 따르면 사회적 및 사적 수익률은 약 6~8% 수익률을 보이며 전공을 막론하고 사적 수익률은 국고채, 회사채와 같은 시중금리보다 높으므로 대학 교육의 수익률은 여전히 높다. 사회적 및 사적 수익률은 의약, 공학, 인문사회, 자연, 예체능의 순으로 높다(김지하 외, 2016).

이처럼 대학수익률이 감소하는 이유 중의 하나는 [그림 4-7] 및 [그림 4-8]에 제시된 바와 같이 2000년대에 가파르게 증가하여 최근에는 일부 선진국에 비해서도 높은 한국의 대학등록금 때문일 것이다. 또한 [그림 4-4]에서 보여주듯이 2000년대의 청년층 대졸자 비중의 증가에 따라 대졸자 임금수준이 과거처럼 높지 않은 것도 반영하는 것으로 보인다.

제3절 향후 연구 과제

자료상의 한계로 제2절에서 살펴본 선행연구에서는 아직까지는 명확하게 그 내용이 분석되지 않았지만, 앞서 도출된 교육과 고용 · 노동시장 관련 주요 이슈와 관련하여 앞으로 연구가 필요한 교육관련 주제에는 대학특성별 졸업생의 성과 차이, 정규교육과정에서의 직업교육훈련 제공의 성과, 과잉교육의 정책적 해결책 모색, 직업기술 교육과 대학교육의 질에 따른 성과 차이가 있다.

1. 대학특성별 졸업생의 성과 차이

앞 장에서 살펴본 바와 같이 평균적으로 대졸자는 고졸자에 비해 취업률, 취업 시 임금, 정규직 여부, 근로조건 등에서 유리하다. 따라서 대학 등록금의 경제적 부담에도 불구하고 다수의 학생은 대학에 진학한다. 하지만 이는 대졸자와 고졸자를 비교한 평균적인 결과이기 때문에 하위권 4년제 대학 졸업생의 노동시장 성과가 고졸자 평균과 비교해서는 어떠한지에 대해서는 명확하지 않다.

제2절에서 선행연구 분석 결과 도출한 주요 이슈 중 하나인 대학소재지 및 대학 서열에 따른 대졸자의 노동시장 성과의 차이는 고졸자를 제외하고 대학졸업생 사이에서 대학소재지 및 대학 서열에 따라 취업률, 임금 등을 비교한 결과이다. 이 연구는 대체로 비수도권 또는 하위권 대학 졸업생은 수도권 또는 상위권 대학 졸업생에 비하여 취업률 및 임금 수준 등이 낮고 사업체 규모가 작은 곳에 취직하는 것을 밝혔다. 따라서 일부 지방대 또는 하위권 대학 졸업자가 일반고 또는 특성화고 졸업자에 비해서도 노동시장 성과가 좋지 않을 가능성이 존재한다. 향후 연구에서는 이러한 대학교 간 이질적 특성을 고려하여 일부 대졸자의 노동성과를 고졸자의 평균에 비교할 필요가 있다.

2. 정규교육과정에서의 직업교육훈련 제공의 성과

독일의 직업교육훈련은 사내훈련과 직업학교교육을 결합한 듀얼시스템(Dual System)으로, 독일은 이 정책을 통해 청년실업을 일부 해소하고 있다(장석인, 2010). 독일식 직업훈련은 사회적으로 폭넓게 수용되기 때문에 효과적일 수 있다고 한다(Preut, 2015). 지광수 · 수홍걸 · 송송이(2009)도 독일에서 대규모의 도제를 양성하는 이원화제도는 체계적인 산학협력을 통해 학교에서 직업세계로의 효율적인 이행을 지원하고 있다는 적극적인 평가를 받고 있다고 보고하는 등 다수의 학자가 청년 실업에 관하여 독일 정책의 효용성과 사회적 수용성에 주목하고 있다.

이처럼 고등학교나 대학교 졸업자를 대상으로 하는 직업교육훈련보다는 학교교육과 직업훈련을 동시에 하는 방안이 더 효율적인 정책방안일 수 있다. 하지만 제2절에서 검토한 선행연구 중 특성화고 재학 중 직업교육훈련을 받은 학생 또는 대학 재학 중 직업교육훈련을 받은 학생의 노동시장 성과를 고등학교 또는 대학 졸업 후 동 훈련을 받은 자와 비교한 연구는 없다. 일부 연구에서는 학교 재학 중 직업교육훈련을 받은 학생의 졸업 후 취업성과 등이 더 나을 수 있음을 보여준다. 예를 들어, 김승곤(2007)에 따르면 재학 중 직업교육훈련의 경험 및 기간이 취업에는 영향이 없지만 임금에는 긍정적인 영향을 미치며, 강순희(2013)에 따르면 남성 고졸자의 경우 재학 중 진로관련 경험이 많을수록 노동시장 정착 가능성이 높다. 또한, 김은석(2012)이 실시한 설문조사 결과 청년직장체험프로그램 참가자들은 대체로 취업준비 및 직업선택 지원에 도움이 된다고 응답하였다. 중소 · 중견기업 담당자를 직접 설문조사한 황의택 · 류준열 · 이춘우(2017)도 장기현장실습제 출신 인력이 인턴제, 추천제 또는 공채 출신에 비해서 회사 적응 수준, 업무 수행 태도, 직무만족도 및 조직몰입도가 더 좋고 채용비용 및 교육훈련비용 절감 측면에서도 더 큰 효과가 있음을 밝혔다. 하지만 관련 분석은 주로 재학 중 직업체험이나 훈련 참여자와 미참여자를 비교한 결과로, 재학 중 직업교육훈련에 참여한 자의 노동시장 성과를 미참여자뿐만 아니라 개인적 특성은 유사하나 단지 재학 중이 아니라 졸업 후 직업교육훈련에 참여한 자와 비교한 추가적인 연구가 필요하다.

3. 과잉교육의 정책적 해결책 모색

제2절에서 도출한 교육체계 관련 주요 노동시장 이슈 중의 하나는 과잉교육과 하향취업 문제이다. 하향취업의 주된 원인은 일자리 부족이나 부적절한 교육의 결과 등으로 비교적 명확하나 과잉교육의 원인은 명확하지 않다. 과잉교육의 원인으로 가장 많이 언급되는 이유는 김세움 · 김진영 · 조영준(2011)이 대학 진학의 이유로 언급한 고졸층 노동시장의 부재, 고졸자에 대한 사회적 편견, 유교 등의 영향으로 역사적으로 발전한 학력주의 등이다. 하지만 이러한 요인을 단시간에 정책적 개입으로 해결할 수 없기 때문에 동 요인을 변화시켜 과잉교육을 해결하는 것은 정책적 실효성이 떨어진다. 김종성 · 이병훈 · 신재열(2008)에 따르면 2003 - 2008년 기준 청년층의 28~34%가 하향취업을 하여 청년층의 하향취업률은 전체 기준인 17%(이찬영, 2008)보다 상당히 높기 때문에 이를 해결하기 위한 정책적 방안의 모색이 시급하다.

선행연구에서 드러난 교육정책을 통한 과잉교육의 해결방안에는 진로상담 및 진로교육의 강화가 있다. 이건남(2009)에 따르면 고졸자의 상당수는 제대로 된 진로상담이나 진로교육이 없이 성적에 따라 대학에 진학한다고 한다. 최근 진로교육의 중요성이 대두되면서 일부 고등학교에서 시범 운영했던 진로교육 집중학기제가 초등학교와 중학교에서도 확대 운영될 계획이다. 이처럼 학생을 대상으로 한 진로상담 및 교육은 현재 대학졸업장 취득을 목적으로 저급대학에 진학하고자 하는 일부 학생들이 대학진학의 선택 자체를 재고하도록 기여할 수 있을 것이다. 하지만 현재 진로상담 및 진로교육의 질에 대한 문제도 존재하여 이러한 정책의 실효성은 아직 엄밀하게 검증되지 않았으므로 향후 연구를 통한 분석이 필요하다.

4. 직업기술 교육 및 대학교육의 질에 따른 성과 차이

[그림 4-1]의 낮은 직업계고 졸업자 비중과 [그림 4-10]의 고등학생 대비 낮은 성인 학생의 역량은 OECD 회원국과 비교해 나타난 한국 교

육체계의 특징이다. 앞 장에서 제시된 바와 같이 이중노동시장으로 고졸자 노동시장이 대졸자에 비해 열악하여 학생들이 특성화고에 활발하게 진학하지 않을 수 있으나 효율적인 직업기술 교육의 부재도 이러한 특성화고 기피 현상에 영향을 미칠 수 있다. 또한, 고등학생에 비해 낮은 성인 학생(대학생 및 대학원생)의 역량은 고등학교의 주입식 교육의 효과일 수도 있지만 대학교육의 질이 낮은 것을 반영할 수도 있다. 특성화고와 대학교육의 질이 낮다면 이는 학생의 인적자본에 긍정적인 영향을 미치지 못해 이에 따라 노동시장 성과제고에 연결되지 않을 것이다.

마지막으로, 특성화고와 일반계고 졸업자의 성과차이에 대한 최근 연구는 미진하다. 장상수(2008)에 따르면 1990년을 전후한 시기에는 전문계 고등학교 졸업자가 일반계 고등학교 졸업자보다 노동시장에서 더 유리했지만 이러한 상대적 유리함의 정도는 2000년에 근접할수록 점차 감소하였다. 이러한 결과는 2000년대 이전에는 전문계고에서 산업수요에 맞는 교육을 실시할 역량이 충분하였으나 산업이 고도화되면서 직업계고(전문계고 또는 특성화고)에서 이러한 역량이 부족한 것을 의미할 수도 있다. 하지만 교육의 질이 청년의 학교선택에 미치는 영향을 분석한 연구는 많지 않아 추가적인 연구가 필요할 것이다.

제4절 소 결

본 장은 교육체계와 청년고용·노동시장의 관계를 분석하였다. 한국 교육체계의 특징을 도출하기 위하여 국제통계를 이용하여 OECD 회원국 평균과 한국을 비교했다. 도출된 한국교육의 특징은 OECD 최하위 수준의 직업계고 학생 비중(2014년 기준 16.7%), OECD 최고 수준의 고등교육 이수율(2016년 기준 70%), 부모의 교육이수 수준에 크게 영향을 받지 않는 자녀의 고등교육 진학률, 민간부문의 높은 교육비 부담, 학생이 아닌 청년층의 높은 비경제활동 상태, 고등학생에 비해 낮은 성인 학생의 역량, 낮은 대학경쟁력 등을 포함한다.

이와 같은 한국 교육의 특징은 국내 선행연구의 분석 결과 나타나는 노동시장의 현실을 반영한다. 본 장에서 분석한 선행연구에 따르면 한국에서 대졸자는 고졸자에 비해 평균적으로 고용 및 노동시장에서 상당히 유리하다. 한국의 낮은 직업계고 졸업자 비중과 높은 대학진학률은 이러한 노동시장 현실에 영향을 받았을 가능성이 크다. 하지만 대학졸업생 사이에서도 대학소재지 및 대학 서열에 따른 대졸자의 노동시장 성과의 차이가 상당하다. 수도권 대학이나 상위권 대학의 졸업생은 지방이나 하위권 대학 졸업생보다 노동시장의 여러 측면에서 유리하다. 대학 전공에 따라서 취업률이나 임금에 다소 차이가 있지만 일부 전공을 제외하고 그 차이가 크지는 않다.

그럼에도 불구하고 한국에서 하향 취업하는 청년이 상당수 존재하며 하향취업은 임금이나 상용직 고용확률에 부정적으로 작용한다. 한국에서는 부모의 교육 수준에 따른 자녀의 대학진학률에 큰 차이가 없어 교육을 통한 사회계층의 이동가능성이 높다는 측면에서 긍정적이지만, 실제 교육의 효과는 저소득층에서 더 낮게 나타난다. 이는 고등학생에 비해 낮은 성인 학생의 역량과 낮은 대학교육의 국가경쟁력을 통해 알 수 있듯이, 한국 대학교육의 질이 평균적으로 낮고, 부모의 소득이나 학력수준이 낮은 학생이 진학하는 대학의 질이 상대적으로 더 낮아 일부 계층의 대학 교육이 결국 기대했던 일자리로의 취업 등으로 연결되지 않기 때문일 것이다. 이러한 대학교육에 따른 문제에도 불구하고 대학교육의 투자수익률은 여전히 높다. 한국의 대학등록금은 2000년대에 가파르게 증가하여 현재 일부 선진국에 비해서도 높은 수준이나, 2000년대의 청년층 대졸자 비중의 증가에 따라 대졸자 임금수준은 과거처럼 높지 않다. 이러한 변화를 반영하여 대학교육의 투자수익률은 감소 추세이지만 여전히 시중금리보다 높다.

청년고용 · 노동시장의 근본적인 해결을 위해서는 대기업, 공공부문 정규직으로 대표되는 1차 노동시장과 대기업과 중소기업 비정규직으로 대표되는 2차 노동시장의 임금격차 등과 같은 노동시장의 이중구조가 해결되어야 하는 것은 분명하다. 하지만 이를 위해서는 상당한 시간이 소요될 것이다. 이에 본 장에서 한국 교육의 특징과 교육 관련 노동시장 이슈를 분석한 선행연구를 통해 특징을 도출하고, 향후 교육정책을 통해 해결할 수 있는 문제가 있는지 모색하였다. 자료상의 한계로 선행연구에서 충분히 다뤄지지는 않았지만, 교육 정책을 통해 현재 청년이 마주하고 있는 문제를 해결하기 위해서는 정규교육과정에서의 직업교육훈련을 제공했을 때 졸업자의 노동시장 성과가 향상되는지, 진로상담이나 진로교육은 과잉교육 문제를 일부 해결할 수 있는지, 직업기술 교육과 대학교육의 질 제고가 특성화고 또는 대학 졸업자에 미치는 영향은 무엇인지에 대한 추가적인 연구가 필요할 것이다.

〔부도 4-1〕 학력별 실업률 및 고용률

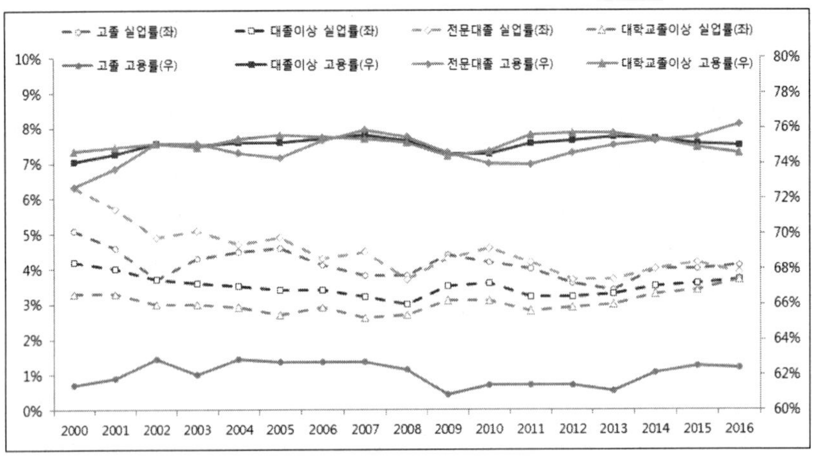

자료 : 통계청, 「경제활동인구조사」 원자료, 각 연도.

제 5 장
청년층의 지역 간 이동성

제1절 서 론

노동경제학에서는 노동력의 지리적 이동을 인적자본 투자의 개념으로 이해하는데, 이주를 통해서 발생하는 금전적·비금전적 편익이 비용을 초과할 때 개인은 이주를 결정하게 된다고 설명한다(Borjas, 2014 : 329~376). 이주의 편익과 비용은 평생을 고려하여 계산되기 때문에 이주의 기회비용이 상대적으로 작은 청년층이 중년층보다 이주 성향이 더욱 크게 나타난다(Greenwood, 1997). 우리나라의 경우, 2016년 40대 이상 연령층의 이동률은 13.3% 이하인 반면, 20~30대 연령층은 21% 이상을 보이고 있다(통계청, 2017). 이론적으로 청년층의 높은 지리적 이동성은 상이한 장소에 분포되어 있는 기업과 노동력 간의 매칭(matching)을 원활하게 하고, 이를 통해 청년층 노동력의 효율적 배분을 달성할 수 있게 한다. 그러나 최근 우리나라 청년층은 높은 실업률을 경험하고 있으며 수도권으로 고학력 청년층이 집중되고 있다. 반면에 비수도권의 많은 기업은 청년 구인에 어려움을 겪고 있다. 이러한 우리나라 청년층 노동시장의 미스매치가 공간적으로 불균등한 청년층의 분포와 높은 상관관계가 있다면, 청년층의 지역 간 이동성을 살펴보고 이해함으로써 미스매치 해결의 실마리를 찾을 수 있을 것이라 생각된다.

이러한 배경에서 제5장은 우리나라 청년층의 지역 간 이동성의 특징을 살펴보고자 한다. 먼저 제2절에서는 청년층의 지역 간 이동을 연구한 국내 선행연구를 검토하고, 이를 바탕으로 10가지 정형화된 사실들을 정리하였다. 제3절에서는 최근 20~34세 임금근로 청년층의 이동성을 살펴보기 위해서 2015년 인구주택총조사 자료를 이용하여 학력수준별 17개 광역시도 간 이동 현황과 229개 시군구 지역수준에서 측정된 청년층 증가율을 분석하였다. 제4절에서는 제3절에서 살펴본 시군구 지역수준의 학력별 청년층 증가율이 어떠한 지역특성 요인에 의해서 설명되는지를 분석하였다. 분석모형에는 기대임금, 제조업 종사자 비중 등 청년층의 지역 노동시장 특성뿐만 아니라 주거비용과 문화기반시설 등 청년층의 주요 생활여건 요인을 포함하였으며, 선행연구에서 검토되지 못한 혁신도시의 영향력을 함께 고려하였다. 제5절에서는 선행연구 검토와 2015년 인구주택총조사 자료 분석을 통해서 발견된 청년층의 지역 간 이동성에 대한 정형화된 사실들을 요약하고, 이를 바탕으로 정책적 시사점을 제시한다.

제2절 선행연구에서 나타나는 청년층의 지역 간 이동성에 대한 정형화된 사실들

(1) 청년층의 일상적 노동시장 범위는 수도권 및 광역시도 경계를 넘지 않는다.

우리나라 청년층의 일상적인 노동시장의 공간적 범위를 살펴보기 위해서 이규용 외(2015 : 43~85)는 청년층을 15~34세로 정의하고, 통계청의 지역별고용조사 2014년 상·하반기 마이크로데이터를 이용하여 청년층의 '역내 통근율(=역내 통근자 수÷역내 취업자 수)'을 계산하였다(세종특별자치시는 충남에 포함). 지역의 공간적 범위를 자치시군구(광역시 제외), 자치시군구(광역시 포함), 16개 광역시도, 6개 권역으로 구분하였을 때, 역내 통근율은 각각 68.4%, 77.8%, 86.1%, 99.2%로 나타났다. 그러나 16개 광역시도별 역내 통근율을 세부적으로 살펴보았을 때, 거주지 또는 근무지 기준에 상관없이 서울, 인천, 경기를 제외한 모든 광역시도의 역내 통근율은 90% 이상으로 나타났다(표 5-1). 이상의 분석결과는 우리나라 청년층의 일상적인 노동시장의 공간적 범위는 대체로 광역시도 경계를 넘지 않음을 보이고 있다. 다만 서울, 인천, 경기로 구성되는 수도권에서는 청년 노동력의 수요와 공급이 지역 간 상호 의존적인 구조를 가지며 단일 노동시장을 형성하고 있는 것으로 나타났다.

대구와 경북 지역을 중심으로 분석한 이규용 외(2016 : 35~66)의 연구 역시 유사한 결과를 보이고 있다. 20~34세를 청년층으로 정의한 이 연구는 통계청의 2000년 및 2010년 인구주택총조사 2% 샘플을 이용하여 16개 광역시도 수준에서 대구와 경북의 근무지 기준 역내 통근율을 계산하였다. 대구의 경우 2000년 역내 통근율이 94.8%, 2010년에 94.4%로 나타났으며, 경북의 경우 각각 91.6%, 89.0%인 것으로 분석되었다. 이 결과는 대구와 경북지역의 청년층 노동시장 범위는 광역시도 경계와 대체로 일치하고 있음을 보이고 있다. 또한 경북으로 통근하는 청년층 중에서 대구에서 출발하는 비율이 2000년에는 7.0%였으나 2010년에는 8.2%로 증

〔그림 5-1〕 행정단위 수준별 역내 통근율

(단위 : %)

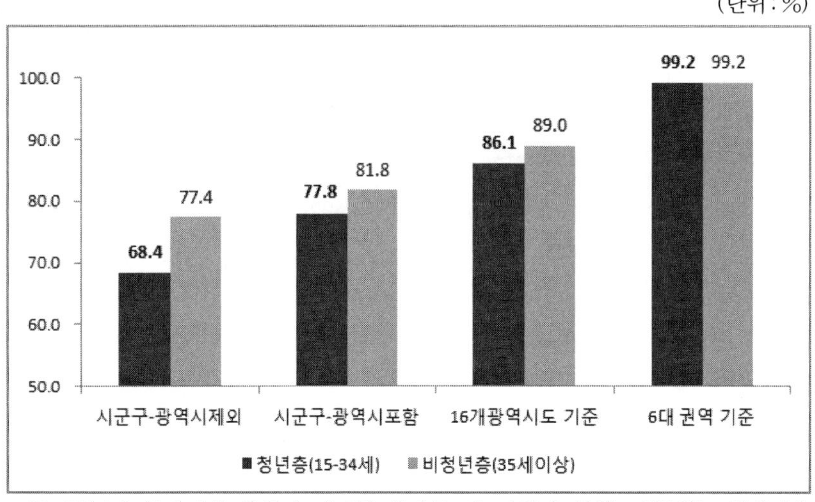

주 : 2014년 상반기와 하반기 자료를 풀링(Pooling)하여 분석, 가중치는 상반기와 하반기를 1/2씩 적용.

자료 : 통계청, 「지역별고용조사」 마이크로데이터, 2014년, A형.

인용 출처 : 이규용 외(2015 : 50), [그림 3-1]

〈표 5-1〉 16개 광역시도 역내 통근율

(단위 : %)

	전 체		청년(15~34세)		대졸 이상 청년	
	거주지 기준	근무지 기준	거주지 기준	근무지 기준	거주지 기준	근무지 기준
서울	87.8	76.6	89.3	73.5	88.9	71.4
부산	91.1	95.2	91.2	95.0	91.5	94.6
대구	89.6	95.9	91.5	94.8	91.6	95.3
인천	76.5	87.3	69.2	86.5	63.9	83.3
광주	89.3	97.8	92.3	97.5	92.0	98.0
대전	89.8	96.3	91.7	95.5	91.2	95.4
울산	96.5	92.7	96.4	92.5	95.9	93.4
경기	78.2	86.9	73.0	86.1	69.1	84.7
강원	98.5	97.8	98.4	97.9	98.9	97.7
충북	97.3	94.8	96.9	94.8	96.4	94.2
충남	95.8	90.1	93.6	90.1	94.6	88.6
전북	98.9	98.6	98.4	99.0	98.1	98.9
전남	98.3	92.2	97.3	91.2	97.3	90.8
경북	96.5	90.8	94.6	91.3	94.7	90.5
경남	94.8	92.2	93.5	90.8	93.1	90.9
제주	99.9	99.8	100.0	99.8	100.0	99.9
합계	88.3	88.3	86.1	86.1	84.8	84.8

주 : 2014년 상반기와 하반기 자료를 풀링(Pooling)하여 분석, 가중치는 상반기와 하반기를 1/2씩 적용.
자료 : 통계청, 「지역별고용조사」 마이크로데이터, 2014년, A형.
인용 출처 : 이규용 외(2015 : 52), <표 3-1>

가한 점이 발견되었다. 반면 대구로 통근하는 청년층 중에서 경북에서 출발한 비율은 2000년 4.8%에서 2010년 5.0%로 큰 차이를 보이지 않았다.

이상에서 살펴본 분석결과에서 우리나라 청년층의 일상적 노동시장 범위는 대체로 수도권 및 광역시도 경계와 일치함을 확인할 수 있었다. 또한 시간이 경과하면서 광역대도시 청년층의 통근범위가 인접 지역으로 확대되는 경향 역시 발견되었다.

(2) 청년층의 광역시도 지역 간 인구이동의 비중은 증가하고 있으며, 특히 25~29세 연령층의 이동성이 강화되었다.

읍면동 경계를 넘어서 주거지를 변경하는 지역 간 이동을 기준으로 할 때, 우리나라의 총 이동자 수와 이동률은 감소하는 추세이다(통계청, 2017). 이동률의 전반적인 감소추세는 청년층에서도 유사하게 발견되지만, 청년층의 노동시장 범위인 광역시도 경계를 넘어서는 지역 간 이동의 비중은 오히려 증가하는 경향이 나타나고 있다. 이규용 외(2015 : 43~85)는 통계청의 국내인구이동통계 자료를 이용하여 15~34세 청년층의 광역시도 지역 간 이동 비중을 분석하였는데, 2000년 34%였던 청년층의

〈표 5-2〉 청년층 지역 간 이동비중

(단위 : %)

	전체인구 (A)	청년층 전체(B)	상대격차 (B-A)	15~19세	20~24세	25~29세	30~34세
1995	31.6	33.8	2.2	25.3	39.2	35.5	31.2
1996	32.0	34.2	2.2	25.4	39.5	36.0	31.8
1997	32.2	34.4	2.2	25.0	39.5	36.4	32.2
1998	32.8	35.0	2.2	26.3	40.3	37.2	32.8
1999	32.1	34.0	1.9	25.0	38.9	36.3	32.2
2000	31.6	34.0	2.4	24.9	37.9	36.8	32.2
2001	31.6	34.3	2.7	26.7	38.6	36.7	32.0
2002	31.2	34.6	3.4	28.1	39.4	36.4	31.7
2003	31.6	34.9	3.3	26.3	39.4	38.0	32.0
2004	32.6	36.5	3.9	27.7	41.7	39.8	32.9
2005	32.0	36.0	4.0	26.0	40.8	39.7	32.7
2006	31.5	35.6	4.1	25.3	40.4	39.3	32.6
2007	32.2	36.3	4.1	26.0	41.0	39.9	33.5
2008	31.7	35.6	3.9	25.6	40.1	39.1	33.4
2009	32.2	36.0	3.8	26.7	40.9	39.4	33.8
2010	32.4	36.6	4.2	27.3	41.5	40.2	34.6
2011	32.0	36.3	4.3	27.7	41.2	39.8	34.2
2012	33.5	37.9	4.4	29.7	43.1	41.7	35.3
2013	32.7	37.2	4.5	28.8	42.2	41.3	34.6
2014	32.9	37.6	4.7	29.5	42.3	42.0	34.7

자료 : 통계청, 「국내인구이동통계」, 각 연도.
인용 출처 : 이규용 외(2015 : 56), <표 3-4>

이동 비중이 2010년에는 36.6%, 2014년에는 37.6%로 증가하였다(표 5-2). 동 기간에 전체 인구의 광역시도 지역 간 이동비중이 31.6%→32.4%→32.9%로 상대적으로 큰 증가를 보이지 않은 것과 비교할 때, 2000년 이후 청년층의 이동성은 더욱 강화된 것으로 나타났다. 청년층의 연령대별 이동비중을 살펴보면 2000년에 15~19세 24.9%, 20~24세 37.9%, 25~29세 36.8%, 30~34세 32.2%였으나, 2014년에는 각각 29.5%, 42.3%, 42.0%, 34.7%로 나타났다. 2000년에는 20~24세 연령층의 이동률이 25~29세 연령층보다 1.1%p 높은 수준을 보였으나 2014년에는 차이가 0.3%p로 감소하여 상대적으로 25~29세 연령층의 이동성이 강화된 것을 확인할 수 있다. 20대 후반에서 이동성이 강화된 것은 대학 진학률의 증가, 노동시장 진입 연령대의 지연 등이 관계가 있는 것으로 판단된다(이규용 외, 2015 : 57).

(3) 청년층의 지역 간 이동은 수도권 지향성이 강하다.

김준영(2016)은 통계청의 주민등록인구현황 자료를 이용하여 16개 광역시도 수준에서 청년층 이동성을 분석하였다(표 5-3). 1986~1990년에 태어난 연령집단이 5~9세였던 1995년의 광역시도별 인구규모를 100으로 지수화하였을 때, 이 연령집단이 20~24세인 2010년, 25~29세인 2015년의 인구규모를 비교하여 광역시도별 청년층 인구의 순유입과 순유출을 살펴보았다. 1995년 전국 인구규모가 100일 때 2010년에는 99.2, 2015년에는 99.4로 1986~1990년생 연령층의 전국 인구규모가 자연감소에 의해 다소 줄어든 것을 확인할 수 있다. 2010년에 전국 인구규모 지수(99.2)보다 높은 인구규모 지수를 보인 지역은 서울(102.5), 광주(102.8), 대전(105.2), 경기(111.2), 충남(104.8)으로, 이들 지역으로 청년층 인구가 유입된 것을 확인할 수 있다. 2015년에 전국 인구규모 지수(99.4)보다 높은 지수를 보인 지역은 서울(114.5), 인천(99.8), 대전(101.4), 경기(119.7), 충남(100.4)으로 수도권과 대전, 충남지역에 청년층의 유입이 많았음을 확인할 수 있다. 이상의 결과는 1986~1990년생이 20대 청년층 시기에 수도권과 광주, 대전, 충남으로의 이동성이 강하며, 특히 20대 후반에 수도권 지향성이 두드러짐을 보여주고 있다.

문남철(2010)은 한국교육개발원의 2008년 고등교육기관 졸업자 취업통계연보 자료를 분석하여 대졸자의 지역별 졸업자 비율과 취업지 비율을 비교하였다. 진학자, 입대자, 취업불가능자, 외국인 유학생을 제외한 2008년 대졸자는 수도권에서 40%, 비수도권에서 60%였다. 그러나 대졸자의 취업지는 수도권이 53.7%, 비수도권이 46.3%로 취업을 위해서 대졸자들이 수도권으로 이동하는 경향이 있음을 확인할 수 있다.

대구 및 경북지역을 중심으로 대졸 신규 취업자 지역 간 이동을 분석한 박우식 외(2011) 또한 수도권 지향성을 발견하였다. 한국교육개발원의 2004~2009년 고등교육기관 졸업자 취업통계연보 자료를 이용한 분

〈표 5-3〉 특·광역시도별 1986~1990년 출생자의 연령별 인구규모 변화(5~9세=100)

(단위 : %, %p)

	5~9세 (1995년)	10~14세 (2000년)	15~19세 (2005년) (A)	20~24세 (2010년) (B)	25~29세 (2015년) (C)	증감(%p)	
						B-A	C-B
전국	100.0	99.7	99.1	99.2	99.4	0.2	0.2
서울	100.0	96.1	97.1	102.5	114.5	5.4	12.0
부산	100.0	97.3	95.9	92.9	84.9	-3.0	-7.9
대구	100.0	102.0	101.4	96.1	84.7	-5.3	-11.4
인천	100.0	98.0	95.0	96.2	99.8	1.2	3.6
광주	100.0	106.1	106.5	102.8	92.9	-3.8	-9.8
대전	100.0	104.8	106.0	105.2	101.4	-0.8	-3.8
울산	100.0	96.4	94.3	88.1	88.0	-6.2	-0.1
경기	100.0	102.0	104.7	111.2	119.7	6.5	8.5
강원	100.0	101.0	96.3	93.5	81.0	-2.8	-12.6
충북	100.0	102.3	99.9	97.6	92.0	-2.3	-5.6
충남	100.0	105.3	105.7	104.8	100.4	-1.0	-4.4
전북	100.0	101.5	96.7	88.7	74.5	-8.0	-14.2
전남	100.0	98.0	90.9	80.0	66.4	-10.9	-13.6
경북	100.0	97.2	93.5	90.7	80.2	-2.8	-10.6
경남	100.0	99.2	97.1	91.8	84.6	-5.3	-7.3
제주	100.0	101.1	99.1	95.0	92.6	-4.1	-2.4

자료 : 통계청, 「주민등록인구현황」.
인용 출처 : 김준영(2016 : 8), <표 1>

석에서 대구지역 전문대 졸업생의 약 10%가 취업을 위해 수도권으로 이동하였고, 이는 대구 및 경북을 제외한 비수도권으로의 취업비율 약 8%보다 높았다. 경북지역 전문대 졸업생의 약 20% 역시 수도권으로 취업하였으며 이는 대구 및 경북을 제외한 비수도권으로의 취업비율과 유사하였다. 4년제 대졸자의 경우 수도권 지향성이 더욱 뚜렷한데, 대구지역 4년제 졸업생의 약 20%가 수도권에 취업하였고 대구 및 경북을 제외한 비수도권으로의 취업비율 약 14%보다 높았다. 경북지역 4년제 대졸자의 약 22%도 수도권으로 취업하였으며 이는 대구 및 경북을 제외한 비수도권으로의 취업비율 약 16%보다 높은 수준으로 나타났다.

(4) 청년층의 지역 간 이동은 대학 진학과 대학 졸업 후 취업 시기에 주로 발생한다.

앞서 살펴본 김준영(2016)의 연구는 1986~1990년에 태어난 연령집단이 10~19세 시기까지는 광역시도별 인구규모의 변화가 크지 않다가 대학진학 연령대인 20~24세 시기에 지역별 인구규모의 감소와 증가가 뚜렷하게 발생함을 보이고 있다. 또한 대학 졸업시기인 25~29세 시기에 광역시를 포함한 비수도권 청년층 인구규모의 급속한 감소와 함께 수도권 청년층의 인구규모 증가를 발견하였다. 이 연구결과는 청년층의 광역시도 지역 간 인구이동이 대학 진학과 대학 졸업 후 취업 시기에 주로 발생함을 보이고 있다.

지역별 평균수능점수 분포의 변화를 분석한 이상호(2012)의 연구결과 역시 이러한 경향을 간접적으로 확인하고 있다. 이 연구는 한국고용정보원의 2009년 대졸자직업이동경로조사 1차(2009GOMS1)와 대학 및 학과별 수능점수를 결합한 자료를 이용하여 고등학교, 대학교, 직장 소재지를 서울, 경기권, 비수도권으로 구분하고 지역별 평균 수능점수를 살펴보았다(표 5-4). 0.00점~1.00점으로 환산된 평균 수능점수는 고등학교 단계에서는 서울 0.64, 경기권 0.59, 비수도권 0.57로 지역 간 편차가 크지 않았다. 그러나 대학 소재지별로 분석하였을 때는 서울 0.80, 경기권 0.52, 비수도권 0.52로 나타나 평균 수능점수의 서울과 비서울 지역 간 편차가

〈표 5-4〉 고등학교 및 대학소재지별 백분위 환산 평균수능점수(4년제 대학)

(단위 : 점수, %)

		대학 소재지			
		서울(행 %)	경기권(행 %)	비수도권(행 %)	전체(열 %)
고등학교소재지	서울	0.79 (51.6)	0.51 (32.0)	0.43 (16.4)	0.64 (20.4)
	경기권	0.78 (32.6)	0.54 (41.8)	0.43 (25.6)	0.59 (17.6)
	비수도권	0.85 (11.8)	0.54 (9.1)	0.54 (79.1)	0.57 (62.0)
	전체	0.80 (23.6)	0.53 (19.5)	0.52 (56.9)	0.59 (100.0)
		직장 소재지			
		서울(행 %)	경기권(행 %)	비수도권(행 %)	전체(열 %)
대학소재지	서울	0.80 (70.5)	0.80 (20.3)	0.83 (9.2)	0.80 (23.3)
	경기권	0.51 (47.7)	0.52 (34.9)	0.54 (17.4)	0.52 (20.2)
	비수도권	0.47 (17.0)	0.47 (10.8)	0.54 (72.2)	0.52 (56.5)
	전체	0.63 (35.5)	0.58 (17.9)	0.55 (46.6)	0.58 (100.0)

주 : 백분위 환산점수는 최대값이 1, 최소값이 0임.
자료 : 한국고용정보원, 「2009년 대졸자직업이동경로조사」.
인용 출처 : 이상호(2012 : 55), <표 4>

확대되었고, 이러한 변화를 토대로 대학 진학에 따른 청년층의 지역 간 이동이 발생했음을 유추할 수 있다. 첫 직장 소재지 기준으로 평균 수능 점수를 살펴보면, 서울 0.63, 경기권 0.58, 비수도권 0.55로 다시 지역 간 편차가 감소한 것으로 나타났다. 이 결과 역시 대졸 후 취업 시기에 청년층의 지역 간 이동이 발생했음을 뒷받침하고 있다.

(5) 비수도권 출신이 수도권 대학으로 진학할 경우 비수도권으로 회귀하여 취업하는 경향은 낮은 반면, 수도권 출신이 비수도권 대학으로 진학할 경우에는 수도권으로 회귀하여 취업하는 경향이 강하다.

심재헌 · 김의준(2012)은 한국고용정보원의 2008년 대졸자직업이동경로조사(2008GOMS) 자료를 이용하여 지역을 수도권과 비수도권으로 구분하고 고등학교 소재지, 대학교 소재지, 현재 직장 소재지에 따른 대졸자의 지역 간 이동 유형을 분석하였다(표 5-5). 수도권에서 고교를 졸업하고 비수도권에서 대학을 졸업한 경우에, 수도권으로 회귀하여 취업한 비율은 82.93%이며 비수도권에 잔류한 비율은 17.07%로 나타나 수도권 출신은 수도권으로의 회귀성향이 높은 것으로 나타났다. 반면 비수도권 고교를 졸업하고 수도권에서 대학을 졸업 한 후, 비수도권으로 회귀하여 취업한 비율은 19.81%인 반면, 수도권에 잔류한 비율은 80.19%로 나타나 비수도권 출신의 회귀성향은 수도권 출신에 비해서 낮은 것으로 나타났다.

연구대상에 청년층과 함께 40대 이상 연령층을 포함하였지만 권오규·마강래(2012) 역시 한국노동연구원의 한국노동패널 11차 조사자료(2008년)를 이용하여 유사한 결과를 도출하였다(표 5-6). 이 연구는 지역을 수도권과 비수도권으로 구분하고, 14세 무렵의 성장지역, 대학 소재지, 현재 직장 소재지 조합에 따른 유형별 분포를 분석하였다. 수도권에서 성장하고 비수도권 대학으로 진학한 경우, 현재 직장이 수도권인 비율이 86.1%이며 비수도권인 비율은 14.0%로 나타나 수도권 출신의 회귀성향이 높은 것으로 나타났다. 반면 비수도권에서 성장하고 수도권 대학으로 진학한 경우, 현재 직장이 수도권인 비율이 75.8%, 비수도권인 비율이 24.2%로 비수도권의 회귀성향은 상대적으로 낮은 것으로 나타났다.

〈표 5-5〉 출신지와 학업지별 GOMS 데이터의 취업 유형 비율

(단위 : 명, %)

	수도권		비수도권	
	수도권	비수도권	수도권	비수도권
역내 완결형	4,226 (94.90)	-	-	5,449 (79.37)
잔류형	-	241 (17.07)	1,081 (80.19)	-
회귀형	-	1,171 (82.93)	267 (19.81)	-
유출형	227 (5.10)	-	-	1,416 (20.53)
총합계	4,453 (100.0)	1,412 (100.0)	1,348 (100.0)	6,865 (100.0)

자료 : 한국고용정보원, 「2008년 대졸자직업이동경로조사」.
인용 출처 : 심재헌·김의준(2012 : 41), <표 2>

〈표 5-6〉 성장지역별 대학진학지역과 직장지역의 분포

수도권지역 성장				비수도권지역 성장			
구분	직장지역		계	구분	직장지역		계
대학진학 지역	수도권	비수도권		대학진학 지역	수도권	비수도권	
수도권 (행%) (열%)	401 (93.5%) (78.3%)	28 (6.5%) (60.9%)	429 (100.0%) (76.9)	수도권 (행%) (열%)	141 (75.8%) (27.9%)	45 (24.2%) (6.2%)	186 (100.0%) (17.0%)
비수도권 (행%) (열%)	111 (86.1%) (21.7%)	18 (14.0%) (39.1%)	129 (100.0%) (23.1%)	비수도권 (행%) (열%)	231 (25.5%) (62.1%)	676 (74.5%) (93.8%)	907 (100.0%) (83.0%)
계 (행%) (열%)	512 (91.8%) (100.0%)	46 (8.2%) (100.0%)	558 (100.0%) (100.0%)	계 (행%) (열%)	372 (34.0%) (100.0%)	721 (66.0%) (100.0%)	1093 (100.0%) (100.0%)

자료 : 한국노동연구원, 「한국노동패널조사(KLIPS)」.
인용 출처 : 권오규 · 마강래(2012 : 69), <표 1>

(6) 고졸 취업자의 고교 소재지 잔존율이 대졸 취업자의 대학 소재지 잔존율보다 높다. 또한 고교 소재지와 대학 소재지가 같을 경우, 전문대졸 취업자가 4년제 대졸 취업자보다 잔존율이 높다.

정윤선 · 지민웅(2012)은 청년층의 취업에 따른 지역 간 이동 특징을 대졸자와 고졸자로 구분하여 분석하였다. 대졸자의 대학 소재지 잔존율 분석의 경우, 한국고용정보원의 2009년 대졸자직업이동경로조사(2009GOMS) 자료를 이용하였다. 이 자료는 2008년 8월 및 2009년 2월에 졸업한 2~3년제 대학 이상 졸업생의 대학 소재지와 조사 당시 취업지역의 정보를 포함하고 있다. 분석결과에 따르면 수도권 소재 대학 졸업자의 수도권 잔존율은 91.5%였으나, 충청권 42.3%, 호남권 65.6%, 대경권 59.2%, 동남권 77.5%, 강원권 39.2%, 제주권 74.3% 등 비수도권 지역의 잔존율은 40~78% 수준으로 나타났다(표 5-7).

2011년 2월 고졸자를 대상으로 조사한 한국고용정보원의 2011년 고졸자취업진로조사(2011HSGOMS) 자료를 이용한 분석결과, 수도권 소재 고졸 취업자의 지역 잔존율은 92.6%였으며, 충청권 88.3%, 호남권 61.5%,

〈표 5-7〉 대졸인력 이동현황(대학 졸업지역 및 고교 졸업지역 기준)

(단위 : %)

	기준	수도권	충청권	호남권	대경권	동남권	강원권	제주권
지역 잔존율	대학졸업지역	91.5	42.3	65.6	59.2	77.5	39.2	74.3
	고교졸업지역	92.0	56.5	58.7	57.9	63.0	51.5	62.0
수도권 유출률	대학졸업지역		51.0	25.0	22.4	15.1	56.4	19.9
	고교졸업지역		36.6	32.1	26.5	26.1	42.0	28.1

자료 : 한국고용정보원, 「2009년 대졸자직업이동경로조사」.
인용 출처 : 정윤선 · 지민웅(2012 : 56), <표 5-2>

대경권 86.2%, 동남권 78.9%, 강원권 44.7%, 제주권 70.2%로 나타났다(표 5-8). 호남권과 강원권을 제외한 고졸 취업자의 고교 소재지 잔존율은 70% 이상으로 나타나 대졸 취업자의 경우보다 높은 지역 잔존율을 보였다. 호남권의 경우 고졸자 지역 잔존율이 대졸자의 경우보다 오히려 낮은 것으로 나타났는데, 호남권에 고졸자가 취업할 수 있는 산업기반이 타 지역에 비해 취약한 것에 기인하는 것으로 분석되었다(정윤선 · 지민웅, 2012 : 36).

〈표 5-8〉 고졸인력 이동현황(고교 소재지와 직장 소재지 기준)

(단위 : 명, %)

	수도권	충청권	호남권	대경권	동남권	강원권	제주권	계
수도권	1,075	57	121	27	37	54	17	1,388
충청권	71	596	113	46	56	24	7	913
호남권	2	7	413	1	5	2	1	431
대경권	4	15	8	495	66	1		589
동남권	8		16	4	616	2		646
강원권	1			1		67		69
제주권					1		59	60
계	1,161	675	671	574	781	150	84	4,096
지역잔존율	92.6	88.3	61.5	86.2	78.9	44.7	70.2	81.1
수도권 유출률		8.4	18	4.7	4.7	36	20.2	10.7

자료 : 한국고용정보원(2011), 「2011년 고졸자취업진로조사」.
인용 출처 : 정윤선 · 지민웅(2012 : 27), <표 3-4>

〈표 5-9〉 GOMS 데이터의 출신지에 따른 취업 유형별 졸업자 특성

(단위 : 명, %)

	수도권					비수도권					총계
	역내 완결형	유출형	회귀형	비수도 잔류형	합계	역내완 결형	유출형	회귀형	수도잔 류형	합계	
4년제	2,694 (67.2)	173 (4.3)	957 (23.9)	184 (4.6)	4,008 (100)	3,349 (60.4)	1,113 (20.1)	223 (4)	859 (15.5)	5,544 (100)	9,552
교육대	40 (66.7)	- (0)	16 (26.7)	4 (6.7)	60 (100)	210 (70.2)	43 (14.4)	1 (0.3)	45 (15.1)	299 (100)	359
전문대	1,492 (83.0)	54 (3.0)	198 (11.0)	53 (2.9)	1,797 (100)	1,890 (79.7)	260 (11.0)	43 (1.8)	177 (7.5)	2,370 (100)	4,167

자료 : 한국고용정보원, 「2008년 대졸자직업이동경로조사」.
인용 출처 : 심재헌 · 김의준(2012 : 42), <표 3>

앞서 살펴본 심재헌 · 김의준(2012)의 연구는 고교 소재지와 대학 소재지가 같을 경우, 4년제 대졸 취업자보다 전문대졸 취업자의 잔존율이 높음을 보이고 있다. 대졸자직업이동경로조사(2008GOMS) 자료를 이용한 분석에서, 수도권에서 고등학교와 대학을 졸업한 4년제 취업자의 67.2%가 수도권에 잔류한 반면, 전문대 졸업자는 83.0%가 잔류하였다(표 5-9). 비수도권에서 고등학교와 대학을 졸업한 4년제 취업자는 60.4%가 비수도권에 잔류하였지만, 전문대졸 취업자는 79.7%가 잔류하였다. 상대적으로 높은 전문대졸자의 잔존율은 지역 노동시장 맞춤식 학과의 개설과 지역의 인적 네트워크를 통해서 다수의 전문대졸자가 취업하는 것에 기인하는 것으로 분석되었다(류지영, 2008; 심재헌 · 김의준, 2012 : 42에서 재인용).

(7) 지리적 근접성과 지역 산업구조는 청년층의 지역 간 이동성과 강한 상관관계가 있다.

한국고용정보원의 2009년 대졸자직업이동경로조사(2009GOMS)와 2011년 고졸자취업진로조사(2011HSGOMS)를 분석한 정윤선 · 지민웅(2012)의 연구는 대졸자의 대학 소재지와 직장 소재지, 고교 소재지와 직장 소재지의 관계를 분석하였다. 충청권과 강원권 소재 대학 졸업자의 수도권

유출률은 각각 51.0%, 56.4%로 나타난 반면, 호남권은 25.0%, 대경권 22.4%, 동남권 15.1%, 제주권 19.9%로 나타났다(표 5-10). 이 결과에서 수도권과 지리적으로 근접한 충청과 강원, 이 중에서도 산업기반이 취약한 강원에서 대졸자의 수도권 유출성향이 강함을 확인할 수 있었다. 고졸자의 고교 소재지와 직장 소재지의 분석에서는 충청권의 수도권 유출률이 8.4%로 대졸자의 경우보다 낮게 나타났다(표 5-11). 대경권의 수도권 유출률은 4.7%이지만 지리적으로 근접한 충청권으로의 유출률은

〈표 5-10〉 대졸인력 이동현황(대학 졸업지역 및 고교 졸업지역 기준)

(단위 : %)

	기준	수도권	충청권	호남권	대경권	동남권	강원권	제주권
지역 잔존율	대학졸업지역	91.5	42.3	65.6	59.2	77.5	39.2	74.3
	고교졸업지역	92.0	56.5	58.7	57.9	63.0	51.5	62.0
수도권 유출률	대학졸업지역		51.0	25.0	22.4	15.1	56.4	19.9
	고교졸업지역		36.6	32.1	26.5	26.1	42.0	28.1

자료 : 한국고용정보원, 「2009년 대졸자직업이동경로조사」.
인용 출처 : 정윤선 · 지민웅(2012 : 56), <표 5-2>

〈표 5-11〉 고졸인력 이동현황(고교 소재지와 직장 소재지 기준)

(단위 : 명, %)

	수도권	충청권	호남권	대경권	동남권	강원권	제주권	계
수도권	1,075	57	121	27	37	54	17	1,388
충청권	71	596	113	46	56	24	7	913
호남권	2	7	413	1	5	2	1	431
대경권	4	15	8	495	66	1		589
동남권	8		16	4	616	2		646
강원권	1			1		67		69
제주권					1		59	60
계	1,161	675	671	574	781	150	84	4,096
지역잔존율	92.6	88.3	61.5	86.2	78.9	44.7	70.2	81.1
수도권 유출률		8.4	18	4.7	4.7	36	20.2	10.7

자료 : 한국고용정보원(2011), 「2011년 고졸자취업진로조사」.
인용 출처 : 정윤선 · 지민웅(2012 : 27), <표 3-4>

8.0%로 더 높게 나타났다. 동남권의 경우에도 수도권 유출률은 4.7%이지만 대경권으로 8.5%, 충청권으로 7.2%가 이동하였다. 반면 지역 산업기반이 취약한 호남권과 강원권의 수도권 유출률은 각각 18.0%, 36.0%로 상대적으로 높게 나타났다. 이상의 결과에서 고졸 취업자의 이동에서 지리적 근접성과 함께 지역 산업구조가 중요한 요인임을 유추할 수 있다.

류장수(2015)는 한국고용정보원의 2011년 대졸자직업이동경로조사(2011GOMS)의 4년제 대학 졸업자 표본을 이용하여 고교에서 대학, 대학에서 현재 직장으로의 이행에서 지역 간 이동 현황을 분석하였다. 고교에서 4년제 대학으로 진학의 경우, 수도권 고교 졸업자의 29.3%가 비수도권 4년제 대학으로 진학하였는데, 이 중 약 66%가 충청권 대학으로 진학하였고, 약 17%가 강원권 대학으로 진학한 것으로 나타났다(표 5-

〈표 5-12〉 1차 인력 유출입(고교⇒4년제 대학) 현황

(단위 : 명, %)

			취업지역								전체
			수도권	지방	충청권	호남권	대경권	부울경권	강원권	제주권	
대학소재지	수도권	빈도	83,655	34,627	22,848	2,696	2,063	766	6,036	217	118,282
		%	70.7	29.3	19.3	2.3	1.7	0.6	5.1	0.2	100.0
	지방	빈도	30,064	143,779	29,099	30,158	32,252	41,201	8,343	2,727	173,843
		%	17.3	82.7	16.7	17.3	18.6	23.7	4.8	1.6	100.0
	충청권	빈도	5,701	24,007	21,035	1,217	857	266	560	74	29,708
		%	19.2	80.8	70.8	4.1	2.9	0.9	1.9	0.2	100.0
	호남권	빈도	6,737	31,470	2,571	27,399	415	683	341	61	38,206
		%	17.6	82.4	6.7	71.7	1.1	1.8	0.9	0.2	100.0
	대경권	빈도	6,617	31,429	2,603	321	26,065	1,824	487	129	38,046
		%	17.4	82.6	6.8	0.8	68.5	4.8	1.3	0.3	100.0
	부울경권	빈도	8,001	46,111	2,155	930	4,511	38,046	420	50	54,113
		%	14.8	85.2	4.0	1.7	8.3	70.3	0.8	0.1	100.0
	강원권	빈도	2,081	7,558	519	131	259	153	6,497	0	9,639
		%	21.6	78.4	5.4	1.4	2.7	1.6	67.4	0.0	100.0
	제주권	빈도	928	3,203	216	160	146	230	38	2,413	4,132
		%	22.5	77.5	5.2	3.9	3.5	5.6	0.9	58.4	100.0
전체		빈도	113,720	178,406	51,947	32,854	34,314	41,967	14,379	2,944	292,125
		%	38.9	61.1	17.8	11.2	11.7	14.4	4.9	1.0	100.0

자료 : 한국고용정보원, 「2011년 대졸자직업이동경로조사」.
인용 출처 : 류장수(2015 : 6), <표 1>

12). 대학 졸업 후 직장으로의 이행에서 충청권과 강원권의 수도권 유출률은 각각 53.7% 및 56.2%로 나타났으며, 호남권 25.4%, 대구경북권 24.1%, 부울경권 18.8%, 제주권 23.6%로 나타났다(표 5-13). 또한 수도권 4년제 대학 졸업생의 8.3%만이 비수도권에 취업하였는데, 이 중 약 40%는 충청권에 취업하였고, 약 24%는 부울경권에 취업한 것으로 나타났다. 이상의 결과는 정윤선 · 지민웅(2012)의 연구 결과와 유사하게 청년층의 지역 간 이동에서 지리적 근접성과 지역산업 구조가 중요한 요인임을 보여주고 있다.

〈표 5-13〉 2차 인력 유출입(4년제 대학⇒취업) 현황

(단위 : 명, %)

			취업지역								전체
			수도권	지방	충청권	호남권	대경권	부울경권	강원권	제주권	
대학소재지	수도권	빈도	82,876	7,510	2,950	885	1,175	1,798	637	66	90,386
		%	91.7	8.3	3.3	1.0	1.3	2.0	0.7	0.1	100.0
	지방	빈도	47,736	92,028	18,796	18,270	19,265	28,253	5,591	1,852	139,764
		%	34.2	65.8	13.4	13.1	13.8	20.2	4.0	1.3	100.0
	충청권	빈도	21,542	18,570	15,546	919	816	651	565	72	40,112
		%	53.7	46.3	38.8	2.3	2.0	1.6	1.4	0.2	100.0
	호남권	빈도	6,495	19,062	1,104	16,618	243	708	310	79	25,557
		%	25.4	74.6	4.3	65.0	1.0	2.8	1.2	0.3	100.0
	대경권	빈도	6,677	21,067	1,244	220	16,488	2,620	337	158	27,744
		%	24.1	75.9	4.5	0.8	59.4	9.4	1.2	0.6	100.0
	부울경권	빈도	6,187	26,776	556	363	1,501	24,124	114	118	32,963
		%	18.8	81.2	1.7	1.1	4.6	73.2	0.3	0.4	100.0
	강원권	빈도	6,340	4,948	326	76	187	92	4,265	0	11,288
		%	56.2	43.8	2.9	0.7	1.7	0.8	37.8	0.0	100.0
	제주권	빈도	495	1,605	20	74	29	58	0	1,425	2,100
		%	23.6	76.4	0.9	3.5	1.4	2.8	0.0	67.8	100.0
전체		빈도	130,612	99,538	21,746	19,156	20,440	30,051	6,228	1,918	230,150
		%	56.8	43.2	9.4	8.3	8.9	13.1	2.7	0.8	100.0

자료 : 한국고용정보원, 「2011년 대졸자직업이동경로조사」.
인용 출처 : 류장수(2015 : 6), <표 2>

(8) 비수도권 고교에서 수도권 대학으로 진학하는 경향은, 남성이며, 외고 및 과학고를 졸업하고, 부모의 학력수준이 높을수록 강하다.

류장수(2015)는 한국고용정보원의 2011년 대졸자직업이동경로조사(2011GOMS)의 4년제 대학 졸업자 표본을 이용하여 고교 졸업 후 수도권 대학 진학의 결정요인을 회귀분석을 통해 분석하였다. 분석결과는 남성이 여성에 비해서 수도권 대학 진학 경향이 강하며, 외고 및 과학고 졸업생이 다른 유형의 고등학교 졸업생보다 수도권 대학에 입학하는 경향이 강함을 보였다. 또한 부모의 학력이 대졸 이상이고 대입 당시 부모소득이 높을수록 수도권 대학 진학 확률이 높았다. 특히 부모소득의 경우, 월 소득 300만~500만 원 미만인 경우에는 월 소득 100만 원 미만의 경

〈표 5-14〉 부산지역 고교 졸업자의 대학 진학 지역별 특성

(단위 : 명, %)

		부산	울산	경남	수도권	기타지역	전체
특성별 전체		26,196	670	2,095	4,218	3,771	36,950
성	남성	46.8	39.9	44.3	58.8	41.1	47.3
	여성	53.2	60.1	55.7	41.2	58.9	52.7
학력	전문대졸	31.9	64.3	32.2	11.4	46.8	31.7
	대졸	68.1	35.7	67.8	88.6	53.2	68.3
부의 학력	고졸 이하	73.5	49.0	83.5	49.8	74.0	71.0
	전문대졸 이하	6.2	13.7	5.3	11.2	8.3	7.1
	대졸 이하	16.7	34.2	6.7	25.0	13.7	17.1
	대학원 이상	3.5	3.1	4.4	13.9	4.0	4.8
고등학교 계열	일반계고	70.8	74.5	64.0	77.7	60.1	70.2
	외고 · 과학고	1.9	0.0	0.0	11.1	3.6	3.0
	농 · 상 · 공고	23.3	25.5	33.3	5.1	32.1	22.7
	기타	4.0	0.0	2.7	6.1	4.3	4.1
국 · 사립	국립	26.8	0.0	10.6	17.6	15.3	23.2
	사립	73.2	100.0	89.4	82.4	84.7	76.8

자료 : 한국고용정보원, 「2010년 대졸자직업이동경로조사」.
인용 출처 : 류장수 외(2013 : 23), <표 2>

우에 비해 약 1.4배의 오즈비(odds ratio)를 보였으나, 월 소득 500만 원 이상인 경우에는 월 소득 100만 원 미만의 경우에 비해 약 2.2배의 오즈비를 보여 부모가 고소득인 경우에 수도권 대학 진학 확률이 월등히 높아지는 경향이 발견되었다.

류장수 외(2013)는 2010년 대졸자직업이동경로조사(2010GOMS) 자료를 이용하여 부산지역 고졸자를 중심으로 대학진학의 지역별 특성을 분석하였다(표 5-14). 부산지역 고졸자의 경우에도 여성보다는 남성의 수도권 대학 진학 비율이 높았으며, 외고와 과학고 졸업생의 수도권 대학 진학 비율이 타 지역으로 진학한 경우보다 높게 나타났다. 또한 아버지의 학력이 높은 경우에 울산에 이어서 수도권 대학으로의 진학 비율이 높게 나타났다. 그러나 아버지의 학력이 대학원 이상인 경우에는 울산 소재 대학보다 수도권 대학으로의 진학 비율이 더 높게 나타났다.

(9) 비수도권 대학을 졸업하고 취업하는 경우, 남성보다 여성의 수도권 지향성이 강하며, 의약 및 예체능계열인 경우에 다른 전공계열보다 수도권으로 유출될 가능성이 높다. 그러나 자격증이 많고 대학에 대한 만족도가 높을수록 비수도권에 잔류할 가능성이 크다.

류장수(2015)는 2011년 대졸자직업이동경로조사(2011GOMS) 자료의 4년제 대학 졸업자 표본을 이용하여 비수도권 4년제 대졸자의 수도권 취업 결정요인을 회귀분석을 통해 분석하였다. 분석결과에서 남성보다 여성의 수도권 취업 성향이 강하며, 사회, 인문, 교육, 공학, 자연 계열에 비해서 의약 및 예체능 전공계열이 수도권에 취업할 확률이 더 큰 것으로 나타났다. 반면 자격증이 없는 경우에 비해서 자격증이 있는 경우에는 비수도권에서 취업할 가능성이 더 큰 것으로 나타났으며, 학교 만족도가 높을수록 비수도권에 잔류할 확률이 높은 것으로 분석되었다.

심재헌 · 김의준(2012)은 고등학교와 대학교 소재지의 수도권 여부에 따라 네 가지 유형을 구분하여 수도권 취업 결정요인을 분석하였는데 유형에 따라서 류장수(2015)와 유사한 결과가 발견되었다. '수도권 고교 졸업-비수도권 대학 졸업' 유형의 경우에는 남성보다 여성의 경우에 수도권에서 취업할 확률이 높았다. '비수도권 고교 졸업-비수도권 대학 졸업' 유형의 경우에는 교육계열을 제외한 모든 전공계열에서 수도권 취업 경향이 발견되었으며, 특히 의약과 예체능계열의 경향이 높게 나타났다. 반면 대학의 취업지원과 수업의 질에 대한 만족도가 높을수록 비수도권에서 취업할 가능성이 높아지는 것으로 분석되었다.

(10) 졸업 후 지역 간 이동은 임금수준에 단기적으로 정(+)의 효과를 가지며, 대학 소재지는 임금수준과 강한 상관관계를 보인다.

김경년 외(2005)는 한국교육고용패널 자료에서 대학에 진학하지 않은 전문계고 2005년 졸업생 중 임금근로자 표본을 추출하여 첫 번째 일자리의 임금에 지역 간 인구이동이 끼친 영향을 분석하였다. 광역시도 기준으로 고교 소재지에 취업한 경우와 이외 지역에 취업한 경우로 구분하여 지역 간 이동의 영향을 구조방정식(structural equation modeling)과 성향점수매칭법(propensity score matching)으로 추정하였다. 전문계고 졸업생의 건강, 성, 계열, 취업경험, 자격증, 직업훈련을 통제한 후, 구조방정식으로 분석한 지역 간 이동의 총 효과는 10.96만 원으로 나타났다. 이 중에서 지역 간 이동이 기술수준을 통해서 간접적으로 임금에 끼친 영향은 0.83만 원이며, 지역 간 이동의 직접적 영향은 10.13만 원으로 추정되어 기술수준을 통한 매개효과는 크지 않은 것으로 나타났다. 성향점수매칭법으로 분석한 지역이동의 임금효과(Average Treatment Effect on the Treated, 지역 간 이동을 시행한 집단에 대한 지역이동의 임금효과)는 10.10만 원으로 추정되어 구조방정식 추정결과와 큰 차이를 보이지 않았다.

이규용 외(2015 : 43~85)는 2010년 대졸자직업이동경로조사(2010 GOMS) 자료를 이용하여 대학 졸업 후 1.5~2년이 경과된 시점의 임금수준에 대한 지역 간 이동의 영향을 회귀분석을 통해 분석하였다. 대졸자의 인적 특성 및 종사상 지위, 학교생활 및 대학특성, 취업준비노력, 대학 소재지를 통제하더라도 졸업 후 지역 간 이동은 현 직장의 임금수준에 정(+)의 효과를 보이는 것으로 나타났다. 16개 광역시도 기준으로 고교-대학-현 주거지가 모두 같은 경우에 비해서 고교 소재지, 대학 소재지, 현 거주지가 모두 다른 경우에 월 소득수준이 6.7% 더 높은 것으로 추정되었다. 고교와 대학 소재지는 같으나 대학 소재지와 현 주거지가 다른 경우에는 4.9%, 고교와 대학의 소재지는 다르나 대학 소재지와 현 주거지가 같은 경우에는 3.1% 소득수준이 더 높은 것으로 추정되었다. 고교 소재지와 대학 소재지가 다르고 현 거주지와 고교 소재지가 같은 회귀이동의 경우에는 1.8% 소득수준이 높은 것으로 나타나 다른 경우에 비해 상대적으로 작은 임금효과가 추정되었다.

이규용 외(2015 : 43~85)의 분석결과는 대학 소재지와 임금수준 간의 강한 상관관계를 함께 보여주고 있다. 출신대학이 서울 소재인 경우에 비해서 인천 및 경기권 대학을 졸업한 경우는 -11.5%, 충청권 대학은 -15.4%, 영남권 -14.4%, 호남권 -18.3% 월 평균 소득이 낮은 것으로 추정되었다. 유사한 결과가 김희삼(2010)의 연구에서도 발견된다. 2005년 대졸자직업이동경로조사(2005GOMS) 자료를 이용한 4년제 대졸자의 임금함수 추정에서 개인 및 출신대학의 주요 특성을 통제하였을 때, 출신대학이 서울인 경우에 비해서 비서울지역 대학 출신의 월 평균 임금수준이 약 16% 낮은 것으로 추정되었다. 그러나 졸업학과의 평균 수능점수를 함께 통제하였을 때는 비서울지역 대학 출신의 임금이 약 5% 낮은 것으로 분석되어, 입학 당시의 수능성적 차이가 대학 소재지에 따른 임금차이의 약 67%를 설명하는 것으로 분석되었다.

제3절 임금근로 청년층의 지역 간 이동 현황, 2014~2015

1. 20~34세 임금근로 청년층의 광역시도 지역 간 이동

제3절에서는 2015년 인구주택총조사 2% 및 10% 샘플을 이용하여 2014~2015년 기간에 발생한 학력수준별 청년층의 지역 간 이동 현황을 살펴본다.[10] 가장 최근의 국내 인구이동 현황은 통계청의 「국내인구이동통계」를 이용하여 살펴볼 수 있으나, 이 자료에서는 이동자의 학력을 구

분하지 못하는 한계가 있다(강동우, 2016a : 9). 제2절에서 살펴본 바와 같이 선행연구들은 주로 「대졸자직업이동경로조사」, 「고졸자취업진로조사」, 「한국노동패널조사」 등을 청년층 연구에 사용하였으나, 청년층의 학력별 이동현황을 구분할 수 있고, 방대한 표본 수가 가용하며, 비교적 최근의 청년층 지역 간 이동 현황을 파악할 수 있다는 장점을 고려하여 본 연구에서는 2015년 인구주택총조사를 이용하였다.

청년층의 지역 간 이동 현황을 살펴보기 위해서 청년층을 2015년 현재 만 20~34세이며, 경제활동상태가 '주로 일하였음', '틈틈히 일하였음', '일시휴직'이고, 임금근로자인 경우로 한정하였다. 우리나라의 경우 고등학교 졸업 이후에 본격적인 경제활동에 참여하는 점, 취업시기가 늦어지면서 30대 신입지원의 비중이 높아지는 점을 고려하여(강동우, 2016b : 6) 청년층의 연령대를 만 20~34세로 한정하였다. 청년층의 학력은 2015년 현재 고졸 이하, 2·3년제 대졸, 4년제 대졸 이상 등 세 집단으로 분류하였고, 지역 간 이동은 17개 광역시도 또는 229개 기초자치단체 시군구 행정구역 기준으로 2014년과 2015년 거주지가 다른 경우로 정의하였다(거주지가 북한 또는 외국인 경우는 제외). 지역 간 이동을 정의하기 위한 기간을 1년으로 한정한 이유는 학력변동의 가능성을 최소화하기 위해서이다.

<표 5-15>~<표 5-18>은 광역시도 기준으로 2014~2015년 청년층 지역 간 이동 현황을 청년층 전체 및 학력수준별로 나타내고 있다. 청년층 전체의 지역 간 이동을 살펴보면(표 5-15), 2015년 현재 경기의 청년인구가 약 130만 명으로 가장 많고, 서울이 약 123만 명으로 다음으로 많았다. 청년인구가 가장 적은 지역은 세종으로 약 2만 명이며, 제주가 5만 7천 명으로 다음으로 적었다. 2014년과 2015년 거주지를 비교하였을 때, 세종을 제외한 모든 광역시도에서 지역 내 이동이 약 90% 이상인 것으로 나타나, 임금근로 청년층의 이동은 대체로 광역시도 경계를 넘지 않는 것으로 나타났다. 이 결과는 제2절에서 확인한 "정형화된 사실 1. 청

10) 2015년 인구주택총조사 10% 샘플에서 시군구 지역수준의 인구이동 자료추출에 큰 도움을 주신 통계청 MDIS 원격접근서비스와 한국통계진흥원의 조성래 연구원에게 감사드린다.

년층의 일상적인 노동시장 범위는 수도권 및 광역시도 경계를 넘지 않는다"와 유사한 결과로 판단된다.

청년인구의 지역 내 이동을 제외한 2014년 거주지별 비율을 살펴보면, 서울은 경기 출신이 3.0%, 인천 출신 0.5%로 수도권 출신의 비중이 상대적으로 높게 나타났다. 부산의 경우, 경남 출신 1.8%, 서울 출신 0.9%, 경기 출신 0.5%로 나타나 인접한 경남뿐만 아니라 수도권과의 연계성이 적지 않은 것으로 파악되었다. 대구의 경우, 경북(1.8%), 경기(0.6%), 서울(0.5%) 출신의 비중이 상대적으로 커서 인접지역 및 수도권과의 연계성이 유의하게 나타났다. 인천은 경기(3.0%) 및 서울(2.2%) 출신 비중이 상대적으로 컸으며, 광주는 전남(1.6%), 경기(0.9%), 서울(0.8%) 출신의 비중이 상대적으로 크게 나타났다. 대전은 서울(1.7%), 충남(1.3%), 경기(1.3%), 충북(0.8%) 출신의 비중이 컸으며, 울산은 부산(1.8%), 서울(1.1%), 경북(0.8%), 경남(0.8%), 경기(0.7%), 대구(0.6%) 출신의 비중이 크게 나타났다. 세종은 2015년 청년인구의 44.5%가 타 지역에서 전입하였으며, 대전(14.5%), 서울(7.3%), 충북(6.6%), 충남(5.6%), 경기(5.4%) 출신의 비중이 큰 특징을 보였다.

경기는 서울(3.9%), 인천(0.6%) 출신 비중이 컸고, 강원 역시 서울(2.7%), 경기(1.9%), 인천(0.6%)의 비중이 큰 것으로 나타나 수도권과의 연계성이 높은 편인 것으로 판단된다. 충북은 경기(2.3%), 서울(1.5%), 충남(1.0%), 대전(0.8%), 경북(0.6%) 출신의 비중이 컸으며, 충남 역시 유사하게 경기(2.9%), 서울(1.9%), 대전(1.5%), 충북(0.7%), 인천(0.7%) 출신 비중이 높은 것으로 나타났다. 전북은 서울(1.5%), 경기(0.9%), 광주(0.8%), 충남(0.5%) 출신의 비중이 높았고, 전남은 광주(3.4%), 서울(1.8%), 경기(1.8%), 경남(0.6%) 출신의 비중이 큰 것으로 나타났다. 경북은 대구(3.1%), 서울(1.1%), 부산(1.1%), 경기(1.1%), 경남(0.6%), 울산(0.5%) 출신의 비중이 높았으며, 경남은 부산(2.9%), 대구(0.7%), 서울(0.6%), 경북(0.6%), 경기(0.6%), 울산(0.5%) 출신 비중이 컸다. 제주는 경기(1.6%), 서울(1.4%), 대구(0.7%), 부산(0.6%) 출신 비중이 상대적으로 높았다. 2014~2015년 기간 동안 청년층의 광역시도 지역 간 인구이동 현황은 서울 및 경기 출신이 전국적으로 이동하는 특징과 함께, 인접

지역 간 이동성이 높은 것으로 나타나, 제2절에서 확인한 "정형화된 사실 7. 지리적 근접성과 지역 산업구조는 청년층의 지역 간 이동성과 강한 상관관계가 있다"와 유사한 점을 확인할 수 있었다.

<표 5-15>~<표 5-18>은 각각 고졸 이하, 2·3년제 대졸, 4년제 대졸 이상 청년층의 지역 간 이동 현황을 나타내고 있다. 학력별 이동 현황에서 나타나는 가장 큰 특징은 지역 내 이동자 비율로, 세종을 제외하면 고졸 이하의 경우 92.1~96.3%(세종 : 83.5%), 2·3년제 대졸은 89.5~96.3%(세종 : 69.3%), 4년제 대졸 이상은 84.4~95.0%(세종 : 45.7%)로 나타나 학력수준이 높아질수록 지역 내 이동자 비율이 감소하는 경향을 확인할 수 있다. 이는 학력수준이 높을수록 보다 높은 임금수준의 직업을 찾기 위해 더 넓은 지리적 범위를 탐색하고(McCann, 2013 : 216), 따라서 고졸자에 비해 대졸자가 지리적으로 더 멀리 이동하는 경향이 있다는 국내외 실증분석과도 일치하는 결과이다(예 : 정윤선·지민웅, 2012; Faggian and McCann, 2009; Faggian et al., 2013). 또한 이 결과는 제2절에서 확인한 "정형화된 사실 6. 고졸 취업자의 고교 소재지 잔존율이 대졸 취업자의 대학 소재지 잔졸율보다 높다. 또한 고교 소재지와 대학 소재지가 같을 경우, 전문대졸 취업자가 4년제 대졸 취업자보다 잔존율이 높다"와 맥락을 같이하는 결과라 판단된다.

학력별 이동 현황에서 나타나는 두 번째 특징은 유입되는 이동자의 출신지 비율이 학력에 따라서 상이하다는 점이다. 대표적인 제조업 밀집지역인 울산의 경우, 고졸 이하 청년층 31,932명 중에서 지역 내 이동자를 제외하면 부산(2.4%), 경북(1.2%), 경기(1.1%) 출신의 비중이 상대적으로 높다. 반면 2·3년제 대졸 청년층 41,420명 중에서는 서울(1.2%), 부산(1.2%), 경북(0.84%) 출신의 비중이 높으며, 4년제 대졸 이상에서는 부산(1.9%), 서울(1.6%), 경남(1.3%) 출신 비중이 큰 것으로 나타났다. 행정중심복합도시인 세종은 공공기관이 밀집한 예외적인 지역산업 구조를 가지고 있고, 청년층의 출신지역이 학력에 따라 이질적인 특징을 발견할 수 있다. 고졸 이하 청년층 2,294명 중에 지역 내 이동자를 제외하면 대전(4.9%), 충북(2.2%), 광주(2.1%), 전북(2.0%) 출신 비중이 많지만, 2·3년제 대졸 청년층 4,423명 중에서는 대전(12.5%), 충북(8.4%), 경기(4.1%),

〈표 5-15〉 20~34세 임금근로 청년층의 광역시도 지역 간 이동(2014~2015년) : 전체

(단위 : 명, %)

2015년 거주지	서울	부산	대구	인천	광주	대전	울산	세종	경기	강원	충북	충남	전북	전남	경북	경남	제주
2015년 청년인구	1,227,413	328,261	220,638	316,029	141,407	153,920	120,165	19,561	1,308,422	119,870	137,348	194,563	137,725	123,576	215,678	293,205	56,740
2014년 거주지별 비율																	
서울	94.2	0.9	0.5	2.2	0.8	1.7	1.1	7.3	3.9	2.7	1.5	1.9	1.5	1.8	1.1	0.6	1.4
부산	0.2	95.1	0.3	0.1	0.1	0.2	1.8	1.0	0.2	0.3	0.0	0.2	0.0	0.4	1.1	2.9	0.6
대구	0.3	0.3	95.6	0.2	0.1	0.2	0.6	0.4	0.1	0.2	0.4	0.0	0.1	0.0	3.1	0.7	0.7
인천	0.5	0.1	0.2	92.9	0.1	0.3	0.0	0.5	0.6	0.6	0.4	0.7	0.3	0.3	0.2	0.1	0.2
광주	0.2	0.1	0.0	0.1	95.1	0.2	0.1	0.7	0.2	0.0	0.1	0.2	0.8	3.4	0.0	0.1	0.0
대전	0.3	0.1	0.0	0.1	0.1	92.5	0.1	14.5	0.2	0.5	0.8	1.5	0.2	0.2	0.1	0.2	0.3
울산	0.1	0.4	0.1	0.1	0.0	0.0	93.2	0.1	0.0	0.1	0.1	0.2	0.1	0.2	0.5	0.5	0.0
세종	0.0	0.0	0.0	0.0	0.0	0.2	0.0	55.5	0.0	0.0	0.2	0.1	0.1	0.0	0.0	0.0	0.0
경기	3.0	0.5	0.6	3.0	0.9	1.3	0.7	5.4	93.1	1.9	2.3	2.9	0.9	1.8	1.1	0.6	1.6
강원	0.3	0.1	0.1	0.2	0.1	0.2	0.1	0.3	0.4	92.1	0.4	0.2	0.1	0.3	0.3	0.1	0.1
충북	0.1	0.0	0.1	0.1	0.1	0.8	0.0	6.6	0.2	0.6	91.5	0.7	0.2	0.1	0.3	0.2	0.1
충남	0.2	0.0	0.1	0.2	0.0	1.3	0.1	5.6	0.4	0.3	1.0	89.9	0.5	0.4	0.1	0.1	0.2
전북	0.2	0.1	0.1	0.2	0.7	0.5	0.4	0.6	0.2	0.1	0.2	0.3	94.5	0.4	0.1	0.1	0.3
전남	0.1	0.1	0.0	0.1	1.6	0.1	0.1	0.3	0.1	0.1	0.1	0.2	0.4	89.9	0.2	0.3	0.0
경북	0.2	0.4	1.8	0.2	0.2	0.4	0.8	0.6	0.2	0.2	0.6	0.6	0.1	0.2	90.9	0.6	0.3
경남	0.2	1.8	0.5	0.1	0.1	0.2	0.8	0.5	0.2	0.3	0.2	0.3	0.3	0.6	0.6	93.0	0.4
제주	0.1	0.1	0.0	0.1	0.0	0.0	0.0	0.2	0.1	0.1	0.1	0.0	0.0	0.0	0.0	0.0	93.8

자료 : 통계청, 「2015 인구주택총조사」 2% 샘플.

〈표 5-16〉 20~34세 임금근로 청년층의 광역시도 지역 간 이동(2014~2015년) : 고졸 이하

(단위 : 명, %)

2015년 거주지	서울	부산	대구	인천	광주	대전	울산	세종	경기	강원	충북	충남	전북	전남	경북	경남	제주
2015년 청년인구	212,734	64,183	44,565	90,349	27,396	29,817	31,932	2,294	325,449	28,679	38,380	61,970	35,026	31,305	62,504	72,160	12,101
2014년 거주지별 비율																	
서울	95.9	0.4	0.5	1.3	0.1	0.5	0.4	0.0	2.5	1.4	1.2	1.1	1.5	0.9	0.5	0.4	1.1
부산	0.2	96.1	0.1	0.0	0.0	0.2	2.4	0.0	0.1	0.6	0.0	0.0	0.0	0.1	1.0	2.3	1.0
대구	0.1	0.3	95.8	0.3	0.0	0.0	0.7	1.2	0.2	0.1	0.0	0.0	0.0	0.0	2.6	0.9	0.7
인천	0.3	0.2	0.1	94.6	0.0	0.2	0.0	0.7	0.5	0.5	0.0	0.4	0.0	0.3	0.3	0.2	0.5
광주	0.2	0.3	0.0	0.3	96.3	0.0	0.4	2.1	0.1	0.0	0.0	0.2	0.5	1.1	0.0	0.0	0.0
대전	0.0	0.4	0.2	0.0	0.0	94.3	0.0	4.9	0.2	0.2	0.1	0.6	0.1	0.2	0.0	0.4	0.0
울산	0.1	0.3	0.1	0.0	0.0	0.0	92.1	0.5	0.0	0.2	0.1	0.1	0.0	0.0	0.6	0.8	0.0
세종	0.0	0.0	0.0	0.0	0.0	0.0	0.0	83.5	0.0	0.0	0.0	0.0	0.2	0.0	0.0	0.0	0.0
경기	2.5	0.2	0.6	2.6	0.8	1.2	1.1	1.2	94.9	1.0	1.7	2.7	0.7	1.2	0.8	0.5	3.5
강원	0.2	0.0	0.0	0.3	0.0	0.1	0.2	0.0	0.3	95.0	0.3	0.3	0.0	0.5	0.3	0.0	0.0
충북	0.0	0.0	0.2	0.0	0.0	1.2	0.0	2.2	0.2	0.3	94.6	0.9	0.0	0.0	0.1	0.1	0.2
충남	0.0	0.0	0.0	0.2	0.1	1.1	0.4	1.2	0.3	0.1	1.1	92.9	1.0	0.1	0.2	0.0	0.5
전북	0.1	0.0	0.0	0.2	0.9	0.4	0.5	2.0	0.2	0.1	0.2	0.1	95.3	0.0	0.0	0.0	0.0
전남	0.1	0.0	0.0	0.1	1.4	0.2	0.0	0.7	0.2	0.2	0.3	0.1	0.4	94.7	0.3	0.4	0.0
경북	0.2	0.3	1.6	0.2	0.2	0.0	1.2	0.0	0.1	0.0	0.4	0.4	0.0	0.0	92.4	0.7	0.0
경남	0.0	1.6	0.7	0.1	0.2	0.4	0.4	0.0	0.2	0.1	0.1	0.2	0.3	0.8	0.9	93.4	0.0
제주	0.0	0.0	0.0	0.0	0.0	0.2	0.2	0.0	0.0	0.0	0.0	0.0	0.0	0.0	0.0	0.0	92.6

자료 : 통계청, 「2015 인구주택총조사」 2% 샘플.

〈표 5-17〉 20~34세 임금근로 청년층의 광역시도 지역 간 이동(2014~2015년) : 2·3년제 대졸

(단위 : 명, %)

2015년 거주지	서울	부산	대구	인천	광주	대전	울산	세종	경기	강원	충북	충남	전북	전남	경북	경남	제주
2015년 청년인구	328,712	104,820	82,046	105,555	44,085	42,603	41,420	4,423	407,897	38,089	43,485	60,507	38,003	38,559	71,628	96,122	22,458
2014년 거주지별 비율																	
서울	94.5	0.5	0.3	1.2	0.7	0.5	1.2	2.8	2.8	1.5	1.3	2.2	0.4	1.0	0.4	0.4	0.9
부산	0.3	95.8	0.4	0.1	0.1	0.1	1.2	0.0	0.2	0.4	0.0	0.2	0.2	0.4	1.2	2.2	0.9
대구	0.2	0.2	96.3	0.1	0.1	0.0	0.4	0.0	0.1	0.2	0.5	0.2	0.0	0.0	2.5	0.7	0.5
인천	0.4	0.0	0.2	94.6	0.1	0.4	0.0	0.0	0.6	0.4	0.3	0.9	0.3	0.6	0.1	0.1	0.2
광주	0.1	0.0	0.0	0.0	95.3	0.1	0.0	0.0	0.1	0.0	0.2	0.2	0.5	1.9	0.1	0.0	0.0
대전	0.3	0.1	0.0	0.2	0.1	93.7	0.3	12.5	0.2	0.1	0.9	1.2	0.4	0.0	0.1	0.1	0.3
울산	0.1	0.4	0.1	0.0	0.0	0.0	94.7	0.0	0.0	0.1	0.2	0.0	0.2	0.1	0.3	0.6	0.0
세종	0.0	0.0	0.0	0.1	0.0	0.3	0.0	69.3	0.0	0.0	0.4	0.0	0.0	0.0	0.0	0.0	0.0
경기	3.0	0.4	0.5	2.9	1.0	1.4	0.3	4.1	94.6	2.3	2.1	3.0	2.0	1.3	1.0	0.4	0.7
강원	0.2	0.1	0.1	0.0	0.1	0.0	0.0	0.0	0.3	94.0	0.7	0.2	0.2	0.1	0.1	0.2	0.0
충북	0.1	0.0	0.1	0.1	0.1	0.3	0.0	8.4	0.1	0.3	91.4	0.6	0.1	0.0	0.1	0.1	0.3
충남	0.2	0.0	0.1	0.3	0.0	1.7	0.0	1.2	0.3	0.3	0.7	89.5	0.4	0.2	0.2	0.2	0.0
전북	0.1	0.0	0.2	0.1	0.2	0.6	0.6	1.1	0.2	0.0	0.3	0.5	94.5	0.4	0.0	0.1	0.2
전남	0.0	0.0	0.1	0.1	1.6	0.1	0.0	0.0	0.1	0.0	0.1	0.3	0.0	93.6	0.1	0.1	0.0
경북	0.2	0.4	1.2	0.2	0.3	0.6	0.8	0.6	0.1	0.1	0.6	0.6	0.2	0.2	93.3	0.5	0.5
경남	0.2	2.2	0.5	0.1	0.1	0.1	0.6	0.0	0.1	0.2	0.2	0.2	0.6	0.5	0.5	94.4	0.1
제주	0.1	0.0	0.0	0.0	0.0	0.0	0.0	0.0	0.1	0.0	0.2	0.1	0.0	0.0	0.0	0.0	95.5

자료 : 통계청, 「2015 인구주택총조사」 2% 샘플.

〈표 5-18〉 20~34세 임금근로 청년층의 광역시도 지역 간 이동(2014~2015년) : 4년제 대졸 이상

(단위 : 명, %)

2015년 거주지	서울	부산	대구	인천	광주	대전	울산	세종	경기	강원	충북	충남	전북	전남	경북	경남	제주
2015년 청년인구	685,967	159,258	94,027	120,125	69,926	81,500	46,813	12,844	575,076	53,102	55,483	72,086	64,696	53,712	81,546	124,923	22,181
2014년 거주지별 비율																	
서울	93.5	1.4	0.7	3.7	1.1	2.8	1.6	10.1	5.5	4.3	1.9	2.5	2.1	3.0	2.3	1.0	2.2
부산	0.3	94.2	0.3	0.1	0.1	0.2	1.9	1.6	0.2	0.0	0.1	0.4	0.0	0.6	1.1	3.8	0.0
대구	0.3	0.4	95.0	0.2	0.1	0.5	0.7	0.3	0.2	0.2	0.5	0.0	0.2	0.0	4.0	0.5	0.9
인천	0.5	0.1	0.2	90.1	0.1	0.2	0.1	0.7	0.6	0.8	0.8	0.6	0.4	0.0	0.2	0.0	0.0
광주	0.2	0.0	0.1	0.2	94.5	0.3	0.0	0.7	0.2	0.1	0.2	0.3	1.1	5.9	0.0	0.2	0.1
대전	0.4	0.1	0.0	0.2	0.2	91.2	0.1	16.9	0.2	0.9	1.3	2.5	0.2	0.3	0.3	0.2	0.5
울산	0.1	0.5	0.1	0.3	0.0	0.1	92.6	0.0	0.0	0.0	0.1	0.5	0.1	0.5	0.7	0.3	0.0
세종	0.0	0.0	0.0	0.0	0.0	0.1	0.0	45.7	0.0	0.0	0.1	0.3	0.0	0.0	0.0	0.1	0.0
경기	3.2	0.7	0.7	3.5	0.9	1.2	0.8	6.6	91.0	2.1	2.9	3.0	0.5	2.4	1.5	0.8	1.4
강원	0.3	0.1	0.1	0.3	0.2	0.3	0.0	0.4	0.4	89.1	0.4	0.2	0.1	0.4	0.6	0.2	0.3
충북	0.2	0.0	0.0	0.3	0.1	0.9	0.0	6.7	0.2	0.9	89.4	0.6	0.4	0.3	0.7	0.2	0.0
충남	0.2	0.1	0.2	0.2	0.0	1.3	0.0	7.9	0.4	0.3	1.2	87.6	0.4	0.8	0.0	0.0	0.3
전북	0.2	0.1	0.0	0.2	0.9	0.4	0.1	0.2	0.1	0.1	0.3	0.2	94.0	0.6	0.2	0.1	0.6
전남	0.1	0.2	0.0	0.1	1.8	0.1	0.2	0.4	0.1	0.2	0.0	0.2	0.5	84.4	0.3	0.5	0.0
경북	0.2	0.5	2.4	0.2	0.1	0.4	0.6	0.7	0.2	0.4	0.7	0.7	0.0	0.2	87.6	0.6	0.2
경남	0.2	1.6	0.3	0.2	0.0	0.1	1.3	0.8	0.3	0.4	0.2	0.5	0.1	0.6	0.5	91.7	0.9
제주	0.0	0.1	0.0	0.3	0.0	0.0	0.0	0.3	0.1	0.1	0.0	0.0	0.0	0.1	0.0	0.0	92.7

자료 : 통계청, 「2015 인구주택총조사」 2% 샘플.

서울(2.8%) 출신의 비중이 크다. 4년제 대졸 이상 청년층 12,844명 중에서는 대전(16.9%), 서울(10.1%), 충남(7.9%), 충북(6.7%), 경기(6.6%) 출신의 비중이 큰 것으로 나타났다. 울산과 세종의 경우에서 확인할 수 있는 바와 같이 지역 산업구조의 특성에 따라서 청년층의 지역 간 이동은 학력별로 상이하게 나타남을 확인할 수 있다. 이 결과는 앞서 확인한 "정형화된 사실 7. 지리적 근접성과 지역 산업구조는 청년층의 지역 간 이동성과 강한 상관관계가 있다"를 재확인하는 결과라 판단된다.

2. 시군구 지역별 20~34세 임금근로 청년층 증가율

앞서 살펴본 20~34세 임금근로 청년층의 광역시도 지역 간 이동 현황에서 2014~2015년 기간 동안의 전반적인 이동 행태와 '청년층의 지역 간 이동성에 대한 정형화된 사실들'의 특징들을 발견할 수 있었다. 이에 추가하여, 229개 기초자치단체 시군구(2015년 기준) 수준에서 지역별 청년층 인구 증가율을 분석하여 광역시도 집계자료에서 드러나지 않는 보다 세부적인 청년층 이동성을 살펴보고자 하였다. 이를 위해서 1년 전 거주지의 시군구 지역정보를 포함하는 2015년 인구주택총조사 10% 샘플을 통계청 MDIS 원격접근서비스를 통해 분석하였다.

[그림 5-2]~[그림 5-5]는 229개 시군구 수준에서 20~34세 임금근로 청년층의 2014~2015년 증가율을 청년층 전체 및 학력수준별로 보이고 있다. 전체 청년층의 증가율을 나타내는 [그림 5-2]를 살펴보면, 세종의 청년층 증가율이 49.4%로 전국에서 가장 높은 것으로 나타났다. 세종시로 공공기관들이 이전하고 신도시 기반시설들이 어느 정도 완비되면서 서울 및 경기에서의 유입뿐만 아니라 대전, 충북, 충남으로부터의 청년층 유입이 크게 증가한 것으로 판단된다(표 5-15 참고). 인구 규모가 작은 경북 울릉군(18.6%), 인천 옹진군(18.5%)을 제외하면 전남 나주시(16.0%), 경기 화성시(13.3%), 전남 완도군(12.1%)이 10% 이상의 높은 증가율을 보였다. 반면 경기도 연천군(-9.7%), 충남 공주시(-9.5%), 강원 철원군(-8.6%), 광주 동구(-7.6%), 전남 담양군(-7.6%), 강원 고성군(-7.3%), 강원 양구군(-7.2%)은 청년층 인구가 7% 이상 감소하였다. 세

종과 전남 나주시를 포함하여 혁신도시가 입주한 15개 시군구 중에서[11] 세종(49.4%), 전남 나주시(16.0%), 충북 진천군(8.0%), 전북 완주군(7.1%), 경북 김천시(6.3%), 충북 음성군(5.4%), 제주 서귀포시(2.9%), 울산 중구(1.5%), 강원 원주시(0.9%) 등 9개 지역은 2014~2015년 기간에 20~34세 임금근로 청년층 인구가 증가한 반면, 부산 영도구(-5.1%), 부산 남구(-3.7%), 부산 해운대구(-3.0%), 전북 전주시(-2.5%), 대구 동구(-1.6%), 경남 진주시(-1.4%) 등 6개 지역은 청년층 인구가 감소한 것으로 나타났다. 혁신도시가 입지한 지역이 대도시가 아닌 경우에는 대체로 청년층 유입에 긍정적인 영향이 있었을 것이라 추측된다.

광역시도별로 20~34세 임금근로 청년층이 증가한 시군구 수를 살펴보면, 서울의 경우 25개 구 지역 중에서 단 4개 구만이 증가하였고, 인천은 10개 구·군 지역 중 6개 지역이 증가하였으며, 경기에서는 31개 시·군 중 19개 지역에서 청년인구가 증가하여, 수도권 지역에는 서울 기초자치단체의 청년층 감소가 상대적으로 많았던 것으로 나타났다. 강원의 18개 시·군 중에서는 5개 지역만이 청년층이 증가한 것으로 나타났다. 충청권에서는 대전의 5개 구 중 1개, 충북 11개 시·군 중 6개, 충남 10개 시·군 중 6개 지역에서 청년층이 증가하였다. 전라권에서는 광주 5개 구 중 0개, 전북 14개 시·군 중 4개, 전남 22개 시·군 중 15개 지역에서 청년층이 증가하여 광주와 전북에서의 감소가 두드러졌다. 대구·경북권에서는 대구 8개 구 중 1개, 경북 23개 시·군 중 9개 지역에서만 청년층이 증가하였고, 부산·울산·경남권에서는 부산 16개 구 중 3개, 울산 5개 구·군 중 4개, 경남 18개 시·군 중 14개 지역에서 청년층이 증가하여 상대적으로 울산과 경남에서의 청년층 증가가 두드러졌다. 제주는 제주시와 서귀포시 모두 약 2.9%의 청년층 증가율을 보였다.

---

11) 혁신도시가 입주한 15개 시군구는 다음과 같다(국토교통부 공공기관 지방이전추진단 홈페이지, 2017) : 1) 부산 영도구(동삼혁신지구), 2) 부산 남구(문현금융단지, 대연혁신지구), 3) 부산 해운대구(센텀시티), 4) 대구 동구(대구신서혁신도시), 5) 전남 나주시(광주전남공동혁신도시), 6) 울산 중구(울산우정혁신도시), 7) 세종(행정중심복합도시), 8) 강원 원주시(강원원주혁신도시), 9) 충북 진천군(충북혁신도시), 10) 충북 음성군(충북혁신도시), 11) 전북 전주시(전북혁신도시), 12) 전북 완주권(전북혁신도시), 13) 경북 김천시(경북드림밸리), 14) 경남 진주시(경남진주혁신도시), 15) 제주 서귀포시(제주서귀포혁신도시).

이상에서 살펴본 시군구 지역별 청년층 증가율은 [그림 5-3]~[그림 5-5]에서 확인되는 바와 같이 학력수준에 따라서 차이를 보였다. 특히 혁신도시가 입지한 시군구 지역에서 차이가 두드러지는데, 예를 들어 세종의 경우에 2014~2015년 기간 동안 고졸 이하 청년층의 증가율은 21.4%이지만 2·3년제 대졸은 34.5%, 4년제 대졸 이상은 69.0%가 증가하여 학력에 따라 상이한 증가율을 보였다. 경북 김천시의 경우에도 고졸 이하는 0.6%, 2·3년제 대졸은 1.0%이지만 4년제 대졸 이상은 16.8% 증가하여 청년층의 지역 간 이동에서 학력에 따른 선별성(selectivity)이 있음을 확인할 수 있다. 혁신도시 이외 지역에서도 이러한 선별성이 발견되는데, 대구에 인접한 경북 경산시의 고졸 이하 청년층의 증가율은 4.4%, 2·3년제 대졸은 2.2%, 4년제 대졸 이상은 -3.4%로 학력수준이 높아질수록 청년층의 유출이 많았던 것을 확인할 수 있다.

〔그림 5-2〕 시군구 지역별 20~34세 임금근로 청년층 증가율 : 전체

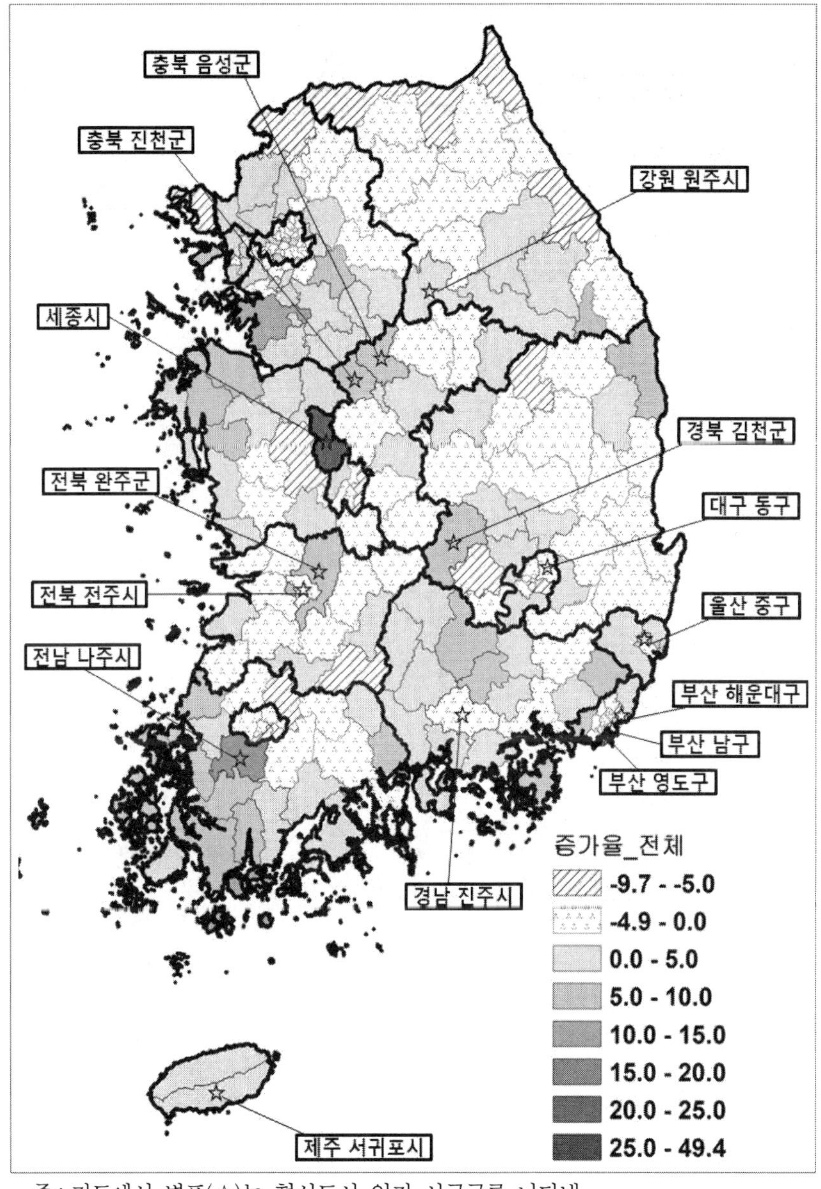

주 : 지도에서 별표(☆)는 혁신도시 입지 시군구를 나타냄.
자료 : 통계청, 「2015 인구주택총조사」 10% 샘플.

〔그림 5-3〕 시군구 지역별 20~34세 임금근로 청년층 증가율 : 고졸 이하

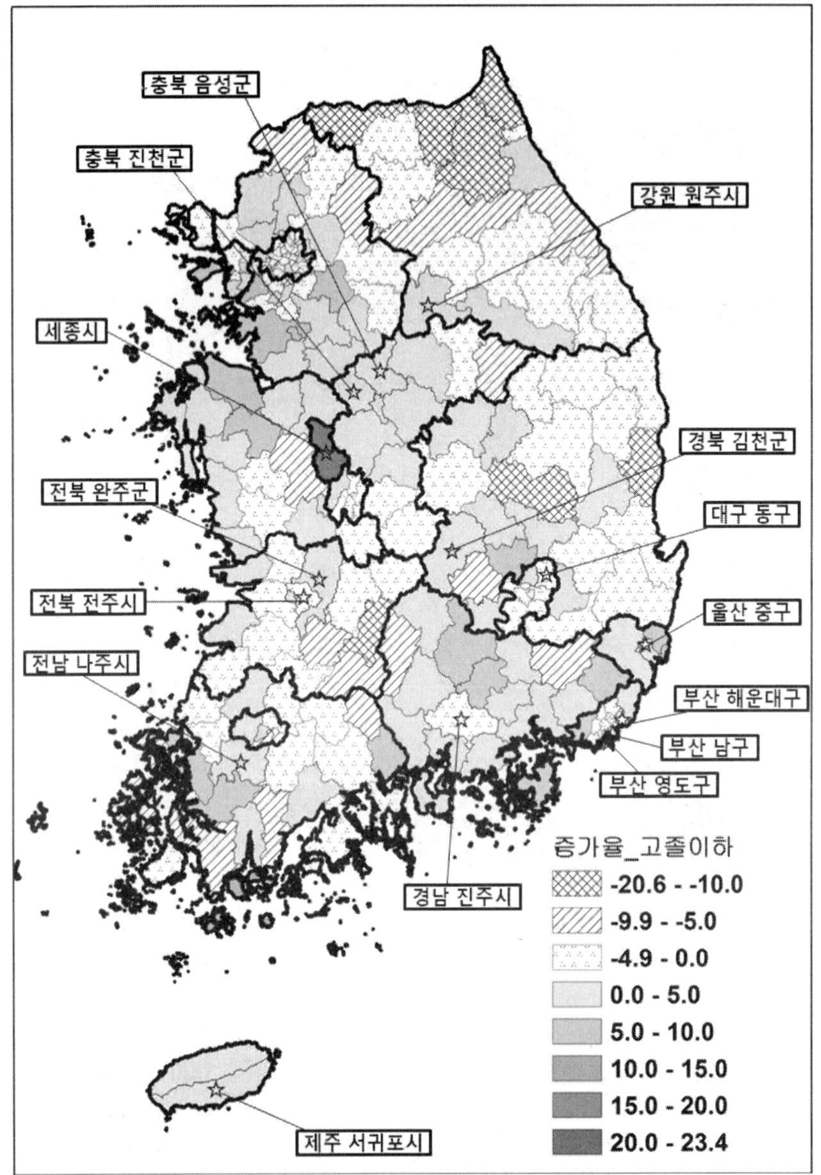

주 : 지도에서 별표(☆)는 혁신도시 입지 시군구를 나타냄.
자료 : 통계청, 「2015 인구주택총조사」 10% 샘플.

〔그림 5-4〕 시군구 지역별 20~34세 임금근로 청년층 증가율 : 2·3년제 대졸

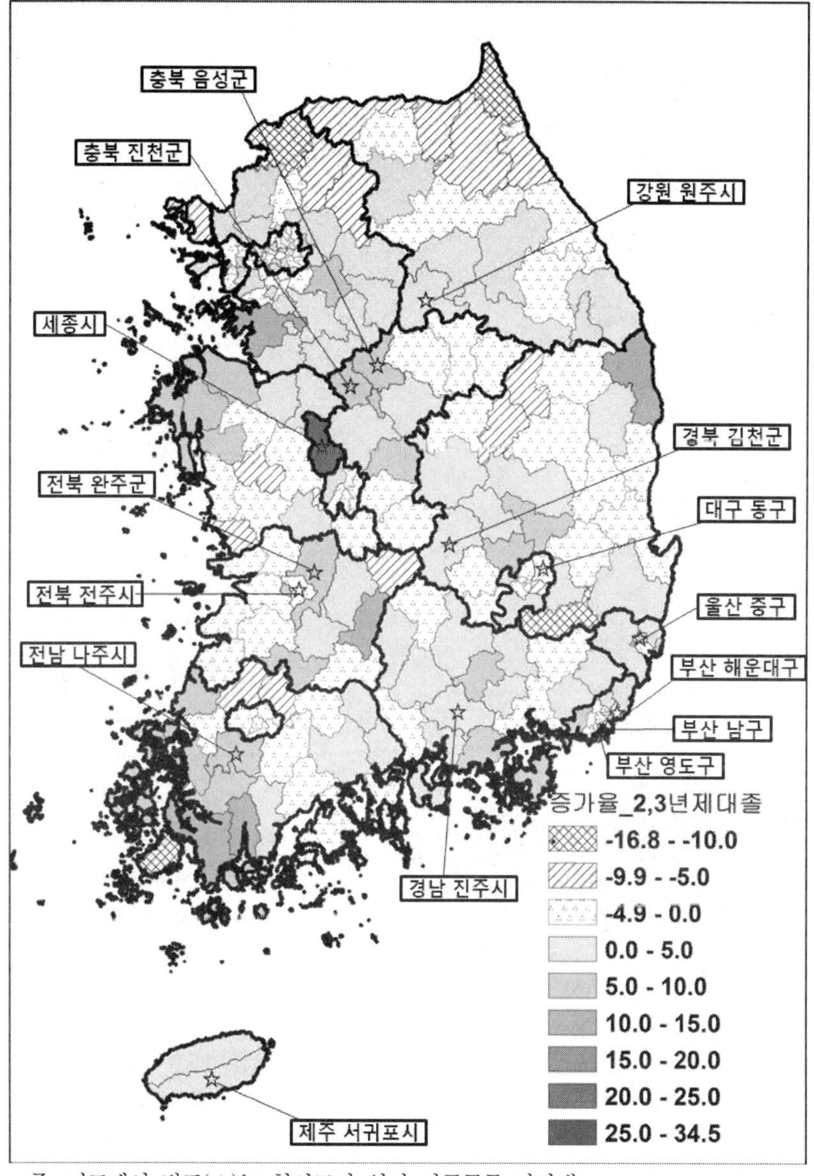

주 : 지도에서 별표(☆)는 혁신도시 입지 시군구를 나타냄.
자료 : 통계청, 「2015 인구주택총조사」 10% 샘플.

〔그림 5-5〕 시군구 지역별 20~34세 임금근로 청년층 증가율 : 4년제 대졸 이상

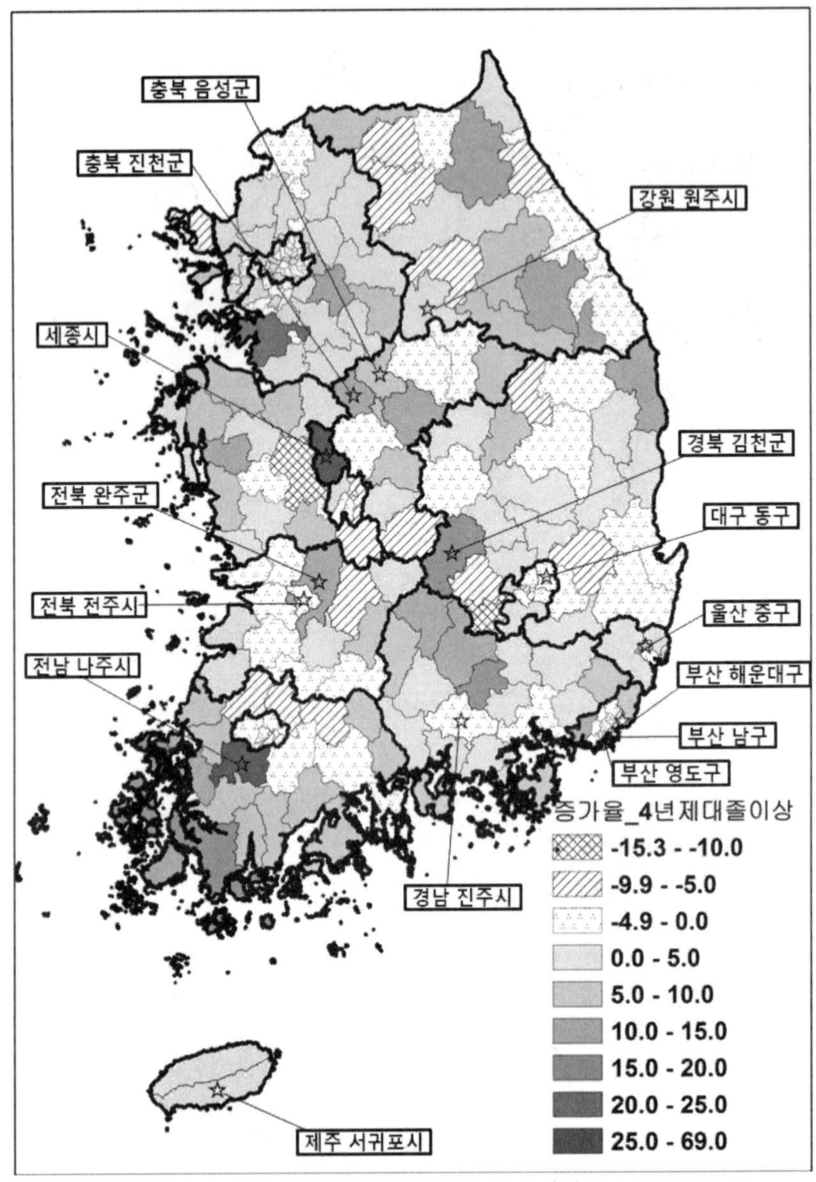

주: 지도에서 별표(☆)는 혁신도시 입지 시군구를 나타냄.
자료: 통계청, 「2015 인구주택총조사」 10% 샘플.

제4절 20~34세 임금근로 청년층 증가율의 결정요인 분석

1. 분석모형과 자료

제4절에서는 앞서 살펴본 20~34세 임금근로 청년층의 시군구별 2014~2015년 증가율의 결정요인을 분석한다. 제3절에서 확인한 바와 같이 20~34세 임금근로 청년층은 학력수준에 따라서 상이한 이동성을 보이고, 혁신도시들을 중심으로 청년층 증가율의 지역별 변동성이 큰 것으로 나타났다. 본 절에서는 지역의 전체 인구증가 추세를 통제한 후에 청년층 증가율이 어떠한 지역특성 요인에 의해서 설명되는지를 실증분석을 통해 살펴보고자 한다. 실증분석을 위해서 2014~2015년 기간 동안 229개 시군구별 20~34세 임금근로 청년층의 증가율을 종속변인으로 정의하고, 이를 고졸 이하, 2·3년제 대졸, 4년제 대졸 이상으로 구분하였다. 실증분석을 위해서 식 (5-1)과 같이 횡단면 선형 회귀모형을 설정하였고, 모형의 설명변인들은 내생성(endogeneity) 문제를 고려하여 2014년 측정치를 사용하였다.

$$
\begin{aligned}
&(20\sim34\text{세 임금근로 청년층 증가율}_{2015,i}) = \\
&\beta_0 + \beta_1(\text{기대임금}_{2014,i}) + \beta_2(\text{제조업 종사자 비중}_{2014,i}) \\
&+ \beta_3(\text{인구밀도}_{2014,i}) + \beta_4(\text{공시지가}_{2014,i}) + \beta_5(\text{문화기반시설}_{2014,i}) \\
&+ \beta_6(\text{인구증가율}_{2014,i}) + \beta_7(\text{수도권 더미}_{i}) + \beta_8(\text{지방5대도시 더미}_{i}) \\
&+ \beta_9(\text{혁신도시 더미}_{i}) + \beta_{10}(\text{인접지역 혁신도시 유무 더미}_{i}) + \epsilon_i
\end{aligned}
\tag{5-1}
$$

지역별 청년층 증가율을 결정하는 주요 요인으로 우선 지역 노동시장 특성을 고려하였다. 노동력의 지역 간 인구이동을 설명하는 불균형모형

(the disequilibrium model of interregional migration) 이론은 임금수준이 더 높은 지역으로 노동력이 이동하는 것을 설명하며(McCann, 2013 : 209~213), 인적자본이론(human capital theory)과 탐색이론(search theory)은 인적자본 수준이 높을수록 더 높은 임금수준을 기대하고, 이를 제공하는 지역으로의 이동성이 더욱 큰 점을 설명한다(Borjas, 2014 : 247~298; McCann, 2013 : 215~216). 이러한 이유에서 많은 선행연구는 기대소득 또는 임금을 지역 간 인구이동의 주요 결정요인으로 포함하고 있다(박추한 · 김명수, 2006; 김현아, 2008; 이상호, 2010). 본 연구에서는 기대임금을 시군구 지역별 20~34세 임금근로 청년층의 학력별 평균 임금(근무지 기준)과 지역 고용률(거주지 기준)의 곱으로 정의하고 분석모형에 포함하였다. 지역별, 학력별 기대임금을 계산하기 위해서 '지역별고용조사 2014년 상 · 하반기' 자료를 이용하였으며, 상 · 하반기 학력별 기대임금을 각각 계산한 후, 상 · 하반기의 평균값을 기대임금으로 사용하였다. 기대임금과 함께 지역노동시장의 산업구조가 노동수요를 결정하는 요인임을 고려하여, 각 학력별 제조업 종사자 비중을 '지역별고용조사 2014년 상 · 하반기' 자료에서 상 · 하반기의 평균값을 계산하여 모형에 포함하였다.

지역노동시장의 특성과 함께 해당 지역의 집적의 경제(agglomeration economies) 수준 역시 청년층의 유입에 중요한 요인이 될 수 있다. 국지적으로 산업이 집적하게 되면 산업 내 및 산업 간 지식확산과 생산성 향상에 유리하고, 노동풀(labor pool)이 커지면서 높은 임금수준과 다양한 고용기회가 근로자에게 제공될 수 있다(McCann, 2013 : 49~72; O'Sullivan, 2015 : 60~95). 집적의 경제는 인구밀도가 높은 대도시 지역에서 그 효과가 크게 나타나며, 본 연구에서는 통계청 KOSIS 자료를 이용하여 시군구 면적 대비 2014년 주민등록인구로 계산된 인구밀도를 지역별 집적경제를 측정하는 대리변인으로 분석모형에 포함하였다. 청년층의 지역 간 이동에서 전입지역의 높은 물가수준은 실질소득을 감소시킬 수 있다. 특히 지역의 높은 주거비용은 자산 수준이 낮은 청년층의 지역 간 이동에서 중요한 결정요인으로 고려될 수 있다. 본 연구에서는 한국감정원의 '2014년 시군구별 표준지 공시지가' 자료의 도시주거지역 공시지가 최고

가와 최저가의 평균값을 주거비용의 대리변인으로 포함하였다. 균형모형(the equilibrium model of interregional labor migration) 이론은 지역 간 이동에서 임금수준뿐만 아니라 지역의 어메니티(amenity) 역시 중요한 요인임을 설명하고 있고, 소비도시이론(consumer city theory)은 고학력 계층일수록 삶의 질을 중요하게 고려하여 다양한 식당, 극장 등 도시 어메니티를 누릴 수 있는 장소로 이동하는 경향이 있음을 설명한다(Glaeser et al., 2001; Glaeser and Gottlieb, 2006). 균형모형 이론과 소비도시 이론에서 강조되는 지역 어메니티 요소가 청년층의 지역 간 이동에서도 주요 결정요인이 될 수 있음을 고려하여, 통계청 KOSIS의 2014년 인구 10만 명당 문화기반시설 수를 설명변인에 포함하였다.

앞서 설명한 설명변인들과 함께 몇 가지 통제변인을 분석모형에 포함하였다. 먼저 청년층 증가율에서 지역 인구증가율의 추세를 통제하고자 통계청 KOSIS의 주민등록인구 기준 2013~2014년 인구증가율을 모형에 포함하였다. 또한 제2절에서 확인한 “정형화된 사실 3. 청년층의 지역 간 이동은 수도권 지향성이 강하다.”를 고려하여 수도권(서울, 인천, 경기) 더미 변인을 포함하였고, 지방 5대 광역시(부산, 대구, 대전, 광주, 울산) 더미 변인을 추가하였다. 제3절에서 세종 등 혁신도시가 입지한 15개 시군구 중 9개 지역의 청년층이 증가한 것을 확인할 수 있었는데, 혁신도시 입지와 청년층 증가가 유의한 상관관계가 있는지를 확인하기 위해서 혁신도시 더미 변인을 포함하였다. 또한 혁신도시 입지에 따라서 주변지역의 청년층이 증가하는 긍정적인 공간적 확산효과(spatial spillovers)가 있었는지, 또는 주변 지역의 청년층이 감소하는 소위 ‘빨대효과’가 있었는지를 확인하기 위해서 인접지역의 혁신도시 유무로 정의되는 더미변인을 추가하였다.[12] 이상에서 설명한 변인들의 설명, 단위 및 기술통계량은 <표 5-19>에 제시되어 있다.

---

12) 인접지역의 혁신도시 유무를 나타내는 더미변인은 통계청의 통계지리정보서비스(SGIS)의 2015년 센서스용 행정구역(시군구) shapefile과 GeoDa(GeoDa Center, 2017) 소프트웨어를 이용하여 Queen weight matrix(시군구 행정구역 경계 사이에 면 또는 모서리가 맞닿아 있는 경우 1, 아닌 경우 0으로 정의됨, precision=1 적용)로 정의하였다.

〈표 5-19〉 변인별 기술통계량(N=229)

변인	설명	단위	자료	평균	표준편차	최솟값	최댓값
청년층 증가율	20~34세 임금근로 청년층 2014~2015년 증가율(고졸 이하)	%	2015 인구주택총조사 10% 샘플	-0.799	4.871	-20.587	23.442
	20~34세 임금근로 청년층 2014~2015년 증가율(2·3년제 대졸)	%	2015 인구주택총조사 10% 샘플	0.033	5.339	-16.797	34.501
	20~34세 임금근로 청년층 2014~2015년 증가율(4년제 대졸 이상)	%	2015 인구주택총조사 10% 샘플	1.802	8.040	-15.256	69.045
기대 임금	20~34세 임금근로 청년층 기대임금(고졸 이하) (근무지 기준 평균임금 × 거주지 기준 고용률)	만 원/월 (2010년 고정가격)	지역별고용조사 2014년 상·하반기	65.878	18.318	25.317	150.460
	20~34세 임금근로 청년층 기대임금(2·3년제 대졸)	만 원/월	지역별고용조사 2014년 상·하반기	125.202	16.440	79.090	190.245
	20~34세 임금근로 청년층 기대임금(4년제 대졸 이상)	만 원/월	지역별고용조사 2014년 상·하반기	146.585	21.577	85.153	207.998
제조업 종사자 비중	20~34세 임금근로 청년층의 제조업 종사자 비중(고졸 이하)	%	지역별고용조사 2014년 상·하반기	26.780	18.719	0.000	78.864
	20~34세 임금근로 청년층의 제조업 종사자 비중(2·3년제 대졸)	%	지역별고용조사 2014년 상·하반기	22.228	17.842	0.000	74.777
	20~34세 임금근로 청년층의 제조업 종사자 비중(4년제 대졸 이상)	%	지역별고용조사 2014년 상·하반기	16.657	14.586	0.000	80.891

〈표 5-19〉의 계속

변인	설명	단위	자료	평균	표준편차	최솟값	최댓값
인구밀도	2014년 인구밀도(주민등록인구 / 시군구 면적)	천 명 / km^2	통계청 KOSIS	3.965	6.305	0.020	28.601
공시지가 평균	2014년 주거지공시지가 최고가와 최저가의 평균	백만 원 / m^2	한국감정원	1.704	2.206	0.058	13.445
문화기반 시설 수	2014년 인구 십만 명당 문화기반시설 수	개 / 10만 명	통계청 KOSIS	9.337	8.650	0.960	69.670
인구 증가율	주민등록인구 기준 2013~2014년 인구증가율	%	통계청 KOSIS	0.482	2.658	-2.680	27.460
수도권	수도권(서울, 인천, 경기)인 경우 1, 아닌 경우 0	더미변인	통계청 SGIS	0.288	0.454	0	1
지방 5대 광역시	지방 5대 광역시(부산, 대구, 대전, 광주, 울산)인 경우 1, 아닌 경우 0	더미변인	통계청 SGIS	0.170	0.377	0	1
혁신도시	2014년 기준 혁신도시인 경우 1, 아닌 경우 0	더미변인	통계청 SGIS	0.066	0.248	0	1
인접지역 혁신도시 유무	인접지역에 혁신도시 있는 경우 1, 아닌 경우 0	더미변인	통계청 SGIS	0.275	0.448	0	1

자료 : 필자 작성.

〈표 5-20〉 추정결과

	모형 1 (종속변인 : 20~34세 임금근로 청년층 증가율, 고졸 이하)			모형 2 (종속변인 : 20~34세 임금근로 청년층 증가율, 2·3년제 대졸)			모형 3 (종속변인 : 20~34세 임금근로 청년층 증가율, 4년제 대졸 이상)		
	추정치	(Robust S.E.)	표준화 계수	추정치	(Robust S.E.)	표준화 계수	추정치	(Robust S.E.)	표준화 계수
해당 학력 기대임금	0.043	(0.019) **	0.162	0.066	(0.031) **	0.204	0.121	(0.030) ***	0.323
해당 학력 제조업 종사자 비중	0.045	(0.018) **	0.172	-0.003	(0.022)	-0.009	-0.039	(0.034)	-0.070
인구밀도	-0.044	(0.057)	-0.057	0.053	(0.053)	0.063	-0.012	(0.085)	-0.010
공시지가 평균	-0.079	(0.164)	-0.036	0.045	(0.180)	0.019	-0.738	(0.186) ***	-0.202
문화기반시설	-0.097	(0.045) **	-0.172	0.012	(0.069)	0.019	0.124	(0.067) *	0.134
인구증가율	0.630	(0.120) ***	0.344	0.912	(0.166) ***	0.454	1.612	(0.362) ***	0.533
수도권	0.932	(1.198)	0.087	-1.566	(1.085)	-0.133	-2.093	(1.381)	-0.118
지방 5대 광역시	-0.377	(0.708)	-0.029	-2.058	(0.762) ***	-0.145	-3.430	(1.116) ***	-0.161
혁신도시	0.098	(0.683)	0.005	2.037	(0.814) **	0.095	4.915	(2.358) **	0.152
인접지역에 혁신도시 유무	0.581	(0.604)	0.053	0.824	(0.615)	0.069	-1.073	(0.947)	-0.060
상수항	-4.292	(1.274) ***		-8.591	(3.878) **		-14.690	(4.499) ***	
관측치	229			229			229		
Adjusted R^2	0.271			0.262			0.481		
mean VIF	1.780			1.720			1.760		
max VIF	2.830			2.770			2.830		

주 : * P-value < 10%, ** P-value < 5%, *** P-value < 1%
자료 : 필자 작성.

2. 분석결과

<표 5-20>은 전술한 식 (5-1)의 학력별 추정치를 나타내고 있다. 모형 1은 고졸 이하 20~34세 임금근로 청년층의 증가율을 종속변인으로 한 추정결과를 보이고 있다. 분석결과에서 기대임금은 5% 유의수준에서 지역 청년인구 증가율에 정(+)의 효과를 보였으며, 기대임금이 월 1만 원 증가할 때 지역 청년층 증가율이 0.043%p 높아지는 것으로 추정되었다. 제조업 종사자 비중 역시 청년층 증가율에 정(+)의 효과를 나타냈었고, 고졸 이하 임금근로 청년층의 제조업 종사 비중이 1% 증가할 때, 지역 청년 증가율이 0.045%p 높아지는 것으로 추정되었다. 집적경제의 대리변인인 인구밀도와 주거비용의 대리변인인 공시지가 평균 변인은 각각 부(-)의 효과를 보였으나 통계적으로 유의하지 않았다. 반면 문화기반시설은 5% 유의수준에서 고졸 이하 청년층의 증가율에 부(-)의 영향이 있는 것으로 추정되었다. 이 결과는 인구 10만 명당 문화기반시설이 늘어날수록 고졸 이하 청년층이 감소하는 경향이 있다고 해석되기보다는, 문화기반시설이 적은 지역에 고졸 이하 청년층이 근무할 수 있는 일자리의 분포가 더 집중된 것에 기인한 것이라 추측된다. 인구증가율의 추정치는 1% 유의수준에서 정(+)의 효과를 보여 전체 인구가 증가하는 지역에서 고졸 이하 청년층 역시 증가하는 경향이 있음을 확인할 수 있다. 그러나 수도권, 지방 5대 광역시, 혁신도시 더미 변인들은 통계적으로 유의한 추정치를 보이지 않았다.

모형 2는 2·3년제 대졸 20~34세 임금근로 청년층의 증가율을 종속변인으로 한 추정결과를 보이고 있다. 기대임금은 2·3년제 대졸 청년층 증가에 정(+)의 효과가 있는 것으로 나타났으며, 기대임금이 월 1만 원 증가할 때 지역 청년층 증가율이 0.066%p 높아지는 것으로 추정되어 고졸 이하 청년층의 경우보다 더 높은 한계효과를 보였다. 반면 2·3년제 대졸 청년층의 제조업 종사자 비중은 청년층 증가율에 통계적으로 유의한 영향은 없었다. 또한 인구밀도, 공시지가 평균, 문화기반시설도 2·3년제 대졸 청년층의 증가에 유의한 효과가 없는 것으로 추정되었다. 인구증가율은 정(+)의 효과를 보여 전체 인구가 증가하는 지역에서 2·3년

제 대졸 청년층이 증가하는 경향을 확인할 수 있었다. 수도권 지역 더미는 통계적으로 유의한 추정치를 보이지 않았으나, 지방 5대 광역시 지역 더미는 1% 유의수준에서 -2.058%p의 부(-)의 효과를 보여 2·3년제 대졸 청년층이 지방 광역시를 이탈하는 경향이 있음을 확인할 수 있었다. 혁신도시 지역 더미의 추정치는 5% 유의수준에서 2.037%p의 정(+)의 효과를 보이는 것으로 나타나 혁신도시 입지가 2·3년제 대졸 청년층의 유입에 긍정적이었던 것으로 판단된다. 그러나 인접지역에 혁신도시가 입지한 경우에 대해서는 통계적으로 유의한 영향이 발견되지 않았다.

모형 3은 4년제 대졸 이상 20~34세 임금근로 청년층의 증가율을 종속변인으로 한 추정결과를 보여준다. 4년제 대졸 이상의 경우에도 기대임금은 청년층 증가에 정(+)의 효과를 보였으며, 기대임금 월 1만 원 증가에 대해 0.121%p 청년층 증가율이 높아지는 것으로 추정되어 고졸 이하 및 2·3년제 대졸의 경우보다 더 높은 한계효과를 보였다. 2·3년제 대졸의 경우와 유사하게 제조업 종사자 비중과 인구밀도는 통계적으로 유의한 영향이 발견되지 않았지만, 공시지가는 1% 유의수준에서 부(-)의 효과를 보여 주거비용이 높은 지역에서 청년층 증가율이 상대적으로 낮은 경향이 있음을 확인할 수 있었다. 반면 통계적 유의성은 약하지만 문화기반시설은 4년제 대졸 이상 청년층의 증가에 정(+)의 효과를 보여 인구 10만 명당 문화기반시설이 많은 지역으로 4년제 대졸 이상 청년층의 유입이 높아지는 경향이 있음을 발견할 수 있었다. 인구증가율은 모형 1과 2의 결과와 같이 정(+)의 효과를 보여 전체 인구가 증가하는 지역에서 4년제 대졸 이상 청년층이 증가하는 경향을 확인할 수 있다. 수도권 지역 더미는 통계적으로 유의한 추정치를 보이지 않았지만, 지방 5대 광역시 지역더미는 1% 유의수준에서 -3.430%p의 부(-)의 효과를 보여 지방 광역시를 이탈하는 경향이 2·3년제 대졸 청년층의 경우보다 더 높은 것으로 나타났다. 혁신도시 지역 더미의 추정치는 5% 유의수준에서 4.915%p의 정(+)의 효과를 보이는 것으로 나타나 혁신도시 입지가 4년제 대졸 이상 청년층 유입에 긍정적이며, 그 효과가 2·3년제 대졸 청년층보다 더욱 큰 것으로 나타났다. 인접지역에 혁신도시가 입지한 경우에 대해서는 모형 2의 결과와 유사하게 통계적으로 유의한 영향이 발견되지 않았다.

이상에서 살펴본 모형 1~3의 주요 추정결과를 정리하면 다음과 같다. 첫 째, 지역노동시장의 높은 기대임금은 지역 청년층 증가에 긍정적이며, 그 효과는 청년층의 학력수준이 높아질수록 크게 나타난다. 추정결과에서 기대임금의 추정치는 지역 청년층 증가에 정(+)의 효과를 보이고 있으며, 고졸 이하 청년층의 경우를 제외하면 기대임금의 표준화 계수가 인구증가율 다음으로 가장 큰 값을 보이고 있다. 이 결과는 지역에서 청년층을 유입시키는 데 가장 중요한 요인 중 하나가 기대임금이며, 학력수준이 높을수록 기대임금이 더욱 중요함을 보이고 있다.

둘째, 지역노동시장에서 제조업 비중은 고졸 이하 청년층 증가에 중요한 요인이다. 모형 1~3의 비교에서 제조업 종사자 비중은 2·3년제 대졸 및 4년제 대졸 이상 청년층의 경우에는 유의한 영향이 발견되지 않은 반면, 고졸 이하의 경우는 청년층 증가에 정(+)의 효과가 발견되었다. 고졸 이하 청년층이 선택하는 일자리가 제조업 분야에서 상대적으로 많은 점을 고려할 때, 지역경제에서 제조업 비중의 증가는 고졸 이하 청년층의 유입에서 중요한 측면임을 확인할 수 있다.

셋째, 주거비용과 문화시설의 영향은 특히 4년제 대졸 이상 청년층에서 두드러진다. 모형 1~3의 추정결과에서 통계적으로 유의한 공시지가의 부(-)의 영향과 문화기반 시설의 정(+)의 영향은 4년제 대졸 이상의 경우에만 발견되었다. 이 결과에 비추어 볼 때, 4년제 대졸 이상의 청년층이 특히 지역 간 이동에서 주거비용을 중요한 요인으로 고려하고 있으며, 다른 학력수준의 청년층보다 지역 어메니티에 상대적으로 더욱 민감할 것이라 판단된다.

넷째, 지방 5대 광역시에서의 청년층 유출은 2·3년제 대졸 이상에서 뚜렷하게 나타나며, 특히 4년제 대졸 이상 청년층의 유출이 더욱 크다. 모형 1~3의 추정결과를 비교할 때, 학력별 20~34세 임금근로 청년층의 수도권에서의 더 높은 청년층 증가율은 통계적으로 발견되지 않았지만, 지방 5대 광역시에서는 2%p 이상 더 낮은 증가율이 2·3년제 대졸 및 4년제 대졸 이상 청년층의 경우에 발견되었다. 이 결과는 지방 광역대도시에서 고학력 청년층의 '두뇌유출'이 상대적으로 심하며, 특히 4년제 대졸 이상 청년층이 5대 광역시에 머물기보다는 타 지역으로 이주하는 경향이 더욱 큰 것을 보여주고 있다.

다섯째, 혁신도시는 2·3년제 대졸 및 4년제 대졸 이상 청년층이 해당 지역에 유입되는 데 긍정적인 영향이 있으나, 인접지역의 청년층 증감에 대한 공간적 파급효과는 미미하다. 혁신도시가 입지한 시군구 지역을 나타내는 더미변인의 추정치는 2·3년제 대졸 및 4년제 대졸 이상 청년층의 경우에만 통계적으로 유의한 정(+)의 효과를 나타내, 공공기관 이전에 따른 청년층의 증가는 주로 대졸 이상 청년층의 유입에 의해서 발생한 것이라 판단된다. 그러나 혁신도시에 인접한 지역에 대한 긍정적인 공간적 확산효과 또는 청년층을 흡수하여 주변 지역의 청년층이 감소하는 '빨대효과'에 대한 통계적 근거는 발견되지 않았다. 이 결과에 비추어 볼 때, 혁신도시가 지역 청년층 증가에 긍정적인 영향을 끼친 것은 분명하나, 그 영향이 혁신도시 지역 내에서만 국한되고 있는 것으로 판단된다.

제5절 소 결

제5장은 국내 선행연구 검토와 2015년 인구주택총조사 자료 분석을 통해서 우리나라 청년층의 지역 간 이동성의 특징을 살펴보고 정형화된 사실들을 정리하고자 하였다. 우선 청년층의 지리적 이동과 관련된 국내 선행연구 검토를 통해서 발견한 10가지 정형화된 사실들은 다음과 같다.

- *정형화된 사실 1. 청년층의 일상적 노동시장 범위는 수도권 및 광역시도 경계를 넘지 않는다.*
- *정형화된 사실 2. 청년층의 광역시도 지역 간 인구이동의 비중은 증가하고 있으며, 특히 25~29세 연령층의 이동성이 강화되었다.*
- *정형화된 사실 3. 청년층의 지역 간 이동은 수도권 지향성이 강하다.*
- *정형화된 사실 4. 청년층의 지역 간 이동은 대학 진학과 대학 졸업 후 취업 시기에 주로 발생한다.*

- *정형화된 사실 5. 비수도권 출신이 수도권 대학으로 진학할 경우 비수도권으로 회귀하여 취업하는 경향은 낮은 반면, 수도권 출신이 비수도권 대학으로 진학할 경우에는 수도권으로 회귀하여 취업하는 경향이 강하다.*
- *정형화된 사실 6. 고졸 취업자의 고교 소재지 잔존율이 대졸 취업자의 대학 소재지 잔존율보다 높다. 또한 고교 소재지와 대학 소재지가 같을 경우, 전문대졸 취업자가 4년제 대졸 취업자보다 잔존율이 높다.*
- *정형화된 사실 7. 지리적 근접성과 지역 산업구조는 청년층의 지역 간 이동성과 강한 상관관계가 있다.*
- *정형화된 사실 8. 비수도권 고교에서 수도권 대학으로 진학하는 경향은, 남성이며, 외고 및 과학고를 졸업하고, 부모의 학력수준이 높을수록 강하다.*
- *정형화된 사실 9. 비수도권 대학을 졸업하고 취업하는 경우, 남성보다 여성의 수도권 지향성이 강하며, 의약 및 예체능계열인 경우에 다른 전공계열보다 수도권으로 유출될 가능성이 높다. 그러나 자격증이 많고 대학에 대한 만족도가 높을수록 비수도권에 잔류할 가능성이 크다.*
- *정형화된 사실 10. 졸업 후 지역 간 이동은 임금 수준에 단기적으로 정(+)의 효과를 가지며, 대학 소재지는 임금 수준과 강한 상관관계를 보인다.*

2015년 인구주택총조사 자료를 이용한 최근 청년층의 이동성 분석에서는 청년층을 2015년 현재 만 20~34세이며, 경제활동상태가 '주로 일하였음', '틈틈히 일하였음', '일시휴직'이고, 임금근로자인 계층으로 정의하였다. 또한 학력을 2015년 현재 고졸 이하, 2·3년제 대졸, 4년제 대졸 이상 등 세 집단으로 분류하였다. 이러한 정의하에서 2014~2015년 기간에 대해 청년층의 17개 광역시도 간 이동 현황과 229개 시군구 지역수준의 청년층 증가율의 특징을 살펴보았다.

청년층의 17개 광역시도 지역 간 이동을 살펴보았을 때, 세종을 제외한 모든 광역시도에서 지역 내 이동이 약 90% 이상인 것으로 나타나, 임금근로 청년층의 이동은 대체로 광역시도 경계를 넘지 않는 것으로 나타났다. 이 결과는 "정형화된 사실 1"과 유사한 결과로 판단된다. 또한 2014~2015년 기간 동안 서울 및 경기 출신이 전국적으로 이동하는 특징과 함께, 인접지역 간 이동성이 높은 것으로 나타나 "정형화된 사실 7"과 유사한 점을 확인할 수 있었다. 학력별 이동의 경우에는 학력수준이 높아질수록 지역 내 이동자 비율이 감소하는 경향을 확인할 수 있었고, 이는 "정형화된 사실 6"과 맥락을 같이하는 결과로 판단된다. 또한 유입되는 이동자의 출신지 비율이 학력에 따라서 상이하다는 점을 발견하였는데, 지역 산업구조의 특성에 따라서 학력별 유입에 이질성이 있는 것을 확인할 수 있었다. 이는 "정형화된 사실 7"을 재확인하는 결과라 판단된다.

229개 시군구 지역수준의 청년층 증가율을 살펴보았을 때, 세종과 전남 나주시를 포함하여 혁신도시가 입주한 15개 시군구 중에서 세종, 전남 나주시, 충북 진천군, 전북 완주군, 경북 김천시, 충북 음성군, 제주 서귀포시, 울산 중구, 강원 원주시 등 9개 지역은 2014~2015년 기간에 20~34세 임금근로 청년층 인구가 증가한 반면, 부산 영도구, 부산 남구, 부산 해운대구, 전북 전주시, 대구 동구, 경남 진주시 등 6개 지역은 청년층 인구가 감소한 것으로 나타났다. 대체로 혁신도시가 입지한 지역이 대도시가 아닌 경우에는 청년층 유입에 긍정적인 영향이 있었을 것이라 추측된다. 또한 시군구 지역별 청년층 증가율은 동일지역에서도 학력수준에 따라서 증가율이 상이함을 발견할 수 있었다.

앞서 살펴본 청년층의 시군구별 증가율이 지역의 전체 인구증가 추세를 통제한 후에 어떠한 지역특성 요인에 의해서 설명되는지를 살펴보기 위해서 실증분석을 시행하였으며, 다음의 주요 결과들을 발견하였다. 첫째, 지역노동시장의 높은 기대임금은 지역 청년층 증가에 긍정적이며, 그 효과는 청년층의 학력수준이 높아질수록 크게 나타났다. 둘째, 지역노동시장에서 제조업 비중은 고졸 이하 청년층 증가에 중요한 요인이었다. 셋째, 주거비용과 문화시설의 영향은 특히 4년제 대졸 이상 청년층에서 두드러졌다. 넷째, 지방 5대 광역시에서의 청년층 유출은 2·3년제 대졸 이상에서 뚜렷하게 나타나며, 특히 4년제 대졸 이상 청년층의 유출이 더욱 크게 나타났다. 다섯째, 혁신도시는 2·3년제 대졸 및 4년제 대졸 이상 청년층이 해당 지역에 유입되는 데 긍정적인 영향이 있으나, 인접지역의 청년층 증감에 대한 공간적 파급효과는 미미하였다.

이상의 실증분석 결과들은 두 가지 정책적 시사점을 제시한다. 첫째, 지역에서 청년층을 유입시키는 데 가장 중요한 요인 중 하나가 기대임금이며, 특히 '두뇌유출'이 상대적으로 심각한 지방 광역대도시에서는 고학력 청년층을 대상으로 높은 수준의 임금을 보장할 수 있는 정책적 노력이 필요하겠다. 이와 함께 4년제 대졸 이상의 청년층이 주거비용과 문화시설에 상대적으로 더욱 민감한 점을 고려하려, 고학력 청년층의 주거문제와 지역 어메니티 환경을 개선하는 노력을 병행해야 하겠다. 둘째, 청년층에 대한 혁신도시의 영향은 해당 지역에 대졸 이상 계층의 유입을 야기한 것으로 판단되나, 혁신도시에 인접한 지역에 대한 긍정적인 공간적 확산효과 또는 주변 지역의 청년층을 흡수하는 '빨대효과'는 미미한 것으로 판단된다. 혁신도시 지역에 유입된 고학력 인적자본을 지역발전을 위한 역량으로 발전시키고 이를 주변 지역으로 확산하는 지역정책적 노력이 강구되어야 하겠다.

국내 선행연구 검토와 함께 2015년 인구주택총조사 자료를 이용한 실증분석을 통해서 청년층의 지역 간 이동성의 정형화된 사실들을 정리하고 이를 최근 동향에서도 확인할 수 있었다. 또한 선행연구에서 검토되지 못한 혁신도시의 영향력을 살펴볼 수 있었다. 그러나 본 연구의 실증분석은 자료의 한계와 연구기간의 제약으로 횡단면 자료에만 의존하였으며, 청년층 각 개인의 미시자료를 이용한 추가분석을 시행하지 못하였다. 차후 연구에서는 지역 및 개인수준의 패널자료를 구축하여 청년층의 지역 간 이동성에 대한 보다 다양한 시·공간적 특징을 살펴보고, 본 연구에서 발견하지 못한 또 다른 정형화된 사실들을 발견할 것을 기약한다.

제 6 장
기술진보와 청년 고용 · 노동시장

본 장에서는 4차 산업혁명 등 급속한 기술진보가 노동시장에 미치는 영향에 대한 관심이 나날이 증가하는 시점에서, 특히 핵심 정책사안인 청년층 노동시장에 대한 영향에 초점을 맞추고 기술진보의 역할을 살펴보고자 한다.

이를 위해 우선 관련 선행연구를 검토한다. 다만 제1절에서 보듯, 기술진보의 청년층 노동시장에 대한 영향만 따로 떼어 본 문헌은 국내외에서 거의 없다시피 한 것이 현실이다. 이로 말미암아, 본 보고서의 제목에 포함된 "정형화된 사실(stylized facts)"을 찾아 정리하는 작업은 본 주제에 대해서는 사실상 불가능하다.

이러한 한계를 보완하고자 하는 목적으로, 기초분석 수준에서 본 장의 핵심 주제에 대해 실증 분석을 수행한 결과를 제시한다. 이를 위해 한국노동연구원의 사업체패널조사 자료를 활용하여 사업체 단위 혁신 활동이 해당 사업체의 청년층 고용과 갖는 관계를 살펴보고자 한다. 더불어 한국직업능력개발원의 인적자본기업패널조사 자료를 통해 기업 단위 혁신 활동과 해당 기업의 청년층 고용 간 관계를 병행하여 분석할 것이다.

이렇게 기초분석 수준에서 분석된 결과를 바탕으로 기술진보가 청년층 고용성과에 미치는 영향에 대한 실마리를 찾아보고, 향후 필요한 추가 연구의 방향을 발굴하여 제시할 것이다.

제1절 선행연구

대통령직속 청년위원회가 2016년 12월에 발간한 『4차 산업혁명에 대한 청년인식조사』 보고서는 만 19~34세 남녀 2,000명을 대상으로 4차 산업혁명에 대한 인지도, 4차 산업혁명과 청년일자리 변화, 4차 산업혁명에 대한 준비 및 정책 과제 등에 대해 온라인 설문조사한 결과를 요약하여 제시하고 있다.

대통령직속 청년위원회(2016)의 조사 결과에 따르면, 청년층의 4차 산업혁명에 대한 인지도가 2016년 12월 기준 40% 미만에 그친 것으로 나타난다. 더불어 4차 산업혁명이 본인의 미래에 영향을 미칠 것으로 내다본 비율이 80% 이상인 것으로 나타났다.

대통령직속 청년위원회(2016)의 조사에서 청년층 응답자들은 4차 산업혁명으로 인해 가장 우려되는 문제로 일자리 감소와 경제적 양극화 심화를 꼽았는데, 이 두 가지 항목을 선택한 비중이 절반을 넘어선 것으로 나타났다. 한편 기술 변화에 따른 일자리 증감 전망에 있어 상당히 단기간인 3~5년 이내에 감소할 것으로 답변한 비중이 증가할 것으로 전망한 응답보다 세 배 이상 많은 것으로 나타났다. 이러한 일자리 감소 전망은 고려 기간이 10년 이상 후의 장기가 되면 더 강해지는데, 이 경우 감소 전망 비중이 증가 전망보다 네 배 이상 높게 나타났다.

이러한 대통령직속 청년위원회(2016)의 조사 결과에도 불구하고, 청년층이 기술 발전에 대해 부정적인 시각을 가지고 있다고 단정하기는 어렵다. 즉 기술 발전이 본인의 삶에 대해 긍정적 영향을 미칠 것으로 응답한 비율이 부정적 영향을 우려한 비율보다 두 배 이상 높은 것으로 나타났기 때문이다. 다만 이러한 낙관적 시각에도 불구하고, 4차 산업혁명이 본인에게 미치는 영향에 대해 준비되어 있는지 물어본 설문에 대해 준비되어 있지 않다고 응답한 비중이 과반에 달하는 것으로 나타났다.

다만 대통령직속 청년위원회(2016)의 조사 결과, 본인 스스로 4차 산업혁명에 대한 준비가 필요하다는 데에는 70% 이상의 청년층 응답자가 공감하고 있다. 정책 대응방안에 있어서는 4차 산업혁명을 대비한 청년 정책이 필요하다는 응답이 85%를 넘어 정책 수요자들의 관련 정책 요구가 매우 강함이 확인된다. 가장 필요한 세부 정책분야로는 맞춤형 교육훈련 지원 정책과 취업 · 창업지원 정책에 대한 수요가 가장 높게 나타났다.

한편 Christopoulou and Ryan(2009)은 주요 선진국 노동시장에서 청년층 고용성과에 영향을 미친 원인이 무엇인지 분석하였다. 이들은 20~24세 남성 청년층의 상대적 고용성과를 25~54세 남성과 비교하여, 청년층의 상대적 고용성과에 어떤 변수들이 어느 방향으로 영향을 미쳤는지 들여다보았다.

Christopoulou and Ryan(2009)은 연립방정식 구조모형을 통해 호주, 캐나다, 핀란드, 프랑스, 독일, 일본, 네덜란드, 스웨덴, 영국 및 미국 등 총 10개국의 평균 19.5년에 걸친 데이터를 분석하였다. 그 결과, 청년층에 대한 상대적 노동수요에 대해, 기술발전의 대리변수인 1인당 R&D 투자 변화분이 미치는 영향의 추정계수가 정(+)의 부호를 갖기는 하나, 통계적 유의성은 갖지 않는 것으로 나타난다(p.83, Table 4.4).

이러한 Christopoulou and Ryan(2009)의 분석 결과는 R&D 투자가 기술발전의 대리변수로서 어느 정도 의미를 갖는지에 대한 의문, 그리고 청년층 연령대를 24세 이하로 국한한 한계 등으로 인해 기술혁신이 청년층 고용에 미친 영향을 본격적으로 분석한 연구 결과라 하기는 어렵다. 다만 해당 주제와 관련된 선행연구를 찾기가 어려운 현실에서, 주요 선진국의 청년 고용 문제에 기술발전이 미친 영향을 실증적으로 규명하려 시도했다는 점에서 그 의의를 갖는다 하겠다.

제2절 사업체 단위 기술혁신과 청년층 고용

1. 분석 자료

본 절에서는 한국노동연구원의 사업체패널조사 원자료를 활용하여, 사업체 단위 각종 기술혁신 관련 활동과 청년층 고용 간 관계를 살펴보고자 한다.

이를 위해 본 절에서는 특히 다음의 설문 및 그에 대한 응답 내역(사업체패널조사 통합설문지 ver. 1.4 기준)이 담긴 원자료를 분석하여 그 결과를 제시할 것이다.

<근로자 현황조사표>

(A1) : 전체 근로자 수

(A5) : 전체 근로자 현황 중 "전체근로자 중 만 30세 미만 근로자 수"

<A. 사업장 특성>

(A211) : 귀 사업장은 다음 혁신유형 중 어디에 가장 가깝습니까?

① 혁신은 경쟁전략의 핵심이다. 제품·서비스개발과 공정·프로세스 혁신을 위해서 항상 연구개발을 수행한다. 다른 기업들이 우리 회사의 혁신을 모방한다.

② 혁신이 핵심적인 활동은 아니고 필요한 경우에만 연구개발을 수행한다. 연구개발의 상당부분은 다른 기업에서 개발된 신기술을 도입하기 위해서 이루어진다.

③ 연구개발 투자가 아닌 다른 방식으로 기존 제품·서비스와 공정·프로세스를 수정한다. 생산공학을 활용해서 공정을 개선한다.

④ 연구개발에 투자하지 않고, 다른 기업에서 개발된 혁신들을 도입한다.

(A309) : 작년 기준으로 동종업체 평균과 비교해서 귀 사업장의 제품·서비스 혁신 정도는 어떠합니까?

① 동종업체 평균에 비하여 매우 낮다.

② 동종업체 평균에 비하여 낮은 편이다.

③ 동종업체와 비슷하다.

④ 동종업체 평균에 비하여 높은 편이다.

⑤ 동종업체 평균에 비하여 매우 높다.

<D. 인적자원관리 및 작업조직>

(DH106-109) : 귀 사업장은 지난 5년간 다음과 같은 개선 프로그램을 수행한 적이 있습니까?

	실시 여부		
	① 실시	② 미실시	③ 해당 없음
제품생산공정/서비스제공방식/업무수행방식의 개선			
고객요구에 따른 유연한 생산/서비스 방식 도입			
부품/중간재/제품의 물류체계 개선			
신기술/신기계 도입 등 기술 개선			

2. 기초 분석 결과

한국노동연구원의 사업체패널조사 원자료를 활용하여, 기술혁신 관련 변수와 고용성과 변수 간 관계에 대해 기초적인 수준에서 단순 분석하여 시각화한 결과는 [그림 6-1]~[그림 6-20]에 제시되어 있다.

먼저 [그림 6-1]~[그림 6-6]은 각 사업체를 혁신에 대해 가장 적극적인 태도를 보이는 유형(유형 1)부터 가장 소극적인 유형(유형 4)까지 분류할 때, 이러한 특정 시점에서의 혁신 유형이 이후 해당 사업체의 고용성과와 어떠한 관계를 갖는지 시각화시켜 보여준다. 두말할 필요 없이, 이는 엄밀하게 추정된 인과관계가 아니라 두 변수 간 단순한 상관관계에 불과함을 염두에 두어야 할 것이다.

먼저 [그림 6-1]~[그림 6-2]는 2011년도 각 사업체의 혁신유형과 향후 2년간 고용성과, 즉 2013년까지의 전체 근로자 수 증감 및 30세 미만 근로자 수 증감 간의 관계를 보여준다. 두 그래프 모두에서, 두 변수 간 관계를 추정한 회귀식의 혁신유형 변수 추정계수의 부호가 음(-)인 것으로 나타나, 그 통계적 유의성은 없는 것으로 나타난다. 따라서 최소한 기초분석 수준에서는 종속변수를 전체 고용성과로 보든 청년층 고용성과로 보든 상관없이, 사업체의 기술혁신이 좀 더 적극적인 태도를 갖고 추진된다고 해서 단기간, 즉 향후 2년간의 고용성과에 긍정적인 영향이 있다고 볼 근거는 발견되지 않는다. 다만 두말할 필요 없이, 이러한 결론이 명확해지기 위해서는 더욱 엄밀한 분석이 뒤따를 필요가 있다.

다만 사업체의 혁신유형에 따른 고용성과 차이가 드러나는 데 향후 2년의 기간이 너무 짧을 가능성을 고려할 필요가 있다. 이를 반영하여 [그림 6-3]~[그림 6-4]는 2009년도 각 사업체별 혁신유형과 2009~2013년간 일자리 증감, [그림 6-5]~[그림 6-6]은 2007년도 각 사업체의 혁신유형과 향후 6년간 일자리 증감 간 관계를 전체 근로자 수 및 30세 미만 근로자 수에 대해 시각화하여 나타내었다.

그 결과, 고용성과를 파악하는 시차를 4~6년까지 확장하더라도, 2년후 고용성과를 보았을 때의 결과의 질적인 차이는 발생하지 않는 것으로 나타난다. [그림 6-3]~[그림 6-6]에 나타난 기초분석 결과에 따르면, 여전히 혁신유형 변수의 추정계수 부호는 음(-)으로 나타난다. 그러나 역시 통계적 유의성이 없기 때문에, 최소한 기초분석 수준에서는 사업체의

〔그림 6-1〕 혁신유형(2011년)과 전체 근로자 수 증감(2011~2013년) 간 관계

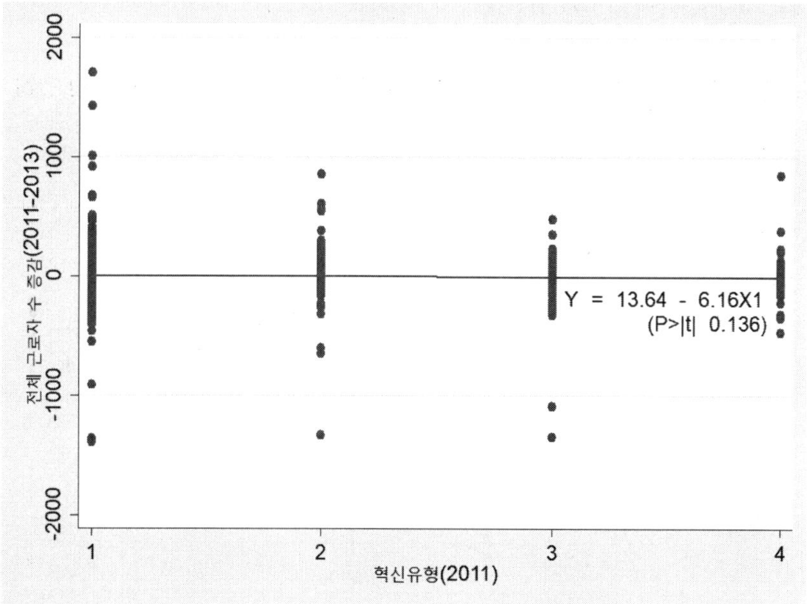

자료 : 한국노동연구원, 「사업체패널조사」 원자료.

혁신유형이 향후 해당 사업체의 고용성과에 영향을 미친다는 근거는 설령 고용효과 발현 가능 기간을 확대하더라도 여전히 나타나지 않는다.

〔그림 6-2〕 혁신유형(2011년)과 30세 미만 근로자 수 증감(2011~2013년) 간 관계

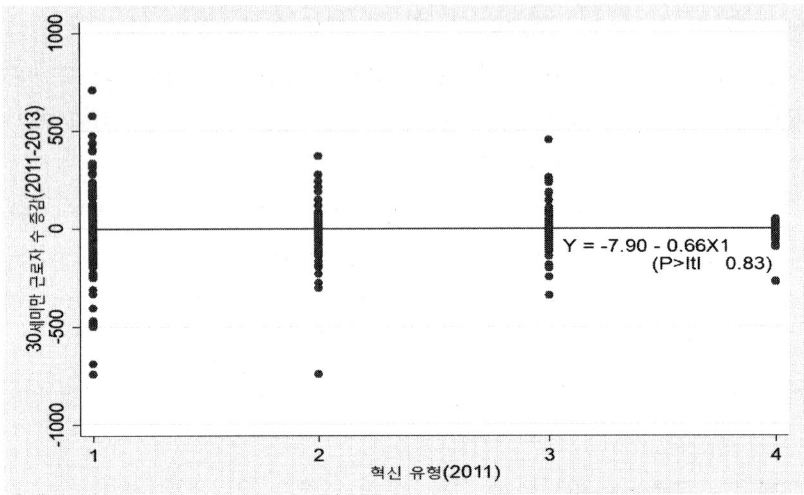

자료 : 한국노동연구원, 「사업체패널조사」 원자료.

〔그림 6-3〕 혁신유형(2009년)과 전체 근로자 수 증감(2009~2013년) 간 관계

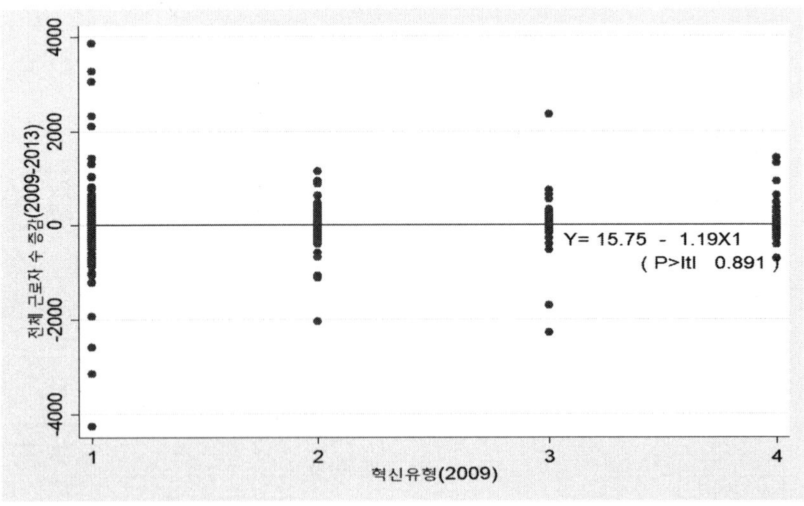

자료 : 한국노동연구원, 「사업체패널조사」 원자료.

〔그림 6-4〕 혁신유형(2009년)과 30세 미만 근로자 수 증감(2009~2013년) 간 관계

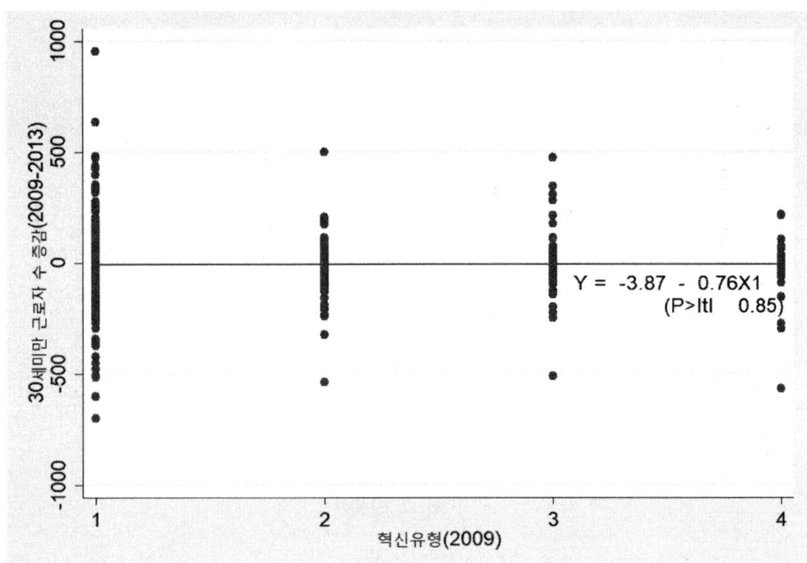

자료: 한국노동연구원, 「사업체패널조사」 원자료.

〔그림 6-5〕 혁신유형(2007년)과 전체 근로자 수 증감(2007~2013년) 간 관계

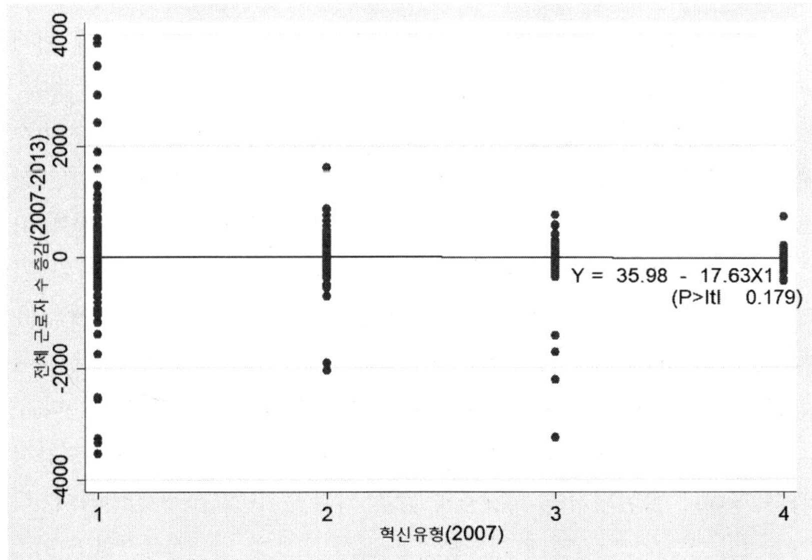

자료: 한국노동연구원, 「사업체패널조사」 원자료.

〔그림 6-6〕 혁신유형(2007년)과 30세 미만 근로자 수 증감(2007~2013년) 간 관계

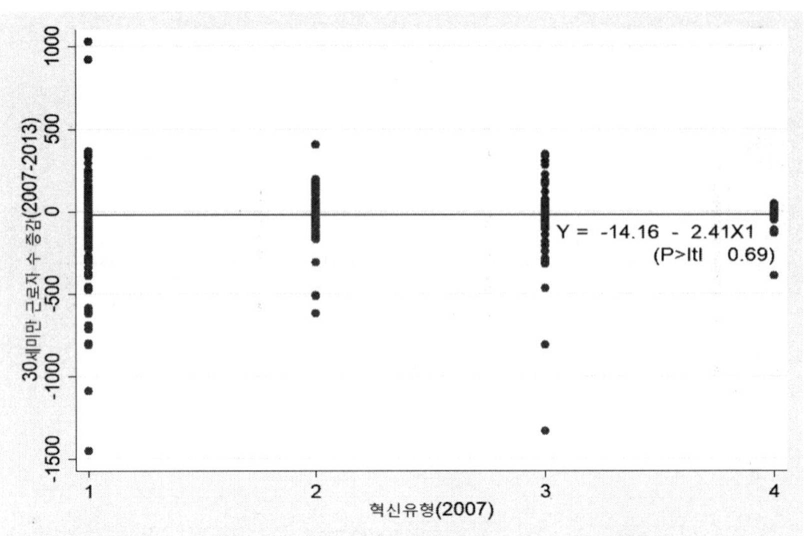

자료 : 한국노동연구원, 「사업체패널조사」 원자료.

[그림 6-7]~[그림 6-12]는 각 사업체의 제품·서비스 혁신 정도와 해당 사업체의 고용성과 간 관계를 시각화하여 보여주고 있다. 이때 제품·서비스 혁신 정도가 1에서 5까지 증가할수록 동종업체 평균에 비해 혁신 정도가 높아짐을 의미한다.

먼저 [그림 6-7]~[그림 6-8]은 2011년도 각 사업체의 제품·서비스 혁신 정도가 향후 2년간 해당 사업체의 전체 근로자 수 및 30세 미만 근로자 수 증감과 갖는 관계를 기초분석 수준에서 보여준다. 그 결과에 따르면, 각 사업체가 스스로 평가한 제품·서비스 혁신 정도와 향후 2년간 고용성과 간에 정(+)의 관계가 있는 것으로 나타난다. 다만 그 통계적 유의성은 없기 때문에, 제품·서비스 혁신 정도가 향후 2년간 고용성과에 대해 유의미하게 긍정적인 영향을 미친다는 근거는 발견되지 않는다.

다만 이번에도 역시 향후 2년간이라는 시차가 기술혁신에 따른 고용성과가 제대로 발현되기엔 지나치게 짧은 기간일 수 있음을 감안하여, 시차를 4년 및 6년으로 늘려 기초분석을 재차 수행한 결과를 [그림 6-9]~[그림 6-12]에 제시하였다. 이때 우선 [그림 6-9]~[그림 6-10]에 나타난,

2009년도 제품·서비스 혁신 정도와 향후 4년간 고용성과 간의 관계를 살펴보면, 그 질적인 결과가 앞서 향후 2년간 고용성과를 보았을 때와 유사함을 알 수 있다. 즉 혁신변수의 추정계수 부호는 양(+)이나 그 통계적 유의성은 없는 것으로 나타난다.

그러나 [그림 6-11]~[그림 6-12]에 나타난, 2007년도 제품·서비스 혁신 정도와 향후 6년간 고용성과 간의 관계는 비록 기초분석 수준이긴 하나 사업체의 제품혁신이 고용성과에 긍정적인 영향을 미칠 가능성을 시사하고 있다. 즉 혁신변수의 추정계수 부호가 양(+)으로 나타나는 것은 앞서 짧은 기간에 대해 분석했을 때와 동일한 결과이다. 그러나 이번에는 그 통계적 유의성이 상당히 높은 수준인 것으로 나타난다.

두말할 필요 없이 더욱 엄밀한 분석이 뒤따라야만 더 명확한 결과가 제시될 수 있을 것이나, 최소 기초분석 수준에서는 제품·서비스 혁신이 해당 사업체의 전체 근로자 혹은 청년층 근로자 기준 고용성과에 대해 미치는 긍정적인 영향이 본격적으로 발현하는 데 걸리는 기간이 최소 6년은 된다는 것으로 해석할 여지가 있다.

〔그림 6-7〕 제품·서비스혁신 정도(2011년)와 전체 근로자 수 증감 (2011~2013년) 간 관계

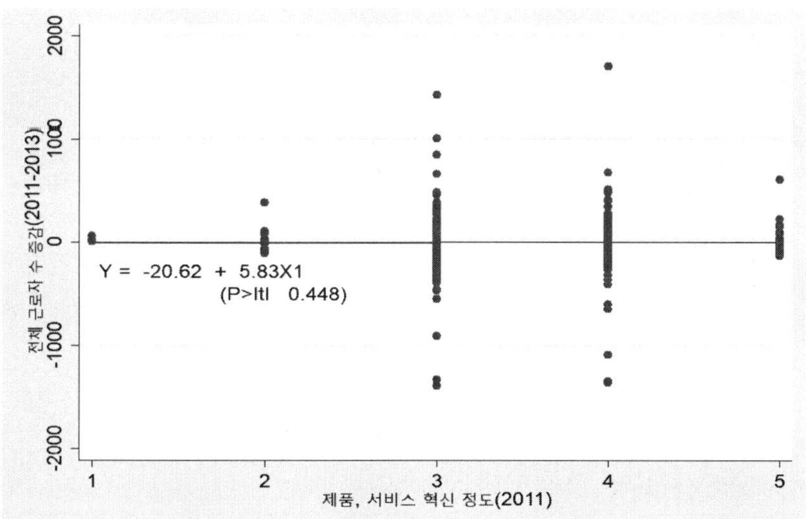

자료: 한국노동연구원, 「사업체패널조사」 원자료.

〔그림 6-8〕 제품 · 서비스혁신 정도(2011년)와 30세 미만 근로자 수 증감 (2011~2013년) 간 관계

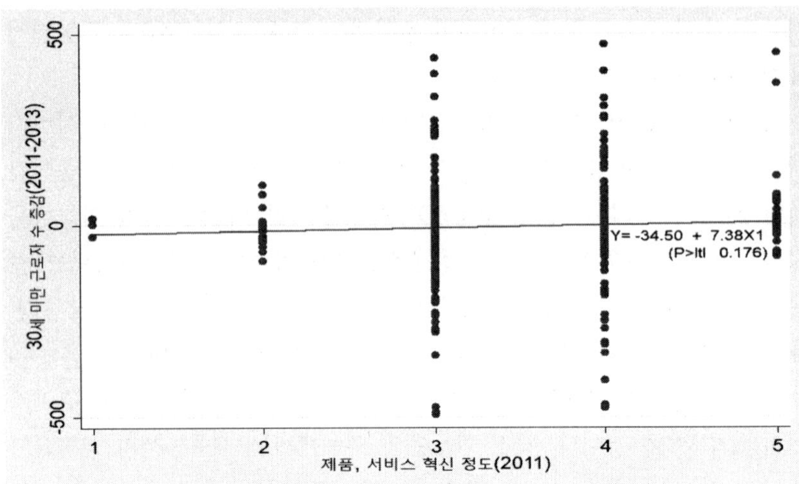

자료 : 한국노동연구원, 「사업체패널조사」 원자료.

〔그림 6-9〕 제품 · 서비스혁신 정도(2009년)와 전체 근로자 수 증감 (2009~2013년) 간 관계

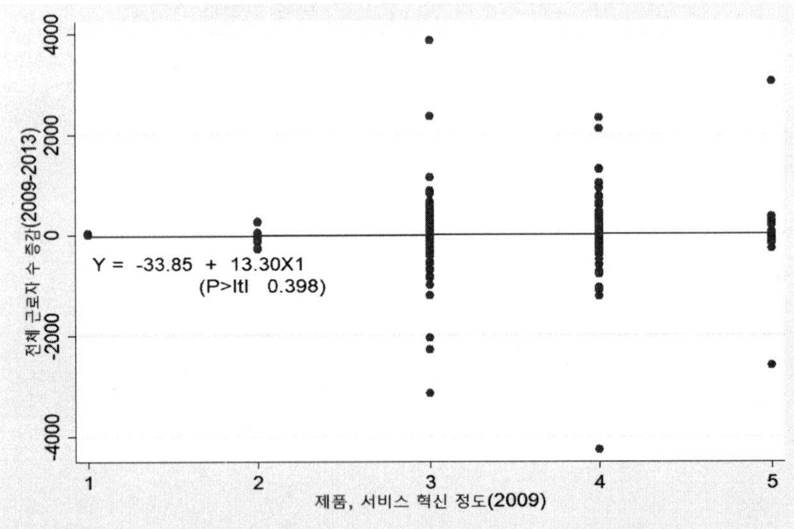

자료 : 한국노동연구원, 「사업체패널조사」 원자료.

〔그림 6-10〕 제품·서비스혁신 정도(2009년)와 30세 미만 근로자 수 증감 (2009~2013년) 간 관계

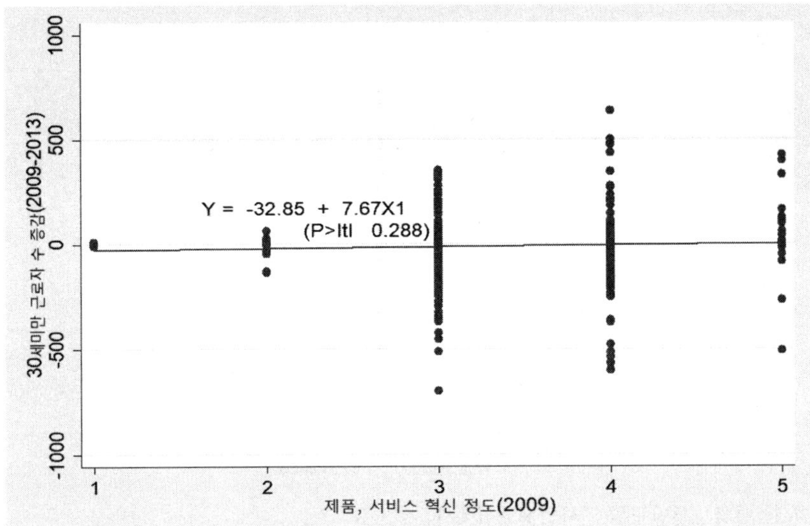

자료: 한국노동연구원, 「사업체패널조사」 원자료.

〔그림 6-11〕 제품·서비스혁신 정도(2007년)와 전체 근로자 수 증감 (2007~2013년) 간 관계

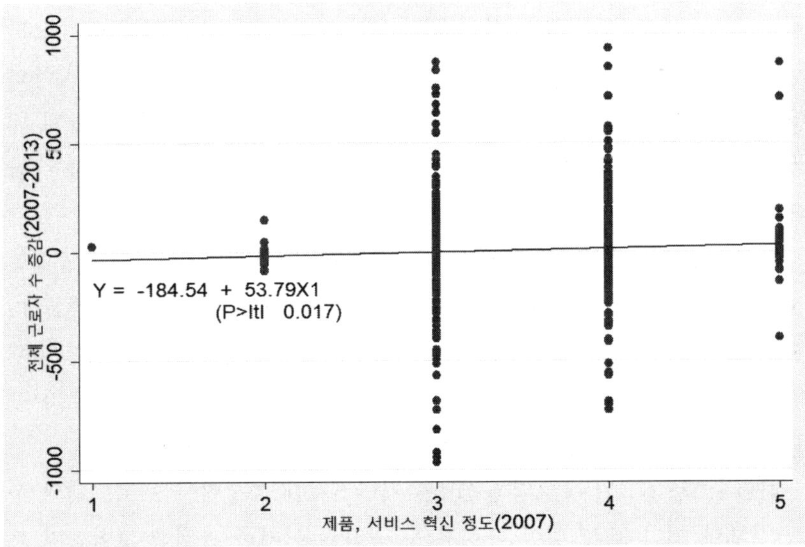

자료: 한국노동연구원, 「사업체패널조사」 원자료.

〔그림 6-12〕 제품 · 서비스혁신 정도(2007년)와 30세 미만 근로자 수 증감 (2007~2013년) 간 관계

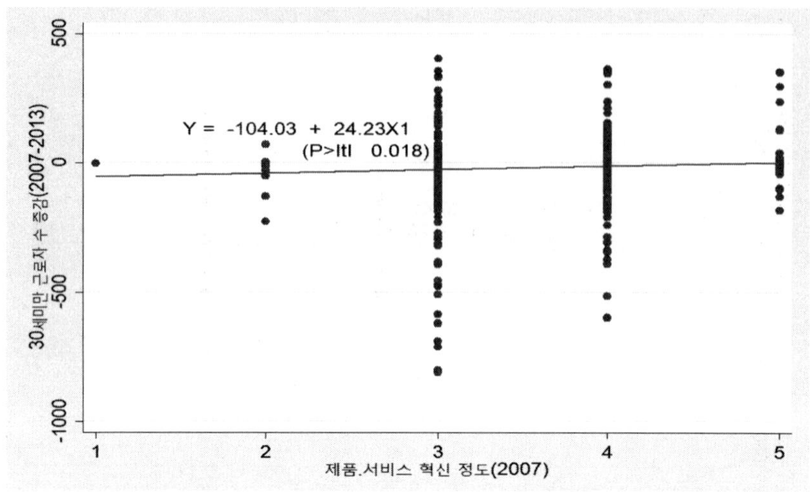

자료 : 한국노동연구원, 「사업체패널조사」 원자료.

[그림 6-13]~[그림 6-20]은 각 사업체가 지난 5년간 공정혁신과 관련된 개선 프로그램을 수행했는지 여부가, 실제 해당 기간 고용성과와 어떤 관계를 갖는지 시각화시켜 나타내주고 있다. 이때 공정혁신 관련 개선 프로그램은 "제품생산공정/서비스제공방식/업무수행방식의 개선", "고객요구에 따른 유연한 생산/서비스 방식 도입", "부품/중간재/제품의 물류체계 개선", 그리고 "신기술/신기계 도입 등 기술 개선" 등 크게 네 가지 유형으로 분류된다. 이러한 개선 프로그램 수행 여부에 대한 응답은 "① 실시" 및 "② 미실시"로 그래프에 반영되어 있다.

먼저 [그림 6-13]~[그림 6-16]은 지난 5년간 네 가지 유형의 공정혁신 프로그램 수행 여부와 해당 기간 전체 근로자 수 증감 간 관계를 기초분석 수준에서 보여준다. 그 결과에 따르면, 공정혁신 프로그램이 수행되었는지의 여부는 어떤 유형인지에 관계없이 해당 기간 전체 근로자 수 증감과 통계적으로 유의한 관계를 갖지 않는 것으로 나타난다.

한편 [그림 6-17]~[그림 6-20]은 지난 5년간 공정혁신 프로그램의 수행이 해당 기간 30세 미만 근로자 수 증감과 어떠한 관계를 보이는지 보여주고 있다. 그 결과, 여전히 두 변수 간 통계적 유의성은 어떠한 공정

혁신 유형에서도 발견되지 않는다. 즉 기초분석 수준에서, 각 사업체의 공정혁신 프로그램 수행이 해당 사업체의 전체 근로자 혹은 청년층 근로자 수 증감에 특정한 방향으로 영향을 미친다는 근거는 발견되지 않았다.

〔그림 6-13〕 지난 5년간 제품생산공정/서비스제공방식/업무수행방식의 개선 (2013년)과 전체 근로자 수 증감(2007~2013년) 간 관계

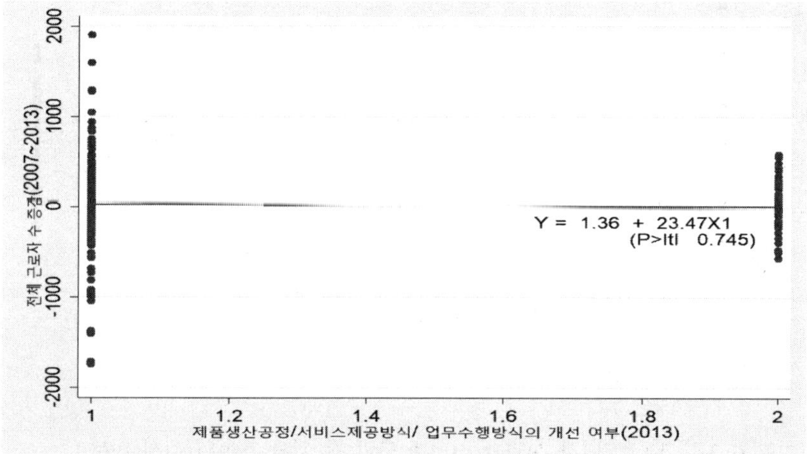

자료 : 한국노동연구원, 「사업체패널조사」 원자료.

〔그림 6-14〕 지난 5년간 고객요구에 따른 유연한 생산/서비스 방식 도입 (2013년)과 전체 근로자 수 증감(2007~2013년) 간 관계

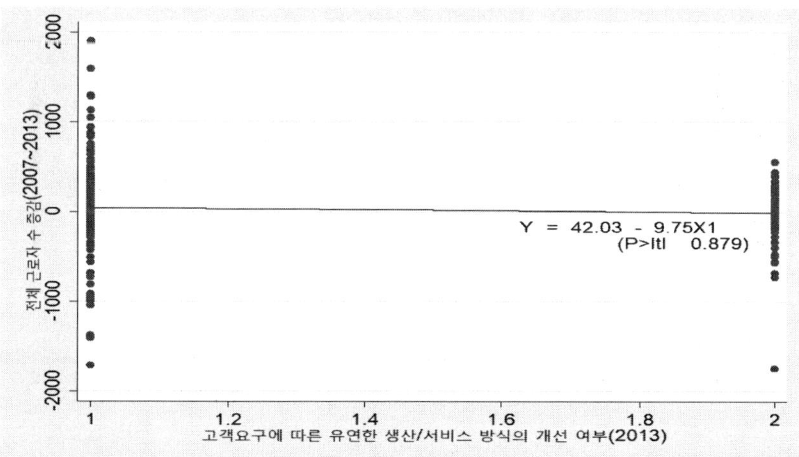

자료 : 한국노동연구원, 「사업체패널조사」 원자료.

〔그림 6-15〕 지난 5년간 부품/중간재/제품의 물류체계 개선의 실시 여부 (2013년)와 전체 근로자 수 증감(2007~2013년) 간 관계

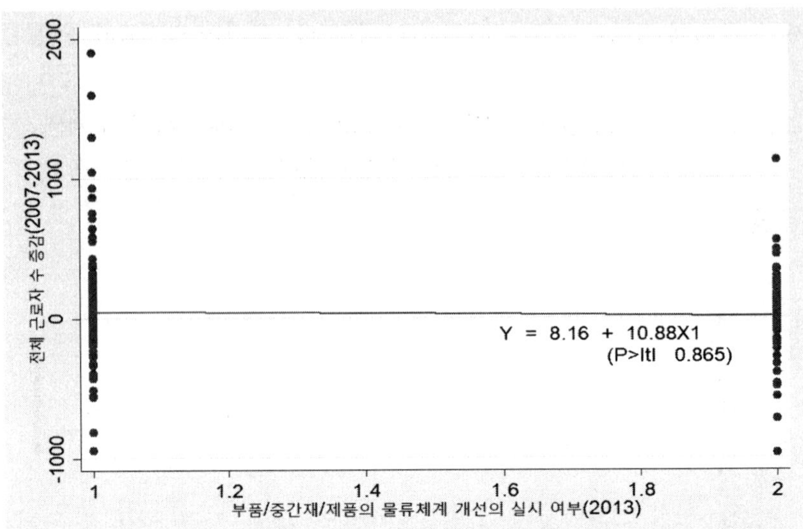

자료 : 한국노동연구원, 「사업체패널조사」 원자료.

〔그림 6-16〕 지난 5년간 신기술/신기계 도입 등 기술 개선의 실시 여부 (2013년)와 전체 근로자 수 증감(2007~2013년) 간 관계

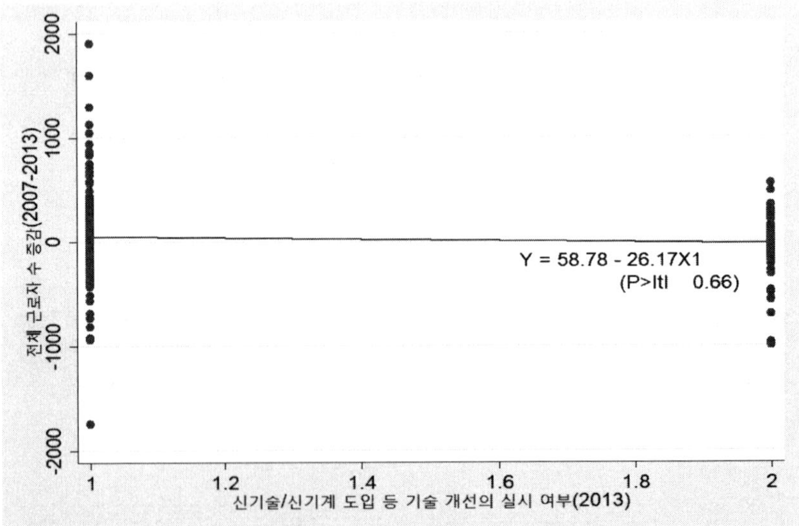

자료 : 한국노동연구원, 「사업체패널조사」 원자료.

〔그림 6-17〕 지난 5년간 제품생산공정/서비스제공방식/업무수행방식의 개선 (2013년)과 30세 미만 근로자 수 증감(2007~2013년) 간 관계

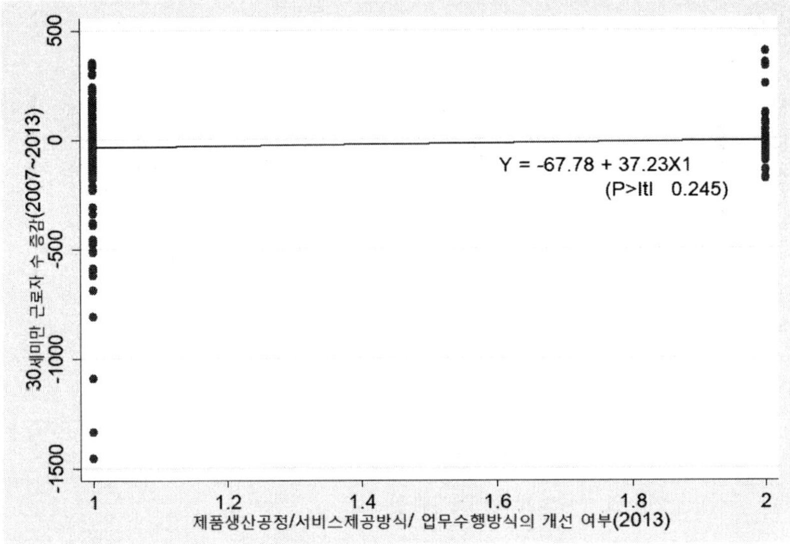

자료 : 한국노동연구원, 「사업체패널조사」 원자료.

〔그림 6-18〕 지난 5년간 고객요구에 따른 유연한 생산/서비스 방식 도입 (2013년)과 30세 미만 근로자 수 증감(2007~2013년) 간 관계

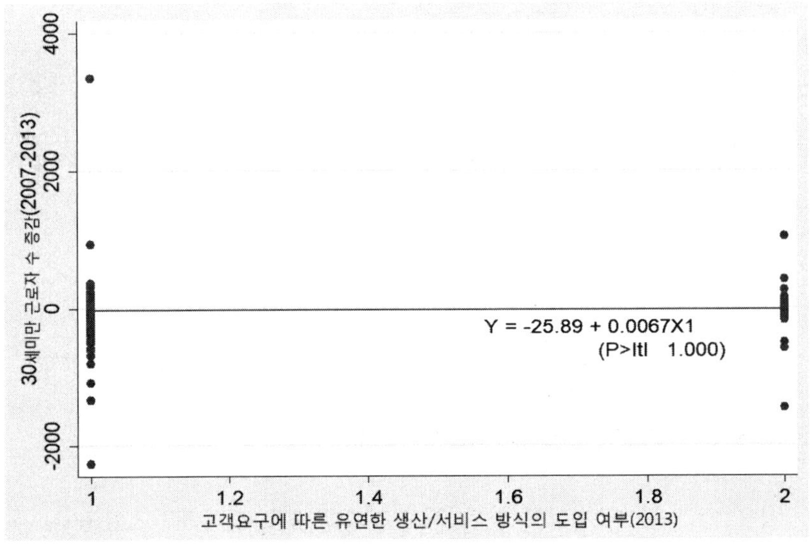

자료 : 한국노동연구원, 「사업체패널조사」 원자료.

〔그림 6-19〕 지난 5년간 부품/중간재/제품의 물류체계 개선의 실시 여부 (2013년)와 30세 미만 근로자 수 증감(2007~2013년) 간 관계

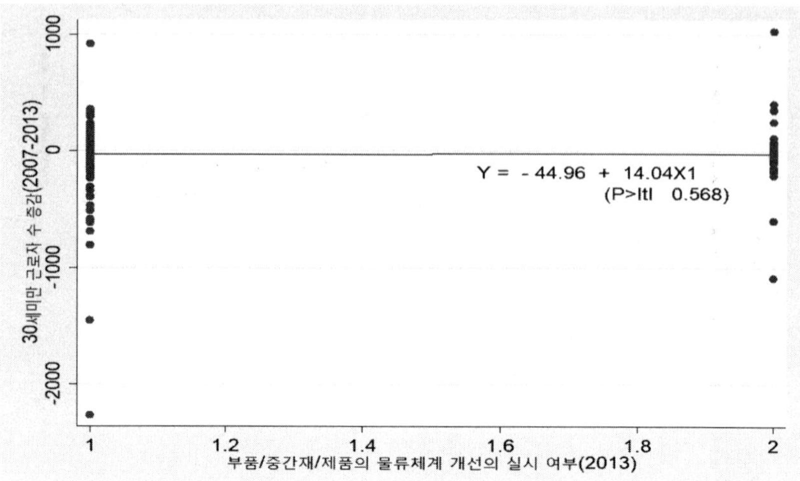

자료 : 한국노동연구원, 「사업체패널조사」 원자료.

〔그림 6-20〕 지난 5년간 신기술/신기계 도입 등 기술 개선의 실시 여부 (2013년)와 30세 미만 근로자 수 증감(2007~2013년) 간 관계

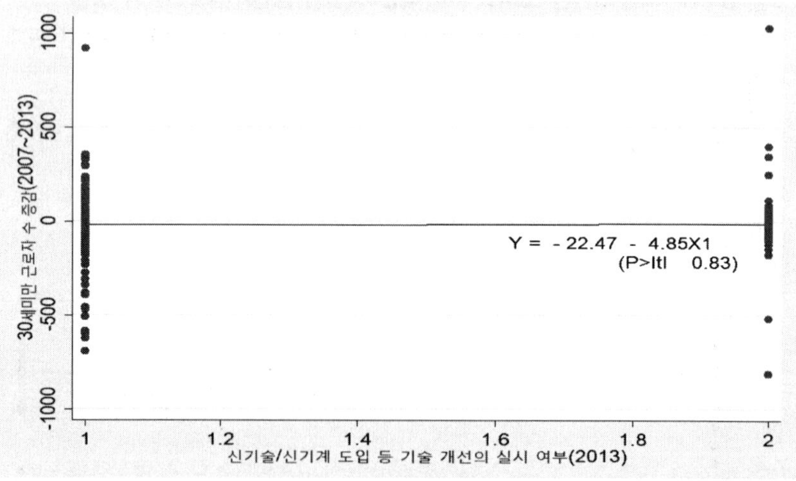

자료 : 한국노동연구원, 「사업체패널조사」 원자료.

지금까지 제시된 사업체 단위 분석 결과를 표로 요약하면 <표 6-1>과 같다.

〈표 6-1〉 사업체 단위 기술혁신과 고용 간 관계

독립변수	종속변수	
	전체 근로자 수 증감	30세 미만 근로자 수 증감
혁신유형	- 고용효과 발현 가능 기간에 관계없이 통계적 유의성 없음	- 고용효과 발현 가능 기간에 관계없이 통계적 유의성 없음
제품·서비스 혁신 정도	- 고용효과 발현 가능 기간이 2년 혹은 4년일 때엔 통계적 유의성 없음 - 고용효과 발현 가능 기간이 6년인 경우 통계적으로 유의한 양의 관계가 나타남	- 고용효과 발현 가능 기간이 2년 혹은 4년일 때엔 통계적 유의성 없음 - 고용효과 발현 가능 기간이 6년인 경우 통계적으로 유의한 양의 관계가 나타남
지난 5년간 공정혁신 관련 개선 프로그램 수행 여부	- 공정혁신 유형에 관계없이 통계적 유의성 없음	- 공정혁신 유형에 관계없이 통계적 유의성 없음

자료: 한국노동연구원, 「사업체패널조사」 원자료.

제3절 기업 단위 기술혁신과 청년층 고용

1. 분석 자료

본 절에서는 한국직업능력개발원의 인적자본기업패널조사 원자료를 활용하여, 기업 단위에서 수행되는 각종 기술혁신 관련 활동과 청년층 고용성과 간 관계를 파악하고자 한다.

이를 위해 본 절에서는 다음의 설문 및 그에 대한 응답 내역(인적자본기업패널조사 5차년도 본사용 설문지 기준)이 담긴 원자료를 분석하여 그 결과를 제시할 것이다.

<A. 경영 일반>

(문 2.2): 지난 2년간(2011~2012년) 신제품(상품/서비스)의 개발 및 도입은 얼마나 있었습니까?

① 거의 없었음 ② 조금 있었음 ③ 어느 정도 있었음 ④ 많이 있었음

(문 2.3) : 지난 2년간(2011~2012년) 귀사의 기술 변화는 얼마나 있었습니까?

① 거의 없었음 ② 조금 있었음 ③ 어느 정도 있었음 ④ 많이 있었음

(문 2.6) : 귀사 주력제품(상품/서비스)에 대한 시장전략은 다음 어디에 가깝습니까?

① 경쟁사보다 먼저 신제품(상품/서비스)을 개발하여 고객 및 시장 변화에 주도적 역할을 함

② 신시장 진입 및 신제품(상품/서비스) 개발에 주도적이지는 않으나, 선도기업의 성과에 따라 선택적으로 신제품(상품/서비스)을 개발하여 시장을 공략함

③ 기존의 제품(상품/서비스)을 개선하여 안정적인 시장을 유지하며, 신시장 진입 및 신제품(상품/서비스) 개발을 적극적으로 시도하지 않음

<B. 인력 현황>

(문 2.1) : 근로자 인력 현황(전체 및 정규직)

(문 2.2) : 정규직 근로자의 연령별 인력 현황(만 29세 이하)

2. 기초 분석 결과

한국직업능력개발원의 인적자본기업패널조사 원자료를 활용하여, 기업 단위 기술혁신 관련 변수와 고용성과 변수 간 관계에 대해 기초 수준에서 분석하여 시각화한 결과는 [그림 6-21]~[그림 6-38]에 제시되어 있다.[13)]

[그림 6-21]~[그림 6-26]은 각 기업의 제품혁신에 대한 태도, 즉 각 기업의 주력제품(상품/서비스)에 대한 시장전략 유형과 해당 기업의 고용성과 간 관계를 시각화시켜 나타내고 있다. 이때 제품혁신에 대한 태

13) 청년층 근로자 수를 파악하는 것이 정규직 내에서만 가능한 점을 고려하여, 고용성과변수로서 전체 근로자 수는 고려하지 않기로 한다. 전체 근로자 수를 고려할 때 기초분석 결과는 본 장의 저자에게 요청 시 제공 가능하다.

도는 가장 적극적인 유형 1부터 가장 소극적인 유형 3까지 세 가지의 유형으로 분류되어 그래프에 반영되고 있다.

먼저 [그림 6-21]~[그림 6-22]는 2013년도 기업별 제품혁신에 대한 태도와 향후 2년간 고용성과 간 관계를 기초분석 수준에서 보여준다. 이때 고용성과는 정규직 근로자 수 및 만 29세 이하 정규직 근로자 수의 증감으로 나타내어지고 있다. 고용성과를 어떻게 측정하든 관계없이, 기업 단위의 제품혁신에 대한 태도는 향후 2년간 고용성과와 통계적으로 유의한 관계를 보이지 않음을 알 수 있다.

다음으로 [그림 6-23]~[그림 6-26]은 기업의 제품혁신에 대한 태도와 향후 4년 및 6년간의 고용성과 사이의 관계를 보여주는데, 그 질적인 결과는 앞서 향후 2년간 고용성과를 볼 때와 동일하다. 즉 여전히 통계적으로 유의한 관계는 전혀 나타나지 않고 있다.

〔그림 6-21〕 제품혁신에 대한 태도(2013년)와 정규직 근로자 수 증감(2013~2015년) 간 관계

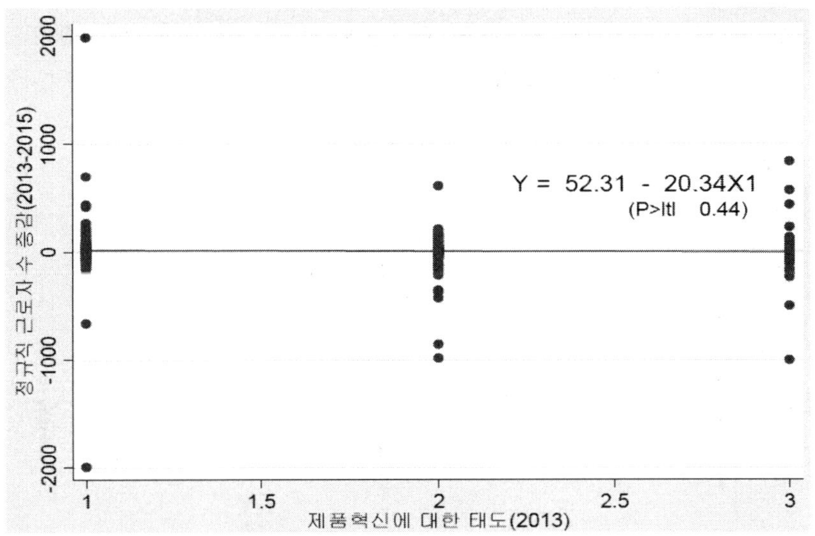

자료 : 한국직업능력개발원, 「인적자본기업패널조사」 원자료.

〔그림 6-22〕 제품혁신에 대한 태도(2013년)와 만 29세 이하 정규직 근로자 수 증감(2013~2015년)과의 관계

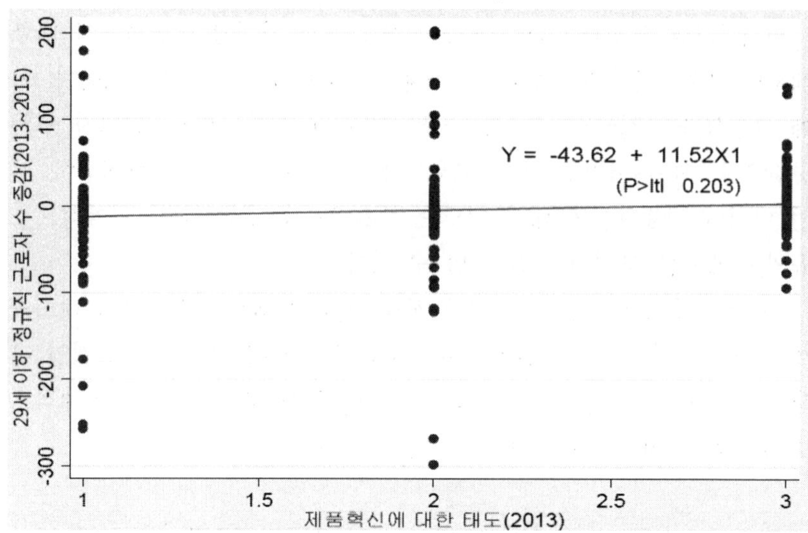

자료 : 한국직업능력개발원, 「인적자본기업패널조사」 원자료.

〔그림 6-23〕 제품혁신에 대한 태도(2011년)와 정규직 근로자 수 증감(2011~2015년) 간 관계

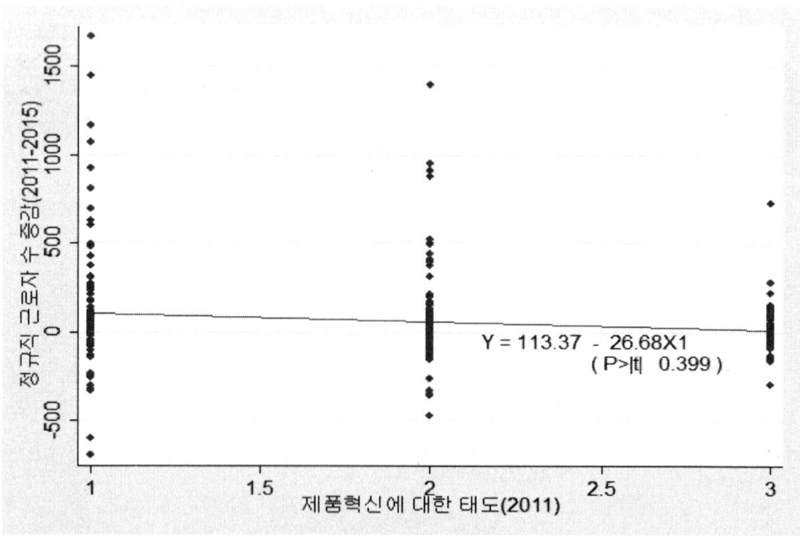

자료 : 한국직업능력개발원, 「인적자본기업패널조사」 원자료.

〔그림 6-24〕 제품혁신에 대한 태도(2011년)와 만 29세 이하 정규직 근로자 수 증감(2011~2015년)과의 관계

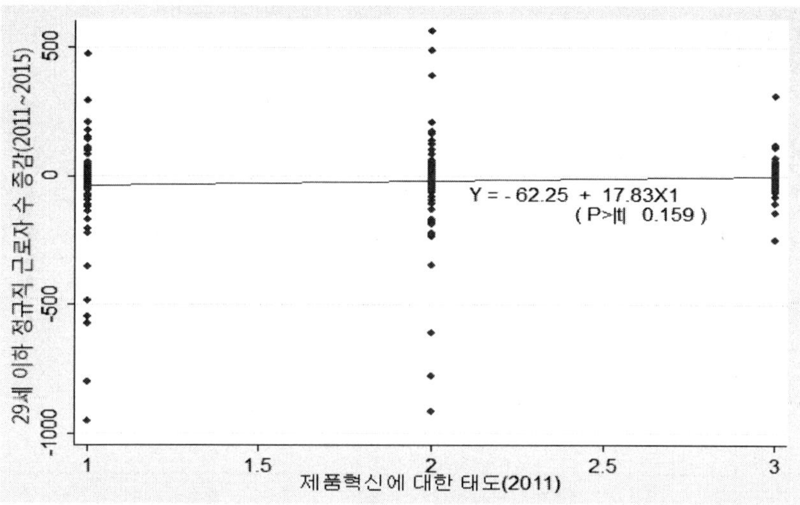

자료: 한국직업능력개발원, 「인적자본기업패널조사」 원자료.

〔그림 6-25〕 제품혁신에 대한 태도(2009년)와 정규직 근로자 수 증감(2009~2015년) 간 관계

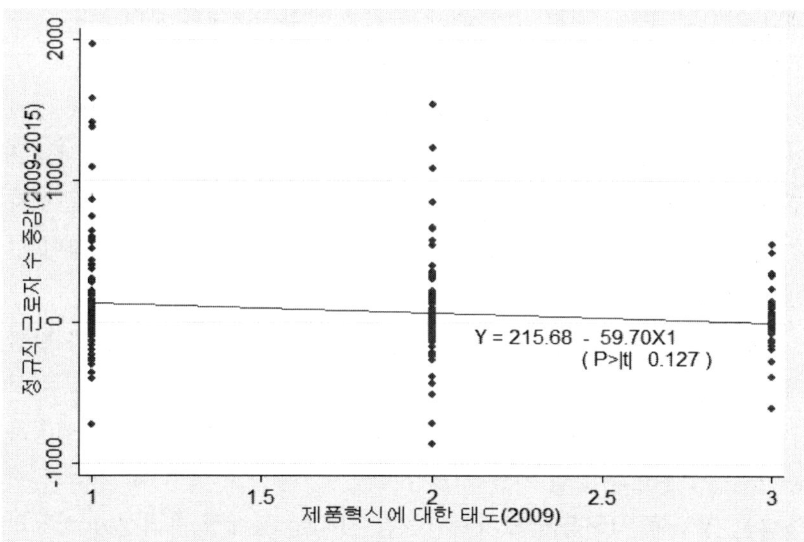

자료: 한국직업능력개발원, 「인적자본기업패널조사」 원자료.

〔그림 6-26〕 제품혁신에 대한 태도(2009년)와 만 29세 이하 정규직 근로자 수 증감(2009~2015년)과의 관계

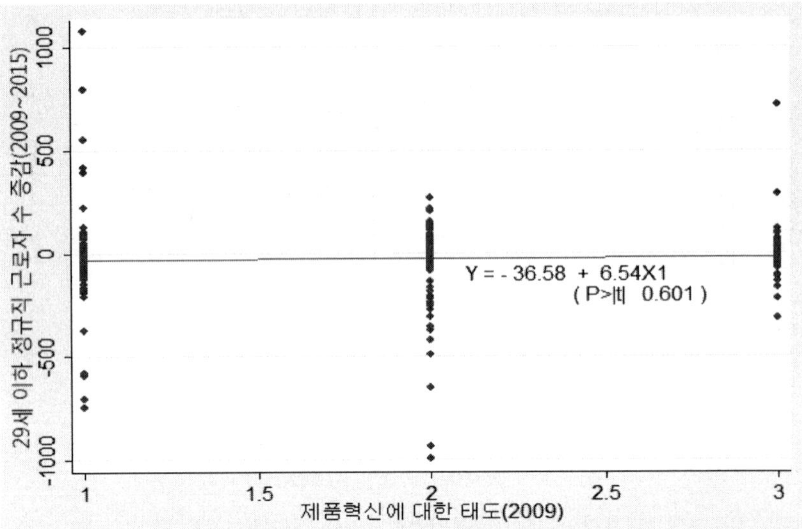

자료 : 한국직업능력개발원, 「인적자본기업패널조사」 원자료.

[그림 6-27]~[그림 6-32]는 각 기업의 지난 2년간 제품혁신 정도가 해당 기업의 고용성과와 갖는 관계를 기초분석 수준에서 보여준다. 이때 기업의 제품혁신 정도는 1에서 4로 갈수록 점점 커짐을 의미한다.

먼저 [그림 6-27]~[그림 6-28]은 2015년도 기준 각 기업의 지난 2년간 제품혁신 정도가 2013년부터 2년간 나타난 고용성과와 갖는 관계를 보여준다. 이때 고용성과를 정규직 근로자 혹은 청년층 정규직 근로자 수 증감 어떤 것으로 측정하든 관계없이, 두 변수 간 통계적 유의성이 없는 것으로 나타난다.

다음으로 [그림 6-29]~[그림 6-32]는 제품혁신 정도가 고용효과 발현에 반영될 수 있는 기간을 4년과 6년으로 늘려 기초 분석한 결과를 보여주고 있다. 이때 주목할 점은, 고용성과 변수를 정규직 근로자로 설정하는 경우, 고용효과 발현 가능 기간을 4년 및 6년으로 늘릴 때 기업의 제품혁신 정도와 정규직 근로자 수 증감 사이에 통계적 유의성이 상당히 강한 정(+)의 관계가 발견된다는 점이다.

반면 기업의 제품혁신 정도는 고용효과 발현 가능 기간을 4년과 6년으

로 넓혀서 보더라도 해당 기업의 청년층 정규직 근로자 수 증감과 통계적으로 유의한 관계를 갖지 않는 것으로 나타난다.

비록 기초분석 수준에서의 논의이기는 하나, 이러한 결과는 최소한 고용효과가 발현될 수 있는 기간을 충분히 넓혀서 본다면 각 기업의 제품혁신 노력이 정규직 근로자 수에 대해 긍정적인 영향을 미칠 가능성을 시사하고 있다. 다만 청년층 정규직 근로자 수에 대해 통계적으로 유의한 영향이 있을 가능성은 기초분석 단계에서 발견되지 않았다. 향후 더 엄밀한 추가 분석을 통해 이러한 결과가 뒷받침되는지 파악할 필요가 있을 것이다.

〔그림 6-27〕 지난 2년간 제품혁신 정도(2015년)와 정규직 근로자 수 증감(2013~2015년) 간 관계

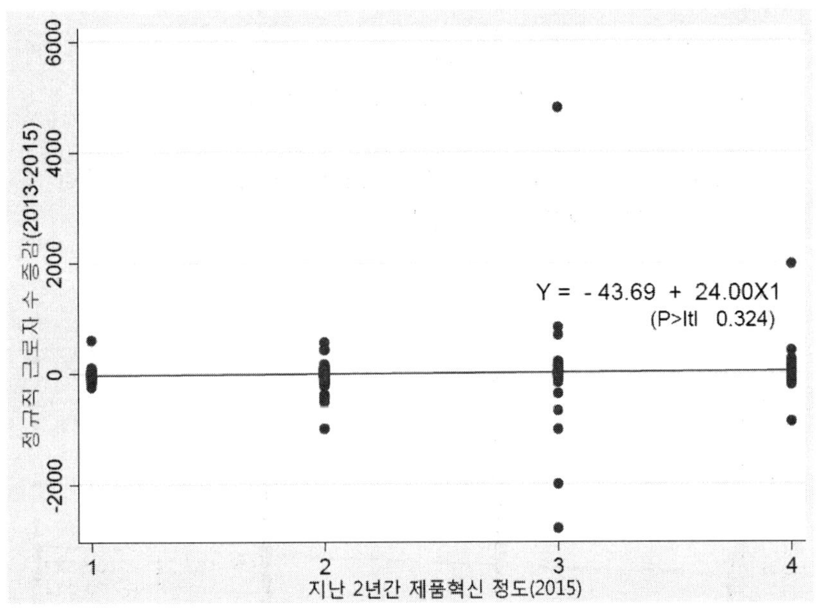

자료 : 한국직업능력개발원, 「인적자본기업패널조사」 원자료.

〔그림 6-28〕 지난 2년간 제품혁신 정도(2015년)와 만 29세 이하 정규직 근로자 수 증감(2013~2015년) 간 관계

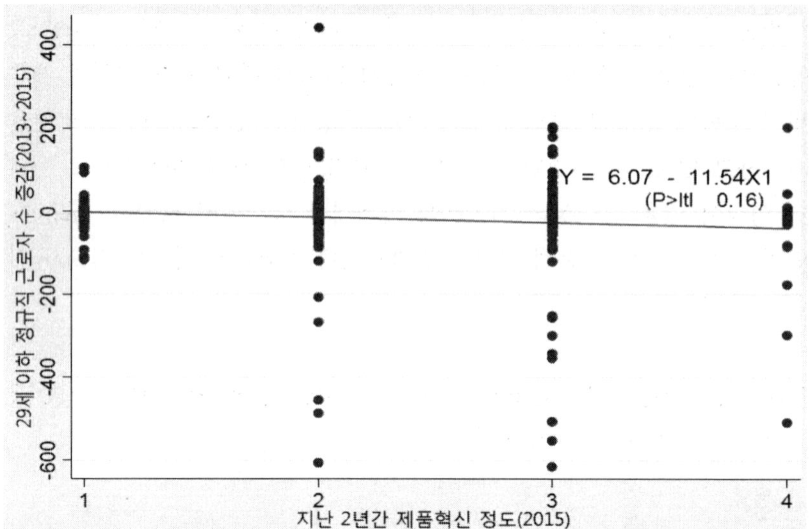

자료 : 한국직업능력개발원, 「인적자본기업패널조사」 원자료.

〔그림 6-29〕 지난 2년간 제품혁신 정도(2013년)와 정규직 근로자 수 증감(2011~2015년) 간 관계

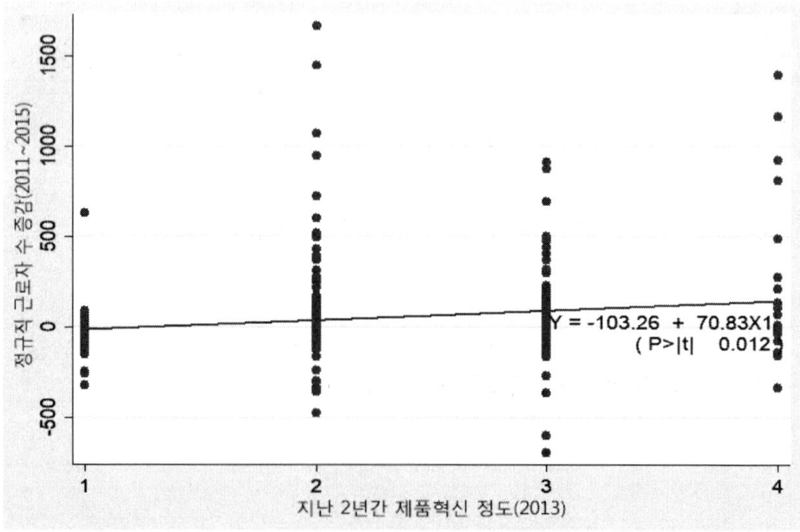

자료 : 한국직업능력개발원, 「인적자본기업패널조사」 원자료.

〔그림 6-30〕 지난 2년간 제품혁신 정도(2013년)와 만 29세 이하 정규직 근로자 수 증감(2011~2015년) 간 관계

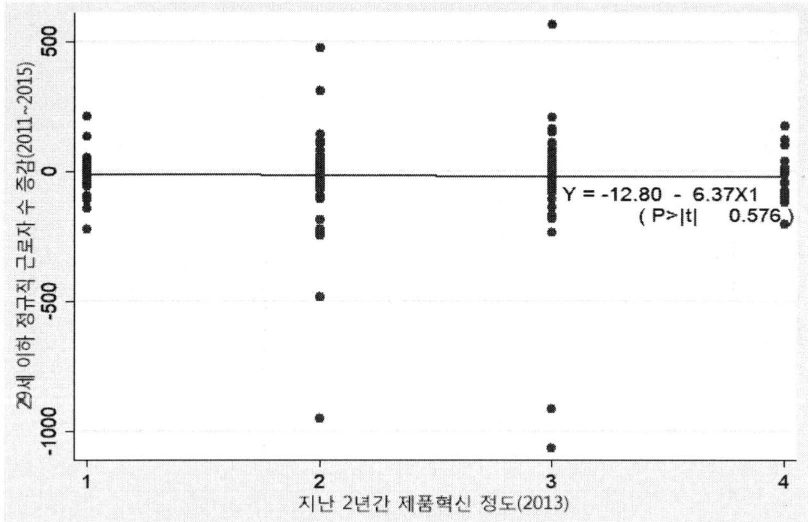

자료 : 한국직업능력개발원, 「인적자본기업패널조사」 원자료.

〔그림 6-31〕 지난 2년간 제품혁신 정도(2011년)와 정규직 근로자 수 증감(2009~2015년) 간 관계

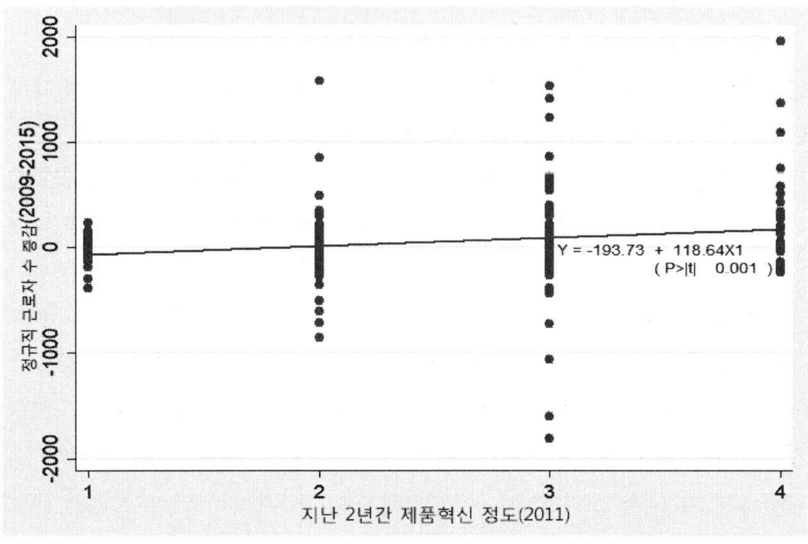

자료 : 한국직업능력개발원, 「인적자본기업패널조사」 원자료.

〔그림 6-32〕 지난 2년간 제품혁신 정도(2011년)와 만 29세 이하 정규직 근로자 수 증감(2009~2015년) 간 관계

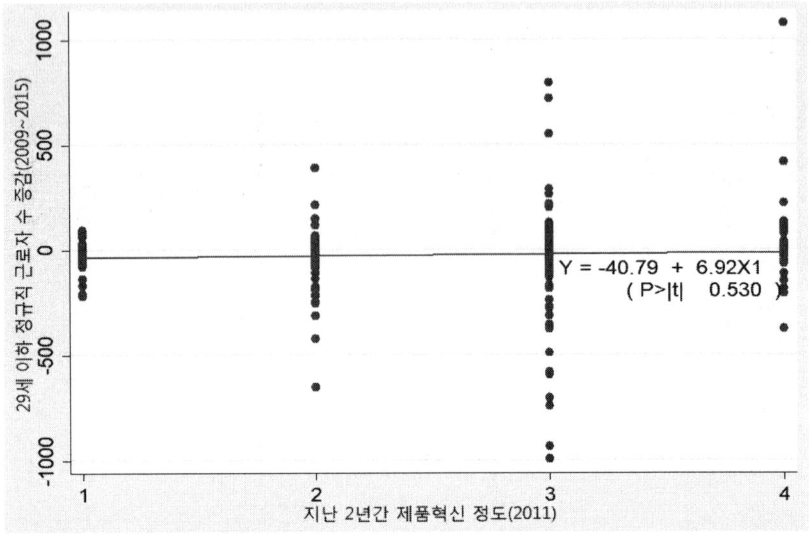

자료 : 한국직업능력개발원, 「인적자본기업패널조사」 원자료.

[그림 6-33]~[그림 6-38]은 각 기업이 자체 평가한 지난 2년간 기술변화 정도가 해당 기업의 고용성과와 갖는 관계를 시각화한 그래프를 보여주고 있다. 이때 각 기업의 응답 결과는 1부터 4로 커질수록 기술변화 정도가 점점 높아지는 것으로 각 그래프에 반영되어 있다. 한편 고용성과는 정규직 근로자 및 청년층 정규직 근로자 수의 증감으로 나타내어지고 있다.

먼저 [그림 6-33]~[그림 6-34]는 2015년 기준 지난 2년간 각 기업의 기술변화 정도가 2013~2015년간 해당 기업의 고용성과와 갖는 관계를 나타낸다. 이때 정규직 근로자 및 청년층 정규직 근로자 수 기준 고용성과는 기술변화 정도와 통계적으로 유의한 관계를 갖지 않는 것으로 나타난다.

다음으로 [그림 6-35]~[그림 6-38]은 각 기업의 기술변화에 따른 고용효과가 발현될 수 있는 기간을 4년 및 6년으로 확장하여 기초 분석한 결과를 보여주고 있다. 이때 가장 먼저 눈에 띄는 것은 고용효과 발현 기간을 4년 및 6년으로 넓혀서 분석할 때, 각 기업의 기술변화 정도와 해당 기업의 정규직 근로자 수 증가 간에 유의수준 1%에서 강하게 통계적으로 유의한 정(+)의 관계가 나타난다는 점이다.

반면 청년층 정규직 근로자 수 증감은 고용효과 발현 기간을 어떻게 두고 분석하더라도 기업의 기술변화 정도와 통계적으로 유의한 관계를 전혀 갖지 않는 것으로 나타난다.

〔그림 6-33〕 지난 2년간 기술변화 정도(2015년)와 정규직 근로자 수 증감 (2013~2015년) 간 관계

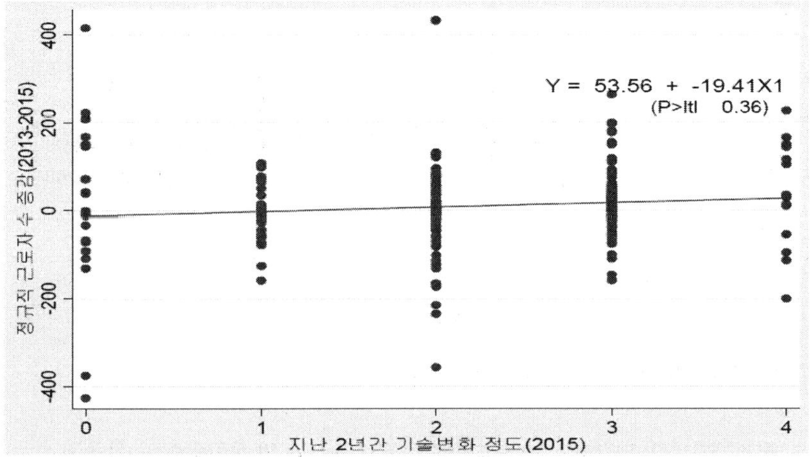

자료: 한국직업능력개발원, 「인적자본기업패널조사」 원자료.

〔그림 6-34〕 지난 2년간 기술변화 정도(2015년)와 만 29세 이하 정규직 근로자 수 증감(2013~2015년) 간 관계

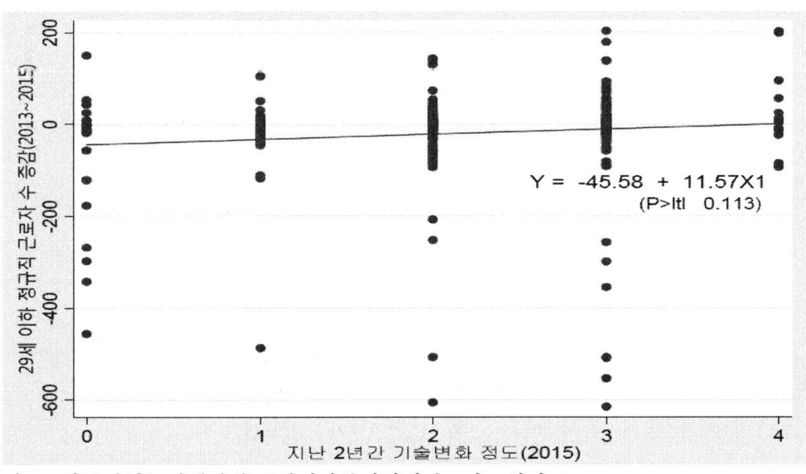

자료: 한국직업능력개발원, 「인적자본기업패널조사」 원자료.

〔그림 6-35〕 지난 2년간 기술변화 정도(2013년)와 정규직 근로자 수 증감 (2011~2015년) 간 관계

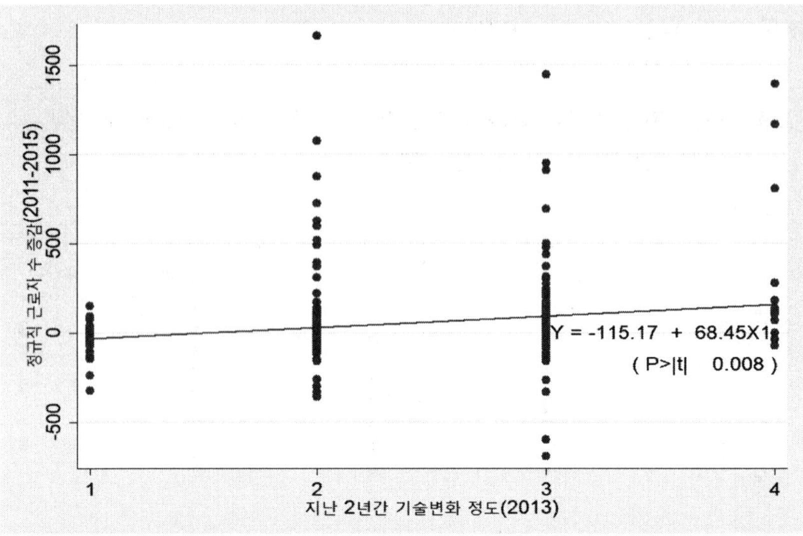

자료 : 한국직업능력개발원, 「인적자본기업패널조사」 원자료.

〔그림 6-36〕 지난 2년간 기술변화 정도(2013년)와 만 29세 이하 정규직 근로자 수 증감(2011~2015년) 간 관계

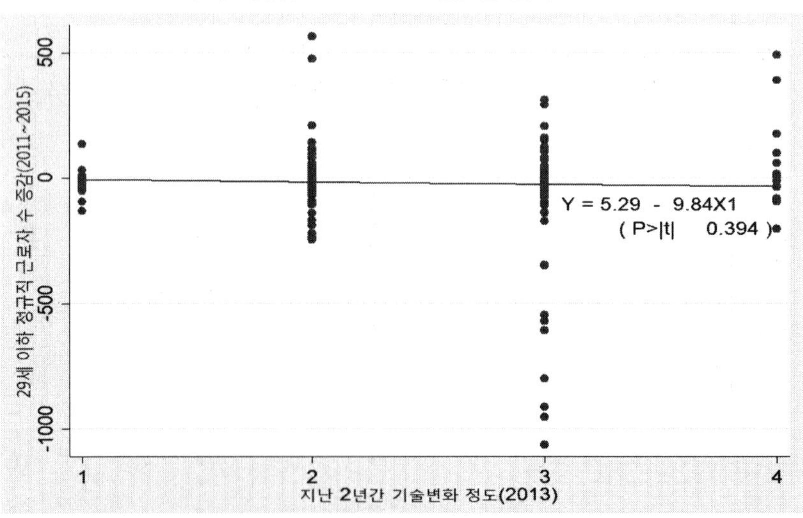

자료 : 한국직업능력개발원, 「인적자본기업패널조사」 원자료.

〔그림 6-37〕 지난 2년간 기술변화 정도(2011년)와 정규직 근로자 수 증감 (2009~2015년) 간 관계

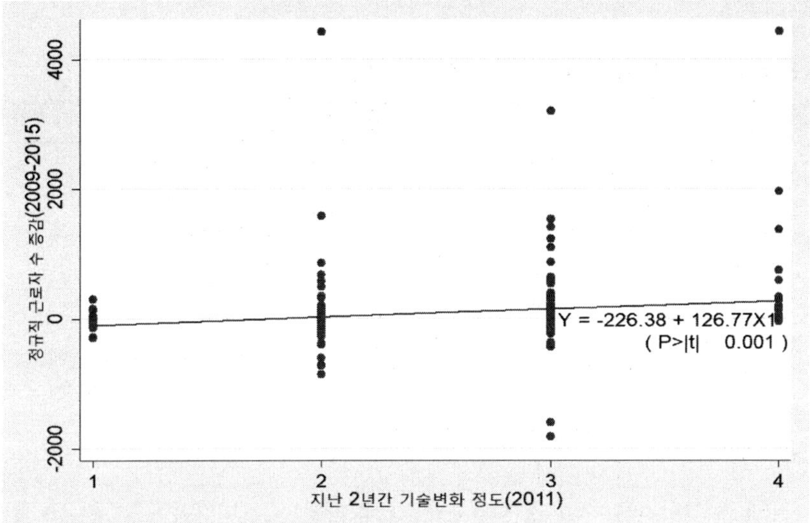

자료 : 한국직업능력개발원, 「인적자본기업패널조사」 원자료.

〔그림 6-38〕 지난 2년간 기술변화 정도(2011년)와 만 29세 이하 정규직 근로자 수 증감(2009~2015년) 간 관계

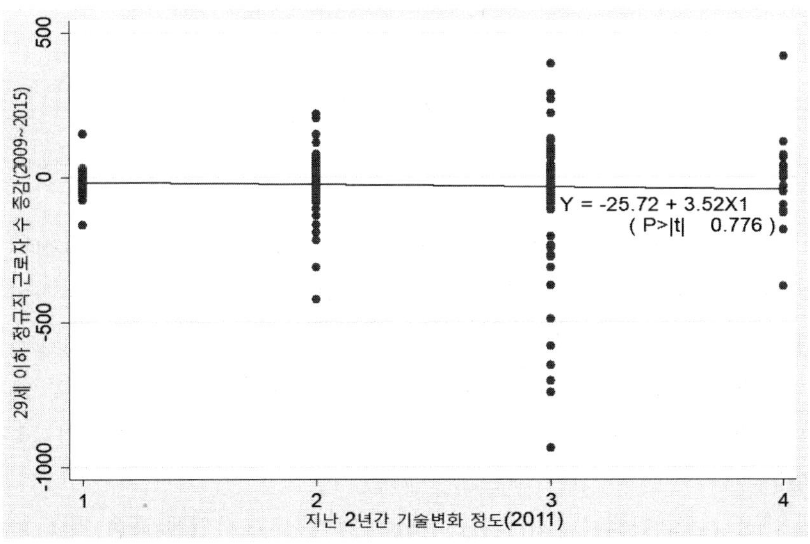

자료 : 한국직업능력개발원, 「인적자본기업패널조사」 원자료.

지금까지 제시된 기업 단위 분석 결과를 표로 요약하면 <표 6-2>와 같다.

〈표 6-2〉 기업 단위 기술혁신과 고용 간 관계

독립변수	종속변수	
	정규직 근로자 수 증감	만 29세 이하 정규직 근로자 수 증감
제품혁신에 대한 태도	- 고용효과 발현 가능 기간에 관계없이 통계적 유의성 없음	- 고용효과 발현 가능 기간에 관계없이 통계적 유의성 없음
지난 2년간 제품혁신 정도	- 고용효과 발현 가능 기간이 2년일 경우 통계적 유의성 없음 - 고용효과 발현 가능 기간이 4년 혹은 6년일 경우 통계적으로 유의한 양의 관계를 가짐	- 고용효과 발현 가능 기간에 관계없이 통계적 유의성 없음
지난 2년간 기술변화 정도	- 고용효과 발현 가능 기간이 2년일 경우 통계적 유의성 없음 - 고용효과 발현 가능 기간이 4년 혹은 6년일 경우 통계적으로 유의한 양의 관계를 가짐	- 고용효과 발현 가능 기간에 관계없이 통계적 유의성 없음

자료 : 한국직업능력개발원, 「인적자본기업패널조사」 원자료.

제4절 소 결

본 보고서의 제목에 있는 "정형화된 사실(stylized facts)"이란 용어는, 그러한 사실을 도출하는 데 있어 근거가 되는 다수의 선행 실증연구가 활발히 이루어져 온 경우에 사용할 수 있는 것이다. 따라서 기술진보가 청년층 노동시장에 미치는 영향에 대한 선행연구가 일천함을 고려할 때, 본 장에서는 별다른 "정형화된 사실"을 제시할 수 없는 한계가 불가피하였다.

대신 본 장에서는 국내 노동시장의 변화 양상을 사업체 혹은 기업 단위에서 포착하는 패널조사 자료를 활용하여 기초분석을 실시함으로써 선행연구의 공백을 메워 보고자 하였다. 물론 현재 수준에서 제시된 것보다 더 깊이 있는 분석이 이루어지고, 향후 또 다른 데이터 소스를 활용한 연구가 활발히 수행되어야만 비로소 본 주제에 대한 정형화된 사실의 제시가 가능해질 수 있을 것이다.

일단 기초분석 수준에서 국내 자료를 바탕으로 기술진보가 청년층 노동시장 성과와 갖는 관계를 정리해 보면 다음과 같다. 우선 사업체의 혁신유형의 차이는 단기 혹은 중기에 걸쳐 청년층 고용성과와 유의한 관계를 갖지 않는다. 반면 제품·서비스 혁신은 해당 사업체의 청년층 고용성과와 최소한 중기적으로 유의한 정(+)의 관계를 갖는 것으로 나타난다. 한편 각 사업체의 공정혁신 프로그램 수행은 해당 사업체의 청년층 고용성과와 별다른 관계를 갖지 않았다.

다음으로 기업 단위 기초분석 결과에 따르면, 기업의 제품혁신에 대한 태도는 향후 청년층 고용성과와 별다른 관계를 갖지 않고 있다. 한편 기업의 제품혁신 정도 역시 기간이 단기인지 중기인지에 관계없이 해당 기업의 청년층 고용성과와 유의한 관계를 갖지 않는 것으로 나타난다. 더불어 기업의 기술변화 정도 역시 기간에 상관없이 청년층 고용성과와 유의한 관계를 갖지 않는다.

이러한 사업체 및 기업 수준의 기초분석 결과는, 기술진보의 혜택이 설령 전체 근로자에게는 일부 미친다 하더라도, 청년층 근로자의 경우 이러한 혜택을 그다지 누리지 못하는 상당히 열악한 현실을 반영하는 것일 수 있다. 향후 해당 주제에 대한 명확한 실증적 사실 확립을 위해, 좀 더 엄밀한 방법론을 활용한 연구가 다수 수행될 필요가 있다. 이를 통해 실증분석 결과가 상당수 쌓인 후, 기술진보의 혜택 수혜와 관련하여 청년층이 처한 열악한 현실이 실증적 사실로서 확립된다면 이를 타개할 정책 대안을 제시하는 데 관련 연구자들의 연구 노력이 집중되어야 할 것으로 판단된다.

제 7 장
요약 및 결론

생애 가장 생동감이 넘쳐야 할 시기인 지금, 우리나라의 청년들은 삶의 희망과 꿈을 잃은 채 살아가고 있다. 청년고용과 청년실업에 대한 기사가 거의 하루도 빠지지 않고 보도되고, 청년고용 문제에 대한 토론회 및 공청회 개최를 어렵지 않게 찾아볼 수 있지만 노동시장 내 취약계층으로 전락해 버린 청년들의 실상은 크게 달라진 점이 없다. 새 정부 들어 역시 정부정책의 핵심기조가 청년일자리 창출에 맞추어져 있지만, 노동시장의 전반적 사정이 개선되고 있는 것과 달리, 청년고용의 어려운 실상을 가리키는 각종 고용지표는 그 추이를 달리하고 있다. 본 연구는 한국노동연구원에서 수행하는 '효과적 청년층 일자리 창출 방안을 위한 통합적 연구' 1년차의 일환으로 청년고용 문제에 대한 기존의 논의 및 정형화된 사실들을 정리하고, 청년고용의 실태를 노동시장, 교육, 지역, 기술진보의 관점에서 면밀히 파악함으로써 청년고용 문제 개선을 위한 기초정보 및 정책시사점을 제시하고자 했다.

제1절 우리나라 청년층 노동시장의 실태

제2장은 한국의 청년층 노동시장 실태와 청년고용정책의 시사점에 대해 논의한다. 우리나라 일자리정책의 가장 큰 화두는 청년일자리 문제이

다. 2017년 들어 청년 고용률은 증가추세에 있지만 여전히 전체 고용률에 크게 못 미치는 43.8%(2017년 7월 기준)를 기록하고 있으며, 청년실업률은 큰 개선의 여지를 보이지 못하고 있다. 체감실업률(고용보조지표 3)이 공식 실업률의 2배를 넘는 것을 감안하면 청년고용의 실상은 통계지표가 보여주는 것 이상으로 심각하다고 볼 수 있다. 또한, 청년 일자리의 상당부분이 저임금·비정규직·단기 일자리로 채워져 있는 등 청년 일자리의 질적 측면을 고려하면 청년층 노동시장 악화의 심각성은 더욱 잘 드러난다. 청년층을 정의함에 있어서는 그 관점과 시각을 어디에 두느냐에 따라 그 범위가 축소되기도, 확대되기도 한다. 그러나 중요한 점은 같은 청년 연령대라 하더라도, 취업유무, 고용형태, 소득수준, 교육수준 등 노동시장 득성과 연애, 결혼, 출신 등 삶의 전반적 환경에 있어 다양한 유형과 모습으로 정의될 수 있다는 것이다. 따라서 청년과 관련된 정책의 입안·수립 과정에 있어서는 단순한 연령정의를 벗어나 청년층 노동시장의 특성을 파악하고, 이들의 유형별 특성차를 잘 반영할 수 있어야 한다.

청년층의 고용률을 세부연령대별로 파악하면 다음과 같다. 15~19세의 연령대의 고용률은 시계열적으로는 증가추세를 보이고 있으나 8.0%로 매우 저조한 수준이다. 해외국가의 경우, 선취업 후진학이 보편화되어 있고, 고용률이 상대적으로 높은 것을 감안할 때, 진로선택의 패러다임 변화가 요구된다고 볼 수 있다. 중간 연령대인 20~24세 연령대의 고용률은 2016년 46.0%로 전체 청년고용률을 약간 상회하는 수준이지만, 전체 고용률에는 역시 크게 못 미치는 수준이다. 청년들의 취업준비활동 증가 등으로 노동시장의 진입이 지연추세에 있음을 감안할 때, 청년들의 고용추세를 주의 깊게 지켜볼 필요가 있다. 25~29세의 고용률은 2016년 69.6%로 세 연령대 중 가장 높은 고용률을 기록하고 있으나, 청년 일자리의 상당 비중이 저임금·비정규직·단시간 일자리로 채워져 있음을 고려하여야 한다.

한국의 청년고용률은 국제수준에서 보아도 매우 낮은 수준이다. 한국의 청년고용률을 국제수준에서 비교해 보자. 한국의 15~24세 고용률(2015년)은 26.9%로 OECD 가입국의 평균 청년고용률인 40.5%에 크게 못 미치는 수준이다. 그리스, 스페인, 이탈리아 등 극심한 경기불황을 겪고 있는 국가들을 제외하면 사실상 OECD 가입국 중 가장 낮은 수준으로 볼 수 있다.

한국의 청년들은 첫 일자리에 취직하기까지 졸업 후 11개월 정도가 걸리며, 졸업 후 6개월 이후의 비중은 증가추세에 있는 만큼 청년들의 노동시장 진입은 지속적으로 지연되고 있다고 볼 수 있다. 우리나라 청년들의 평균 첫 일자리 근속기간은 1년 6개월에 불과하며, 고졸 이하의 첫 일자리 근속기간이 특히 지속적인 하락추세를 보이고 있다. 청년층의 첫 일자리 근속기간이 짧고, 유지율이 낮은 원인에는 청년들의 일자리 근로조건 미스매치가 깊게 자리 잡고 있다. 이는 '근로여건 불만족'으로 인한 이직비중이 49%로 가장 높은 것으로 확인할 수 있다.

한국의 청년고용 문제의 원인은 복합적 요인의 산물이다. 저성장 기조의 정착, 성장과 고용의 연계성 약화, 대기업·수출주도 성장의 낙수효과 저하 등을 청년고용 문제의 원인으로 꼽을 수 있지만, 그 중에서도 핵심이 되는 것은 노동시장의 이중구조 심화로 볼 수 있다. 노동시장의 이중구조 심화로, 청년들은 노동시장에서의 차별성 획득의 일환으로 학력취득 및 취업준비활동에 매진하게 되고, 이는 노동시장 진입을 위한 문지방만 지속적으로 높인 채 청년들의 노동시장 진입을 지연시키는 요인으로 자리 잡고 있다. 노동시장의 이중구조는 기업규모 및 고용형태별 임금격차 심화, 비정규직·단기·계약직 비중 증가 등에서 단적으로 드러난다.

청년만을 대상으로 한 정책적 시각에서 벗어나 필자가 제안하는 전체 노동시장 구조 개선의 과제는 다음과 같다. 첫째, 청년고용의 문제의 근본원인이 노동시장의 구조적 왜곡에서 기인하였음을 고려할 때, 이중구조의 대표적 잣대로 볼 수 있는 기업규모별·고용형태별 근로조건 격차 완화방안 수립이 필요하다. 노동시장 이중구조에 대한 경각심을 일깨우고, 노동시장의 공정성에 대한 사회적 대화의 기틀을 마련하여, 민간부문 스스로가 격차완화 노력을 기울이고 상생할 수 있는 계기를 마련하여야 할 것이다. 둘째, 청년들의 노동시장 진입촉진을 위한 효과적 정책기제 마련이 요구된다. 청년고용정책 대상 청년들에 대한 주기적 모니터링과 함께 청년들의 정책의 체감도에 대한 지속적 검토가 필요하다. 셋째, 새로운 일자리 창출의 측면에서 신직업 창출을 고려해 볼 필요가 있다. 업역 및 부처 간 규제검토 및 완화를 통해 신직업 창출의 기반을 넓히고, 새로운 직업에 대한 홍보 및 교육을 통해 청년층을 위시한 구직자들의 추가고용 가능성을 넓혀야 할 것이다. 마지막으로, 청년층을 대상으로 올바른 노동 의식 · 관점을 재인식시키기 위한 사회 · 정책적 노력이 요구된다. 청년들이 노동의 다양한 가치를 인정하고, 올바른 직업의식을 함양할 수 있도록 하기 위한 교육제도의 근본적 방향전환이 필요하다.

청년고용정책의 보다 근본적이고 포괄적인 방향 전환과 함께, 청년들이 안정적인 환경에서, 희망하는 다양한 일자리에서 일할 수 있도록, 노동의 다양성을 인정하는 사회인식 개선이 절실히 요구된다.

제2절 노동시장 이중구조와 청년고용 · 노동시장

제3장에서는 인적 특성이나 산업 특성 등 다양한 측면에 걸쳐 복합적으로 존재하는 노동시장 이중구조가 청년들이 직면하는 고용 · 실업문제를 야기하는 주된 요인이라는 문제인식에서 출발하였다. 먼저 노동시장 이중구조와 관련된 기존 연구들에 대한 면밀한 검토를 바탕으로 청년고용과 이중노동시장 사이의 관계에 대한 '정형화된 사실들'을 정리하고, 일치된 부분이 무엇인지, 쟁점이 남아 있거나 명확히 정리되지 못한 부분이 무엇인지 파악하였다. 쟁점이 있거나 명확하지 못한 정형화된 사실들에 대해서는 실증분석을 통해 재검증함으로써 청년고용문제 해결을 위한 정책개선에 유용한 기초정보와 근거를 제공하고자 하였다.

제3장에서는 선행연구 검토를 바탕으로 네 가지의 주요 '정형화된 사실들'을 제시하였다. ① 한국 노동시장의 이중구조가 존재한다, ② 노동시장 이중구조는 청년층 고용에 부정적 영향을 미친다, ③ 노동시장 이중구조로 인해 청년층의 취업준비기간이 늘어나고 NEET가 증가한다, ④ 노동시장 이중구조로 인해 2차 노동시장에 속했던 노동자는 1차 노동시장

으로 이동하기 어렵다. 이러한 정형화된 사실들을 검정하기 위해 고용형태별 근로실태조사를 활용, 주성분 분석방법을 통해 2차 노동시장 특성을 보여주는 8개 변수(고용보험 · 건강보험 · 국민연금 · 산재보험 미가입, 상여금 · 퇴직금 미지급, 비정규직, 저임금 여부)를 포괄하는 종합지표로서 이중노동시장 지수를 구성하고, 이를 바탕으로 다양한 회귀분석을 통해 2차 노동시장 정도가 청년고용 여부, 청년고용 비중, 미취업 또는 NEET로의 전환 등에 미치는 효과를 실증적으로 분석하였다. 본 연구의 실증분석에서 도출된 주요 분석결과를 정리하면 다음과 같다.

첫째, 주성분 분석을 통해 도출된 이중노동시장 지수는 2차 노동시장의 특성변수들을 적절히 포괄 · 집약하는 종합지표로서 적합한 것으로 나타났다. 2차 노동시장의 정도에서 산업별로 큰 편차가 관찰되었는데, 전기 · 가스 · 증기 · 수도, 전문 · 과학 · 기술서비스, 제조업 등은 2차 노동시장 특성이 비교적 약한 반면, 건설, 숙박 · 음식점, 부동산 및 임대, 예술 · 스포츠 · 여가관련서비스업 등은 2차 노동시장 특성이 상대적으로 강한 것으로 나타났다. 지난 몇 년간 2차 노동시장 정도가 증가하는 흐름을 발견하였다. 둘째, 고용형태별 근로실태조사를 사용한 회귀분석 결과, 2차 노동시장의 성격이 강할수록 청년고용 여부, 청년고용 비율이 유의미하게 낮아지는 것으로 추정되었고, 회귀분석모형에 관계없이 일관된 추정결과를 보여주었다. 이러한 분석결과는 '노동시장 이중구조는 청년층 고용에 부정적 영향을 미친다'는 정형화된 사실을 지지하는 증거로 볼 수 있으며, 고착화된 노동시장 이중구조가 청년층 고용 · 실업 문제의 주된 원인일 수 있음을 의미하는 것으로 풀이된다.

셋째, 청년패널 자료와 회귀분석모형을 사용, 2차 노동시장의 강도가 청년층의 활동상태 변화 · 전환(취업→미취업, 취업→NEET)에 어떤 영향을 미치는지 분석하였다. 분석 결과, 2차 노동시장의 강도가 높은 산업에 종사한 청년일수록 이후 취업에서 미취업으로, 또한 취업에서 NEET 또는 비경제활동으로 전환될 가능성이 높아지는 것으로 추정되었다. 이러한 결과는 '노동시장 이중구조로 인해 청년층의 취업준비기간이 늘어나고 NEET가 증가한다,' '노동시장 이중구조로 인해 2차 노동시장에 속했던 노동자는 1차 노동시장으로 이동하기 어렵다'라는 정형화된 사실을 직접・간접적으로 지지하는 증거로 풀이할 수 있다. 이러한 결과는 청년층이 2차 노동시장 특성이 강한 직장에 취업하더라도 열악한 임금 및 근로조건으로 인해 이탈할 뿐만 아니라, 이탈 후에는 미취업, 비경제활동, 일을 하지도 않고 교육・훈련을 통해 일을 준비하지도 않는 NEET로 전환될 가능성이 상존함을 보여준다.

이상의 결과를 종합하면, 노동시장 이중구조로 1차 및 2차 노동시장 간에 발생하는 임금 및 근로조건의 격차는 청년층의 원활한 노동시장 이행을 가로막고 인력수급 미스매치를 심화시켜 노동시장의 비효율성을 야기하고, 청년층의 높은 실업률, 비경제활동인구화 또는 NEET화를 가져오는 주된 요인으로 작용함을 직접 확인할 수 있다. 따라서 현재 개선 기미가 거의 없는 청년고용・실업 문제를 해소하기 위해서는 다양한 측면에서 나타나는 노동시장 이중구조를 근본적으로 개선・해소하는 것이 무엇보다 시급한 과제로 제기된다. 또한 노동시장 이중구조 개선을 위한 정책을 수립할 때, 2차 노동시장 정도에서 발견되는 산업별 차이를 충분히 고려하여 산업별로 차별화되는 정책 접근이 필요함을 시사한다.

제3절 교육체계와 청년고용・노동시장

제4장에서 분석한 선행연구에 따르면 한국에서 대졸자는 고졸자에 비해 평균적으로 고용 및 노동시장에서 상당히 유리하다. 한국의 낮은 직업계고 졸업자 비중과 높은 대학진학률은 이러한 노동시장 현실에 영향을 받았을 가능성이 크다. 하지만 대학졸업생 사이에서도 대학소재지 및 대학 서열에 따라 노동시장 성과의 차이가 상당하다. 예를 들어, 수도권 대학이나 상위권 대학의 졸업생은 지방이나 하위권 대학 졸업생보다 취업률, 임금, 일자리의 질 등의 여러 측면에서 유리하다. 이는 일부 대학 졸업자는 그들이 대학교육을 통해 기대했던 혜택을 누리지 못할 것을 의미한다.

실제로 한국에서 하향 취업하는 청년이 상당수 존재하며 이러한 하향

취업은 임금이나 상용직 고용확률에 부정적으로 작용한다. 한국에서는 부모의 교육수준에 따른 자녀의 대학진학률에 큰 차이가 없어 교육을 통한 사회계층의 이동가능성이 높다는 측면에서 긍정적이지만, 실제 교육의 효과는 저소득층에서 더 낮게 나타난다. 이는 고등학생에 비해 낮은 성인 학생의 역량과 낮은 대학교육의 국가경쟁력을 통해 알 수 있듯이, 한국 대학교육의 질이 평균적으로 낮고, 부모의 소득이나 학력수준이 낮은 학생이 진학하는 대학의 질이 상대적으로 더 낮아 일부 계층의 대학교육이 결국 기대했던 일자리로의 취업 등으로 연결되지 않기 때문일 것이다. 이러한 대학교육에 따른 문제에도 불구하고 대학교육의 투자수익률은 여전히 높다. 한국의 대학등록금은 2000년대에 가파르게 증가하여 현재 일부 선진국에 비해서도 높은 수준이나, 2000년대의 청년층 대졸자 비중의 증가에 따라 대졸자 임금수준은 과거처럼 높지 않다. 이러한 변화를 반영하여 대학교육의 투자수익률은 감소 추세이지만 여전히 시중금리보다 높다.

교육은 인적자본에 영향을 미쳐 교육대상자의 노동시장 전반에 영향을 미치기 마련이다. 반면 이중구조 등 청년들이 당면한 노동시장의 현실도 역시 현 시대 청년들의 교육에 대한 선택에 영향을 미쳤을 것이 분명하다. 이처럼 교육과 노동시장은 서로 긴밀하게 연계되어 지속적으로 영향을 미치기 때문에, 사회에서 필요로 하는 근로자를 적절한 수준에서 양성하고 개인적 수준에서도 최적의 교육을 받는 데 기여하는 교육 정책의 마련이 필요하다. 이러한 정책을 마련할 때 교육의 기능에는 시민의식 함양 등의 다양한 사회적 기능도 포함되며, 현재 비경제활동 상태에 있는 학생이 아닌 청년의 비중이 매우 높은 점을 감안하여야 할 것이다.

제4절 청년층의 지역 간 이동성

제5장은 국내 선행연구 검토와 2015년 인구주택총조사 자료 분석을 통해서 우리나라 청년층의 지역 간 이동성의 특징을 살펴보고 정형화된

사실들을 정리하고자 하였다. 국내 선행연구 검토를 통해서 발견한 열 가지 정형화된 사실들은 다음과 같다. ① 청년층의 일상적 노동시장 범위는 수도권 및 광역시도 경계를 넘지 않는다. ② 청년층의 광역시도 지역 간 인구이동의 비중은 증가하고 있으며, 특히 25~29세 연령층의 이동성이 강화되었다. ③ 청년층의 지역 간 이동은 수도권 지향성이 강하다. ④ 청년층의 지역 간 이동은 대학 진학과 대학 졸업 후 취업 시기에 주로 발생한다. ⑤ 비수도권 출신이 수도권 대학으로 진학할 경우 비수도권으로 회귀하여 취업하는 경향은 낮은 반면, 수도권 출신이 비수도권 대학으로 진학할 경우에는 수도권으로 회귀하여 취업하는 경향이 강하다. ⑥ 고졸 취업자의 고교 소재지 잔존율이 대졸 취업자의 대학 소재지 잔존율보다 높다. 또한 고교 소재지와 대학 소재지가 같을 경우, 전문대졸 취업자가 4년제 대졸 취업자보다 잔존율이 높다. ⑦ 지리적 근접성과 지역 산업구조는 청년층의 지역 간 이동성과 강한 상관관계가 있다. ⑧ 비수도권 고교에서 수도권 대학으로 진학하는 경향은, 남성이며, 외고 및 과학고를 졸업하고, 부모의 학력수준이 높을수록 강하다. ⑨ 비수도권 대학을 졸업하고 취업하는 경우, 남성보다 여성의 수도권 지향성이 강하며, 의약 및 예체능계열인 경우에 다른 전공계열보다 수도권으로 유출될 가능성이 높다. 그러나 자격증이 많고 대학에 대한 만족도가 높을수록 비수도권에 잔류할 가능성이 크다. ⑩ 졸업 후 지역 간 이동은 임금수준에 단기적으로 정(+)의 효과를 가지며, 대학 소재지는 임금수준과 강한 상관관계를 보인다.

2015년 인구주택총조사 자료를 이용한 분석에서는 2014~2015년 기간 동안 20~34세 임금근로 청년층의 시군구 지역별 증가율 결정요인을 살펴보았다. 주요 분석결과는 다음과 같다. 첫째, 지역노동시장의 높은 기대임금은 지역 청년층 증가에 긍정적이며, 그 효과는 청년층의 학력수준이 높아질수록 크게 나타났다. 둘째, 지역노동시장에서 제조업 비중은 고졸 이하 청년층 증가에 중요한 요인이다. 셋째, 주거비용과 문화시설의 영향은 특히 4년제 대졸 이상 청년층에서 두드러졌다. 넷째, 지방 5대 광역시에서의 청년층 유출은 2·3년제 대졸 이상에서 뚜렷하게 나타나며, 특히 4년제 대졸 이상 청년층의 유출이 더욱 크게 나타났다. 다섯째, 혁신도시는 2·3년제 대졸 및 4년제 대졸 이상 청년층이 해당 지역에 유입되는 데 긍정적인 영향이 있으나, 인접지역의 청년층 증감에 대한 공간적 파급효과는 미미하였다.

이상의 실증분석 결과들은 다음의 정책적 시사점을 제시한다. 첫째, 지역에서 청년층을 유입하는 데 가장 중요한 요인 중 하나가 기대임금이며, 특히 '두뇌유출'이 상대적으로 심각한 지방 광역대도시에서는 고학력 청년층을 대상으로 높은 수준의 임금을 보장할 수 있는 정책적 노력이 필요하겠다. 또한 4년제 대졸 이상의 청년층이 주거비용과 문화시설에 상대적으로 더욱 민감한 점을 고려하려, 고학력 청년층의 주거문제와 지역 어메니티 환경을 개선하는 노력이 병행될 필요가 있겠다. 둘째, 청년층에 대한 혁신도시의 영향은 해당 지역에 대졸 이상 계층의 유입을 야기한 것으로 판단되나, 혁신도시의 인접한 지역에 대한 긍정적인 공간적 확산효과 또는 주변 지역의 청년층을 흡수하는 '빨대효과'는 미미한 것으로 판단된다. 혁신도시 지역에 유입된 고학력 인적자본을 지역발전을 위한 역량으로 발전시키고 이를 주변지역으로 확산하는 지역정책적 노력이 강구되어야 하겠다.

제5절 기술진보와 청년고용·노동시장

제6장에서는 기술진보가 청년층 노동시장에 미치는 영향에 대한 선행연구가 일천함을 고려하여, 국내 노동시장의 변화 양상을 사업체 혹은 기업 단위에서 포착하는 패널조사 자료를 활용, 기초분석을 실시함으로써 선행연구의 공백을 메워 보고자 하였다. 물론 현재 수준에서 제시된 것보다 더 깊이 있는 분석이 이루어지고, 향후 또 다른 데이터 소스를 활용한 연구가 활발히 수행되어야만 비로소 본 주제에 대한 정형화된 사실의 제시가 가능해질 수 있을 것이다.

가용한 일부 선행연구에 따르면, 우리나라 청년층은 4차 산업혁명 등 기술 변화에 따른 일자리 감소에 대해 상당한 우려를 갖고 있다. 그럼에도 불구하고 우리나라 청년층은 기술 발전이 본인의 삶에 대해 긍정적 영향을 미칠 것으로 내다보고 있다. 더불어 정책 수요자들의 관련 청년 정책 요구 역시 매우 강하게 나타난다. 세부 정책분야 중 맞춤형 교육훈련 지원 정책과 취업·창업지원 정책에 대한 수요가 가장 높게 나타나고 있다. 한편 일부 해외 선행연구에서 주요 선진국 노동시장에서 청년층 고용성과에 영향을 미친 원인을 분석한 결과에 따르면, 20~24세 남성 청년층의 상대적 고용성과에 대해 기술발전이 미치는 영향이 통계적으로 유의하지 않은 것으로 추정된다.

다음으로 기초분석 수준에서 국내 자료를 바탕으로 기술진보가 청년층 노동시장 성과와 갖는 관계를 정리해 보면 다음과 같다. 우선, 사업체의 혁신유형의 차이는 단기 혹은 중기에 걸쳐 청년층 고용성과와 유의한 관계를 갖지 않는다. 이러한 결과는 전체 근로자 고용성과에 대해서도 동일하게 나타난다. 반면 제품·서비스 혁신은 해당 사업체의 청년층 고용성과와 최소한 중기적으로 유의한 정(+)의 관계를 갖는 것으로 나타난다. 이는 전체 근로자 고용성과에 대해서도 동일하게 나타나는 것으로 분석된다. 한편 각 사업체의 공정혁신 프로그램 수행은 해당 사업체의 청년층 고용성과와 별다른 관계를 갖지 않았다. 이는 전체 근로자 고용성과에 대한 분석 결과와도 동일하다. 이를 종합하면 사업체 단위에서 기술진보와 고용성과 간 관계에 대해 기초 분석할 경우, 청년층 고용성과가 전체 근로자 고용성과와 질적으로 동일한 관계를 나타내는 것으로 분석된다.

다음으로 기업 단위 기초분석 결과에 따르면, 기업의 제품혁신에 대한 태도는 향후 청년층 정규직 고용성과와 별다른 관계를 갖지 않고 있다. 이는 전체 정규직 고용성과에 대해서도 동일하게 나타나는 결과이다. 기업의 제품혁신 정도 역시 기간이 단기인지 중기인지에 관계없이 해당 기업의 청년층 정규직 고용성과와 유의한 관계를 갖지 않는 것으로 나타난다. 반면 전체 정규직 고용성과에 대해서는 고용효과 발현 가능 기간을 중기로 잡을 경우 제품혁신 정도와 통계적으로 유의한 양의 관계가 나타나는 것으로 분석된다. 더불어 기업의 기술변화 정도 역시 발현 가능 기간에 상관없이 청년층 정규직 고용성과와 유의한 관계를 갖지 않는다. 반면 전체 정규직의 경우 중기에는 고용성과와 통계적으로 유의미한 양의 관계를 갖는 것으로 나타난다.

이러한 사업체 및 기업 수준의 기초분석 결과는, 기술진보의 혜택이 설령 전체 근로자에게는 일부 미친다 하더라도, 청년층 근로자의 경우 이러한 혜택을 그다지 누리지 못하는 상당히 열악한 현실을 반영하는 것일 수 있다. 향후 해당 주제에 대한 명확한 실증적 사실 확립을 위해, 좀 더 엄밀한 방법론을 활용한 연구가 다수 수행될 필요가 있다. 이를 통해 실증분석 결과가 상당수 쌓인 후, 기술진보의 혜택 수혜와 관련하여 청년층이 처한 열악한 현실이 실증적 사실로서 확립된다면 이를 타개할 정책 대안을 제시하는 데 관련 연구자들의 연구 노력이 집중되어야 할 것으로 판단된다.

참고문헌

강동우(2016a), 『지역 간 인구이동과 지역고용』, 한국노동연구원.

______(2016b), 『지역일자리 지표 DB 개발 및 구축방안 연구 - 청년고용 지표를 중심으로』, 한국노동연구원.

강순희(2013), 「특성화고 졸업자의 취업결정요인 및 노동시장 정착가능성에 관한 연구」, 『노동정책연구』 13 (3), pp.91~123.

______(2016), 「취업청년의 초기 일자리 변동과 고용인정성」, 『한국청소년연구』 27 (4), pp.5~29.

고용노동부, 「고용형태별 근로실태조사」 원자료, 각 연도.

______, 「임금구조기본통계조사」, 각 연도.

______, 「사업체노동력조사」.

교육부 · 연합뉴스(2017. 5. 3), 「[팩트체크] 김대중 · 노무현 정부서 대학등록금 113% 인상?」, http://www.yonhapnews.co.kr/bulletin/2017/05/03/0200000000AKR20170503044700004.HTML(접속일 : 2017. 9.26.)

국토교통부 공공기관 지방이전추진단(2017) 홈페이지.

권오규 · 마강래(2012), 「대학진학이 인구이동에 미치는 영향에 대한 연구」, 『지역연구』 28(4), pp.65~77.

금재호(2005), 『노동시장 이중구조의 실증적 검증』, 한국노동연구원.

김경년 · 이난영 · 김형기(2005), 「전문계고 졸업생의 지역이동 실태와 결과」, 『한국교육고용패널 학술대회논문집(제5회)』, pp.183~202.

김성남(2013), 「특성화고졸 취업자의 교육 및 전공불일치와 노동시장성과의 관계」, 『노동정책연구』 13 (3), pp.91~123.

김세움 · 김진영 · 조영준(2011), 『학력별 노동시장 미스매치 분석과 교육제도 개선 과제 : 고등교육기관 및 전문계고를 중심으로』, 한국노동연구원.

김승곤(2007), 「대학 미진학 청년층의 재학 중 직업훈련의 임금 및 취업 효과」, 『사회과학논총』 23 (1), pp.27~44.

김은석(2012), 「청년직장체험프로그램 실태 및 만족도 분석 - 2011년도 수료자를 대상으로」, 『진로교육연구』 25 (4), pp.39~55.

김종성 · 이병훈 · 신재열(2012), 「청년층 구직활동과 하향취업」, 『노동정책연구』 12 (2), pp.51~73.

김준영(2016), 「청년인구의 지방유출과 수도권집중 : 5가지 특징」, 『지역고용동향브리프』 2016년 가을호, 한국고용정보원, pp.6~24.

김지하 · 우명숙 · 박상욱 · 김태우(2016), 「대학교육의 계열별 투자수익률 분석」, 『교육재정경제연구』 25 (2), pp.255~280.

김진영(2007), 「대학서열과 노동시장」, 『한국경제의 분석』 13 (3), pp.1~72.

김태홍 · 김종숙(2002), 「여성 청년층 집단의 취업이행 형태 연구」, 『한국인구학』 25 (2), pp.41~67.

김현아(2008), 「지역간 인구이동의 실증분석」, 『응용경제』 10(2), pp.75~103.

김홍균 · 김보영(2013), 「교육-직업 사이의 수직적 불일치가 임금에 미치는 효과 : 분위회귀분석(Quantile Regression) 중심으로」, 『재정학연구』 6 (4), pp.81~107.

김홍균 · 박승준(2014), 「과잉교육의 임금 손실 효과 분석 : PSM 및 OLS 중심으로」,『응용경제』 16 (2), pp.171~203.

김희삼(2010), 「지방대학 졸업자의 노동시장 성과와 지역별 교육격차」, 『한국개발연구』 32 (2), pp.55~92.

나승호 · 조범준 · 최보라 · 임준혁(2013), 「청년층 고용 현황 및 시사점」, BOK 경제리뷰 No.2013-15.

남기곤(2013), 「전문대학 교육투자 수익률의 시계열 추세」, 『교육재정경제연구』 22 (2), pp.29~52.

남성일 · 전재식(2011), 「하향취업이 직장이동 성향에 미치는 효과」, 『노동정책연구』 11 (3), pp.25~51.

남재량(2008), 『노동시장의 동태적 특성에 관한 연구』, 한국노동연구원.

남재량 · 김세움(2013), 『우리나라 청년 니트(NEET)의 특징 및 노동시장 성과 연구』, 한국노동연구원.

남춘호(1995), 「제조업 노동시장의 이중구조에 대한 실증적 분석」, 『한국사회학』 29, pp.789~824.

대통령직속 청년위원회(2016), 『4차 산업혁명에 대한 청년인식조사』.

류장수(2015), 「지역 인재의 유출 실태 및 결정요인 분석」, 『지역사회연구』 23(1), pp.1~23.

류장수 · 박성익 · 조장식(2013), 「부산지역 청년층 인재유출입 분석」, 『노동리뷰』 2013년 11월호, 한국노동연구원, pp.20~29.

류지영(2008), 「패널리뷰 : 전문대 졸업자의 취업 실태」, 『The HRD Review』 11(4), pp.54~59.

문남철(2010), 「대학 졸업자의 지역간 취업이동과 지역발전」, 『국토지리학회지』 44(4), pp.581~593.

박성재(2005), 「지방대 졸업생의 노동이동과 노동시장 성과 - 첫 번째 일자리를 중심으로」, 『노동정책연구』 5 (4), pp.65~99.

박우식 · 박상우 · 엄창욱(2011), 「지역인재 유출에 의한 경제력 유출 분석 : 대구 · 경북지역을 중심으로」, 『산업경제연구』 24(4), pp.2247~2274.

박유진 · 이희연(2014), 「직종특성별 과잉학력에 따른 임금효과 및 지역간 비교」, 『국토계획』 49 (3), pp.255~276.

박추환 · 김명수(2006), 「지역 노동력 이동의 결정요인 연구」, 『지역연구』, 22(2), pp.97~113.

배규식(2017), 「경제사회환경의 변화와 노동시장 이중구조 개혁」, 사회경제정책포럼 발표자료.

심재헌 · 김의준(2012), 「대학졸업자의 지역 간 취업이동 요인분석 : 수도권과 비수도권 간의 취업이동을 중심으로」, 『국토연구』 75, pp.37~51.

오승희(2000), 「과잉교육 현상의 진단과 대책」, 『사회교육연구』 9, pp.97~115.

오호영(2007), 「대학서열과 노동시장 성과 - 지방대생 임금차별을 중심으로」, 『노동경제논집』 30 (2), pp.87~118.

유동형 · 민현주(2012), 「대학 전공계열과 졸업 후 첫 일자리의 성과분석 - 예체능 계열과 다른 계열과의 차이를 중심으로」, 『사회과학연구논총』 27, pp.149~182.

이건(2001), 「제조업 노동시장 이중구조의 계량화 : 산업분류체계를 이용한 분석」, 『한국사회학』 35(5), pp.147~172.

이건남(2009), 「대학진학상담교사와 학생의 진학상담서비스의 질에 대한 GAP 분석」, 『진로교육연구』 22 (2), pp.21~42.

이경은 · 홍윤표(2016), 「노동시장의 이중구조화와 청년실업」, 서울대학교 법과대학 학봉 우수상 수상 논문.

이규용 · 김용현(2003), 「대졸 청년층의 노동시장 성과 결정요인」, 『노동정책연구』 3 (2), pp.69~93.

이규용 · 고영우 · 김우영 · 오민홍 · 이상호 · 홍성효(2015), 『지역고용전략 수립을 위한 노동시장연구』, 한국노동연구원.

이규용 · 강동우 · 고영우 · 전인(2016), 『청년층 지역노동시장 구조와 일자리 창출 방안』, 한국노동연구원.

이병희(2004), 「대학 전공의 노동시장 성과」, 『노동정책연구』 4 (4), pp.1~20.

이상호(2010), 「지역간 이동의 결정요인 및 임금효과」, 『지역연구』 26(1), pp.45~70.

______(2012), 「공간적 요인이 청년 대졸자의 하향취업에 미치는 효과」, 『공간과 사회』 40, pp.38~77.

이시균 · 양수경(2012), 「초기 노동시장 경험이 향후 청년 고용 성과에 미치는 효과」, 『동향과 전망』 84, pp.222~250.

이주호(1992), 「한국의 이중 노동시장에 관한 실증분석」, 『노동경제논집』 15, pp.37~75.

이찬영(2008), 「청년층 임금근로자의 하향취업 행태」, 『직업능력개발연구』 11 (3), pp.49~69.

이효수(2002), 「노동시장 환경변화와 노동시장의 구조변동」, 『경제학연구』 50(1), pp.243~274.

장상수(2008), 「청년층의 학교-직장 이행」, 『한국사회학』 42(6), pp.106~139.

장석인(2010), 「선진국들의 청년층 실업과 인적자원개발에 관한 국제비교 연구: 프랑스·독일·일본을 중심으로」, 『한독사회과학논총』 20(4), pp.211~244.

전병유·이인재(2006), 「지역노동시장의 이중구조에 관한 연구 - 전북지역을 중심으로」, 『지역연구』 22(2), pp.115~136.

정윤선·지민웅(2012), 『신규산업인력 이동특성과 정책적 시사점』, 산업연구원.

조인호(2004), 『SAS 강좌와 통계 컨설팅』, 영진닷컴.

주부현·심혜사(2010), 「패널자료를 활용한 노동시장 분절과 과잉교육의 재생산구조 분석」, 제7회 사회경제학계 연합학술대회 발표자료.

지광수·주홍걸·송송이(2009),「한국의 청년 실업에 관한 연구」, 『한국비즈니스리뷰』 2(3), pp.39~59.

채구묵(2007), 「신규대졸자의 취업 및 임금수준 결정요인 분석」, 『한국사회복지학』 59(4), pp.35~61.

최은영(2012), 「소득계층별 교육과 가구소득의 세대간 이전에 관한 연구」, 『지역사회연구』 20(3), pp.23~42.

통계청(2014), 「지역별고용조사」 마이크로데이터.

______(2017), 「보도자료: 2016년 국내인구이동통계」.

______, 「2015 인구주택총조사」 10% 샘플.

______, 「2015 인구주택총조사」 2% 샘플.

______, 「경제활동인구조사 근로형태별 부가조사」, 각 연도 8월.

______, 「경제활동인구조사 청년층 부가조사」, 각 연도.

______, 「경제활동인구조사」 원자료, 각 연도.

______, 「국내인구이동통계」, 각 연도.

______, 「장래인구추계」, 각 연도.

______, 「인구총조사」, 각 연도.

______, 「주민등록인구현황」.

한국고용정보원, 「청년패널조사」 원자료, 각 연도.

______(2011), 「2011년 고졸자취업진로조사」.

______(2014), 「중장기 인력수급전망(2013~2023)」.

______, 「대졸자직업이동경로조사」, 각 연도.

한국교육개발원(2016), 「유초중등 학교급별 개황」, 교육통계서비스 : http://kess.kedi.re.kr/index(접속일 : 2017.10.5.).

한국노동연구원, 「사업체패널조사」 원자료.

______, 「한국노동패널조사(KLIPS)」.

한국직업능력개발원, 「인적자본기업패널조사」 원자료.

홍서연·안주엽(2002), 「청년의 학교 졸업후 구직기간의 분석」, 『노동정책연구』 2(1), pp.19~46.

홍성우(2012), 「지방대학 여대생의 노동시장 이행과정 분석」, 『지역사회연구』 20(1), pp.55~69.

황남희·정주연(2011), 「대졸청년층의 하향취업 : 연령집단 및 하향취업 측정방법에 따른 비교」, 『정책분석평가학회보』 21(2), pp.271~292.

황의택·류준열·이춘우(2017), 「공채, 연고추천채용 및 인턴제와의 비교를 통한 장기현장실습제의 채용효과 연구 : 중소·중견기업 인력채용제도로서의 적합성 탐색」, 『인적자원개발연구』 20(1), pp.51~94.

Borjas, G. J.(2014), 『노동경제학』, 시그마프레스.

Christopoulou, R. and P. Ryan(2009), "Youth Outcomes in the Labour Markets of Advanced Economies : Decline, deterioration, and causes," in I. Schoon and R. K. Silbereisen(eds.), *Transition from School to Work : Globalization, individualization, and patterns of diversity* Cambridge Univ. Press.

Doeringer, P. B. and M. J. Piore(1971), *Internal Labor Market and Manpower Analysis*, Lexington : Lexington Books.

Faggian, A. and P. McCann(2009), "Universities, Agglomeratins and Graduate Human Capital Mobility," Tijdschrift voor economische en sociale geografie 100(2), pp.210~223.

Faggian, A., J. Corcoran, and P. McCann(2013), "Modelling Geographical Graduate Job Search using Circular Statistics," *Papers in Regional Science* 92(2), pp.329~343.

GeoDa Center 홈페이지, http://geodacenter.github.io/ (2017. 11. 17 접속)

Glaeser, E. L., J. Kolko, and A. Saiz(2001), "Consumer City," *Journal of Economic Geography* 1(1), pp.27~50.

Glaeser, E. L. and J. D. Gottlieb(2006), "Urban Resurgence and the Consumer City," *Urban Studies* 43(8), pp.1275~1299.

Greenwood, M. J.(1997), "Internal Migration in Developed Countries," *Handbook of Population and Family Economics*, Volume 1, Part B, Elsevier, pp.647~720.

Hudson, Kenneth(2007), "The New Labor Market Segmentation : Labor market dualism in the new economy", *Social Science Research* 36(1), pp.286~312.

IMD World Competitiveness Online, 각 연도. https://worldcompetitiveness.imd.org/(접속일 : 2017. 9. 26)

McCann, P.(2013), *Modern Urban and Regional Economics,* Oxford, UK, Oxford University Press.

OECD(2011), *Education at a Glance 2011 : OECD Indicators*, Paris : OECD Publishing.

______(2013), *Education at a Glance 2013 : OECD Indicators*, Paris : OECD Publishing.

______(2016), *Education at a Glance 2016 : OECD Indicators*, Paris : OECD Publishing.

______(2017), *Education at a Glance 2017 : OECD Indicators*, Paris : OECD Publishing.

OECD, Survey of Adult Skills : http://piaacdataexplorer.oecd.org/ide/idepiaac/(접속일 : 2017. 9. 26)

OECD, OECD Stat, LFS by sex and age.

O'sullivan, A.(2015), 『오설리반의 도시경제학』, 박영사.

Preut, H.(2015), "Dealing with Youth Unemployment and Skilled Labour Shortage : A Comparison of Vocational Training in South Korea and Germany," 『한독사회과학논총』 25 (1), pp.235~266.

Stata, Stata Manual, 2017, Stata press.

◈ 執筆陣

• 윤윤규(한국노동연구원 선임연구위원)
• 김유빈(한국노동연구원 부연구위원)
• 오선정(한국노동연구원 부연구위원)
• 강동우(한국노동연구원 부연구위원)
• 김세움(한국노동연구원 연구위원)

청년 고용·노동시장의 현황, 문제점 및 정책과제 : '정형화된 사실들' 분석

▪ 발행연월일	2017년 12월 26일 인쇄 2017년 12월 29일 발행
▪ 발 행 인	김 승 택 원장직무대행
▪ 발 행 처	**한국노동연구원** 30147 세종특별자치시 시청대로 370 세종국책연구단지 경제정책동 ☎ 대표 (044) 287-6080 Fax (044) 287-6089
▪ 조판·인쇄	고려씨엔피 (02) 2277-1508/9
▪ 등 록 일 자	1988년 9월 13일
▪ 등 록 번 호	제13-155호

 정가 8,000원

ISBN 979-11-260-0178-1